THÉATRE

DE

BEAUMARCHAIS

THÉATRE

DE

BEAUMARCHAIS

ACCOMPAGNÉ D'UNE NOTICE

PAR

F. DE MARESCOT

ILLUSTRATIONS DE M. ADRIEN MARIE

PARIS

A LA LIBRAIRIE ILLUSTRÉE

16, RUE DU CROISSANT, 16

THEATRE
DE
BEAUMARCHAIS
Le Barbier de Séville
Le Mariage de Figaro
La Mère Coupable

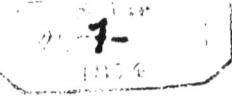

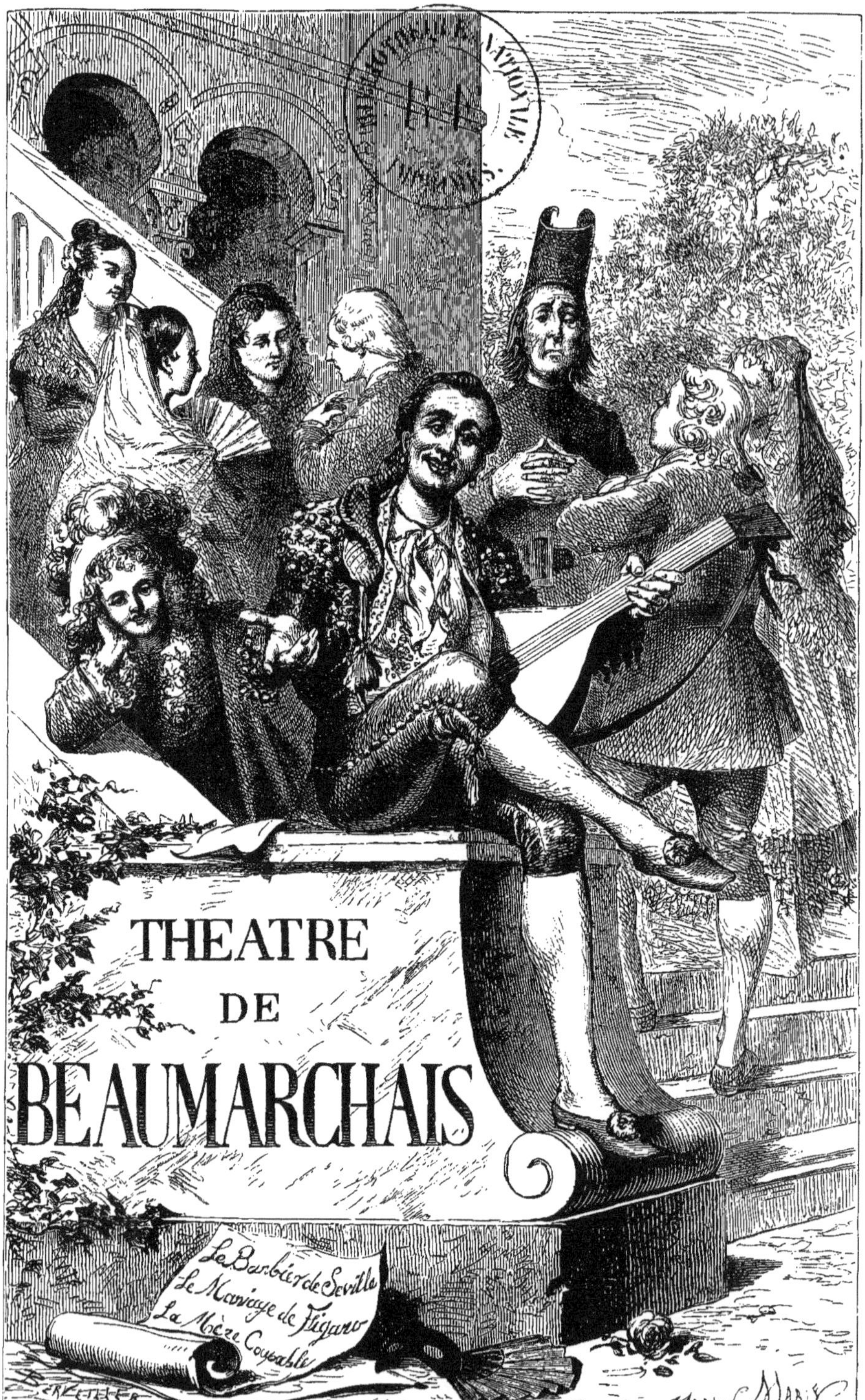

LE BARBIER DE SÉVILLE

ou

LA PRÉCAUTION INUTILE

PERSONNAGES.

(Les habits des Acteurs doivent être dans l'ancien costume Espagnol.)

LE COMTE ALMAVIVA. Grand d'Espagne, amant inconnu de Rosine, paraît, au premier Acte, en veste et culotte de satin; il est enveloppé d'un grand manteau brun, ou cape espagnole; chapeau noir rabattu, avec un ruban de couleur autour de la forme. Au deuxième Acte, habit uniforme de Cavalier, avec des moustaches et des bottines. Au troisième, habillé en Bachelier; cheveux ronds, grande fraise au cou; veste, culotte, bas et manteau d'Abbé. Au quatrième Acte, il est vêtu superbement à l'Espagnole avec un riche manteau; par-dessus tout, le large manteau brun dont il se tient enveloppé.

BARTHOLO, Médecin, Tuteur de Rosine; habit noir, court, boutonné; grande perruque; fraise et manchettes relevées; une ceinture noire; et quand il veut sortir de chez lui, un long manteau écarlate.

ROSINE, jeune personne d'extraction noble, et Pupille de Bartholo; habillée à l'espagnole.

FIGARO, Barbier de Séville; en habit de majo Espagnol. La tête couverte d'une résille ou filet; chapeau blanc, ruban de couleur autour de la forme; un fichu de soie attaché fort lâche à son cou; gilet et haut-de-chausse de satin, avec des boutons et boutonnières frangés d'argent; une grande ceinture de soie; les jarretières nouées avec des glands qui pendent sur chaque jambe; veste de couleur tranchante, à grands revers de la couleur du gilet; bas blancs et souliers gris.

DON BAZILE, Organiste, Maître à chanter de Rosine; chapeau noir rabattu, soutanelle et long manteau, sans fraise ni manchettes.

LA JEUNESSE, vieux Domestique de Bartholo.

L'ÉVEILLÉ, autre valet de Bartholo, garçon niais et endormi.

Tous deux habillés en Galiciens; tous les cheveux dans la queue; gilet couleur de chamois; large ceinture de peau avec une boucle; culotte bleue et veste de même, dont les manches, ouvertes aux épaules pour le passage des bras, sont pendantes par derrière.

UN NOTAIRE.

UN ALCADE, homme de Justice, avec une longue baguette blanche à la main.

PLUSIEURS ALGUAZILS ET VALETS avec des flambeaux.

La scène est à Séville, dans la rue et sous les fenêtres de Rosine, au premier acte; et le reste de la pièce dans la maison du docteur Bartholo.

ACTE PREMIER.

Le théâtre représente une rue de Séville, où toutes les croisées sont grillées.

SCÈNE PREMIÈRE.

LE COMTE, seul, en grand manteau brun et chapeau rabattu.
Il tire sa montre en se promenant.

Le jour est moins avancé que je ne croyais. L'heure à laquelle elle a coutume de se montrer derrière sa jalousie est encore éloignée. N'importe, il vaut mieux arriver trop tôt que de manquer l'instant de la voir. Si quelque aimable de la cour pouvait me deviner à cent lieues de Madrid, arrêté tous les matins sous les fenêtres d'une femme à qui je n'ai jamais parlé; il me prendrait pour un Espagnol du temps d'Isabelle. — Pourquoi non? Chacun court après le bonheur. Il est pour moi dans le cœur de Rosine. — Mais quoi! suivre une femme à Séville, quand Madrid et la cour offrent de toutes parts des plaisirs si faciles? Et c'est cela même que je fuis. Je suis las des conquêtes que l'intérêt, la convenance ou la vanité nous présentent sans cesse. Il est si doux d'être aimé pour soi-même; et si je pouvais m'assurer sous ce déguisement... Au diable l'importun!

SCÈNE II.

FIGARO, LE COMTE, caché.

FIGARO, une guitare sur le dos, attachée en bandoulière avec un large ruban; il chantonne gaiement, un papier et un crayon à la main.

> Bannissons le chagrin,
> Il nous consume :
> Sans le feu du bon vin
> Qui nous rallume,
> Réduit à languir,
> L'homme sans plaisir
> Vivrait comme un sot,
> Et mourrait bientôt.

Jusque-là ceci ne va pas mal, ein, ein.

> Et mourrait bientôt.
> Le vin et la paresse
> Se disputent mon cœur...

Eh non! ils ne se le disputent pas, ils y règnent paisiblement ensemble...

> Se partagent... mon cœur.

Dit-on se partagent?... Eh! mon Dieu! nos faiseurs d'Opéras-comiques n'y regardent pas de si près. Aujourd'hui, ce qui ne vaut pas la peine d'être dit, on le chante.

> Le vin et la paresse
> Se partagent mon cœur.

Je voudrais finir par quelque chose de beau, de brillant, de scintillant, qui eût l'air d'une pensée. (Il met un genou en terre et écrit en chantant.)

> Se partagent mon cœur.
> Si l'une a ma tendresse...
> L'autre fait mon bonheur.

Fi donc! c'est plat. Ce n'est pas ça... Il me faut une opposition, une antithèse :

> Si l'une est ma maîtresse,
> L'autre...

Eh parbleu! j'y suis...

> L'autre est mon serviteur.

Fort bien, Figaro!... (Il écrit en chantant.)

> Le vin et la paresse
> Se partagent mon cœur;
> Si l'une est ma maîtresse,
> L'autre est mon serviteur.
> L'autre est mon serviteur,
> L'autre est mon serviteur.

Hen, hen, quand il y aura des accompagnements là-dessous, nous verrons encore, Messieurs de la cabale, si je ne sais ce que je dis. (Il aperçoit le comte.) J'ai vu cet Abbé-là quelque part. (Il se relève.)

LE COMTE, à part.

Cet homme ne m'est pas inconnu.

FIGARO.

Eh non, ce n'est pas un Abbé! cet air altier et noble...

LE COMTE.

Cette tournure grotesque...

FIGARO.

Je ne me trompe point; c'est le Comte Almaviva.

LE COMTE.

Je crois que c'est ce coquin de Figaro.

FIGARO.

C'est lui-même, Monseigneur.

LE COMTE.

Maraud! si tu dis un mot...

FIGARO.

Oui, je vous reconnais; voilà les bontés familières dont vous m'avez toujours honoré.

LE COMTE.

Je ne te reconnaissais pas, moi. Te voilà si gros et si gras...

FIGARO.

Que voulez-vous, Monseigneur, c'est la misère.

LE COMTE.

Pauvre petit! Mais que fais-tu à Séville? Je t'avais autrefois recommandé dans les bureaux pour un emploi.

FIGARO.

Je l'ai obtenu, Monseigneur, et ma reconnaissance...

LE COMTE.

Appelle-moi Lindor. Ne vois-tu pas à mon déguisement que je veux être inconnu?

FIGARO.

Je me retire.

LE COMTE.

Au contraire. J'attends ici quelque chose; et deux hommes qui jasent sont moins suspects qu'un seul qui se promène. Ayons l'air de jaser. Eh bien! cet emploi?

FIGARO.

Le ministre, ayant eu égard à la recommandation de votre Excellence, me fit nommer sur-le-champ garçon apothicaire.

LE COMTE.

Dans les hôpitaux de l'armée?

FIGARO.

Non; dans les haras d'Andalousie.

LE COMTE, riant.

Beau début!

FIGARO.

Le poste n'était pas mauvais; parce qu'ayant le district des pansements et des drogues, je vendais souvent aux hommes de bonnes médecines de cheval...

LE COMTE.

Qui tuaient les sujets du roi!

FIGARO.

Ah, ah, il n'y a point de remède universel: mais qui n'ont pas laissé de guérir quelquefois des Galiciens, des Catalans, des Auvergnats.

LE COMTE.

Pourquoi donc l'as-tu quitté?

FIGARO.

Quitté? C'est bien lui-même; on m'a desservi auprès des puissances.

LE COMTE.

Oh grâce! grâce, ami! Est-ce que tu fais aussi des vers? Je t'ai vu là griffonnant sur ton genou, et chantant dès le matin.

FIGARO.

Voilà précisément la cause de mon malheur, Excellence. Quand on a rapporté au ministre que je faisais, je puis dire assez joliment, des bouquets à Cloris, que j'envoyais des énigmes aux journaux, qu'il courait des madrigaux de ma façon; en un mot, quand il a su que j'étais imprimé tout vif, il a pris la chose au tragique et m'a fait ôter mon emploi, sous prétexte que l'amour des lettres est incompatible avec l'esprit des affaires.

LE COMTE.

Puissamment raisonné! Et tu ne lui fis pas représenter...

Que diable aussi, l'on tient ce qu'on tient.

ACTE I, SCÈNE II.

FIGARO.

Je me crus trop heureux d'en être oublié; persuadé qu'un grand nous fait assez de bien, quand il ne nous fait pas de mal.

LE COMTE.

Tu ne dis pas tout. Je me souviens qu'à mon service tu étais un assez mauvais sujet.

FIGARO.

Eh mon Dieu, monseigneur, c'est qu'on veut que le pauvre soit sans défaut.

LE COMTE.

Paresseux, dérangé...

FIGARO.

Aux vertus qu'on exige dans un domestique, votre Excellence connaît-elle beaucoup de maîtres qui fussent dignes d'être valets?

LE COMTE, riant.

Pas mal. Et tu t'es retiré en cette ville?

FIGARO.

Non pas tout de suite.

LE COMTE, l'arrêtant.

Un moment... J'ai cru que c'était elle... Dis toujours, je t'entends de reste.

FIGARO.

De retour à Madrid, je voulus essayer de nouveau mes talents littéraires; et le théâtre me parut un champ d'honneur...

LE COMTE.

Ah! miséricorde!

FIGARO.

Pendant sa réplique, le comte regarde avec attention du côté de la jalousie.

En vérité, je ne sais comment je n'eus pas le plus grand succès, car j'avais rempli le parterre des plus excellents travailleurs; des mains... comme des battoirs; j'avais interdit les gants, les cannes, tout ce qui ne produit que des applaudissements sourds; et d'honneur, avant la pièce, le café m'avait paru dans les meilleures dispositions pour moi. Mais les efforts de la cabale...

LE COMTE.

Ah! la cabale! monsieur l'auteur tombé!

FIGARO.

Tout comme un autre : pourquoi pas? ils m'ont sifflé; mais si jamais je puis les rassembler...

LE COMTE.

L'ennui te vengera bien d'eux?

FIGARO.

Ah! comme je leur en garde, morbleu!

LE COMTE.

Tu jures! Sais-tu qu'on n'a que vingt-quatre heures au palais pour maudire ses juges?

FIGARO.

On a vingt-quatre ans au théâtre; la vie est trop courte pour user un pareil ressentiment.

LE COMTE.

Ta joyeuse colère me réjouit. Mais tu ne me dis pas ce qui t'a fait quitter Madrid.

FIGARO.

C'est mon bon ange, Excellence, puisque je suis assez heureux pour retrouver mon ancien maître. Voyant à Madrid que la république des lettres était celle des loups, toujours armés les uns contre les autres, et que, livrés au mépris où ce risible acharnement les conduit, tous les insectes, les moustiques, les cousins, les critiques, les maringouins, les envieux, les feuillistes, les libraires, les censeurs, et tout ce qui s'attache à la peau des malheureux gens de lettres, achevait de déchiqueter et sucer le peu de susbtance qui leur restait; fatigué d'écrire, ennuyé de moi, dégoûté des autres, abîmé de dettes et léger d'argent; à la fin convaincu que l'utile revenu du rasoir est préférable aux vains honneurs de la plume, j'ai quitté Madrid; et, mon bagage en sautoir, parcourant philosophiquement les deux Castilles, la Manche, l'Estramadoure, la Sierra-Morena, l'Andalousie; accueilli dans une ville, emprisonné dans l'autre, et partout supérieur aux événements; loué par ceux-ci, blâmé par ceux-là; aidant au bon temps, supportant le mauvais; me moquant des sots, bravant les méchants; riant de ma misère et faisant la barbe à tout le monde; vous me voyez enfin établi dans Séville, et prêt à servir de nouveau votre Excellence en tout ce qu'il lui plaira m'ordonner.

LE COMTE.

Qui t'a donné une philosophie aussi gaie?

FIGARO.

L'habitude du malheur. Je me presse de rire de tout, de peur d'être obligé d'en pleurer. Que regardez-vous donc toujours de ce côté?

LE COMTE.

Sauvons-nous.

FIGARO.

Pourquoi?

LE COMTE.

Viens donc, malheureux! tu me perds. (Ils se cachent.)

SCÈNE III.

BARTHOLO, ROSINE. La jalousie du premier étage s'ouvre, et Bartholo et Rosine se mettent à la fenêtre.

ROSINE.

Comme le grand air fait plaisir à respirer!... Cette jalousie s'ouvre si rarement...

BARTHOLO.

Quel papier tenez vous-là?

ROSINE.

Ce sont des couplets de la Précaution inutile, que mon maître à chanter m'a donnés hier.

BARTHOLO.

Qu'est-ce que la Précaution inutile?

ROSINE.

C'est une comédie nouvelle.

BARTHOLO.

Quelque drame encore! quelque sottise d'un nouveau genre!*

ROSINE.

Je n'en sais rien.

BARTHOLO.

Euh, euh, les journaux et l'autorité nous en feront raison. Siècle barbare!...

ROSINE.

Vous injuriez toujours notre pauvre siècle.

BARTHOLO.

Pardon de la liberté; qu'a-t-il produit pour qu'on le loue? Sottises de toute espèce : la liberté de penser, l'attraction, l'électricité, le tolérantisme, l'inoculation, le quinquina, l'Encyclopédie, et les drames...

---

* Bartholo n'aimait pas les drames. Peut-être avait-il fait quelque tragédie dans sa jeunesse. (Note de Beaumarchais.)

ROSINE; le papier lui échappe et tombe dans la rue.

Ah! ma chanson! ma chanson est tombée en vous écoutant; courez, courez donc, monsieur... ma chanson; elle sera perdue!

BARTHOLO.

Que diable aussi, l'on tient ce qu'on tient. (Il quitte le balcon.)

ROSINE regarde en dedans et fait signe dans la rue.

S't, s't (Le Comte paraît); ramassez vite et sauvez-vous. (Le Comte ne fait qu'un saut, ramasse le papier et rentre.)

BARTHOLO sort de la maison et cherche.

Où donc est-il? Je ne vois rien.

ROSINE.

Sous le balcon, au pied du mur.

BARTHOLO.

Vous me donnez là une jolie commission! Il est donc passé quelqu'un.

ROSINE.

Je n'ai vu personne.

BARTHOLO, à lui-même.

Et moi qui ai la bonté de chercher... Bartholo, vous n'êtes qu'un sot, mon ami : ceci doit vous apprendre à ne jamais ouvrir de jalousies sur la rue. (Il rentre.)

ROSINE, toujours au balcon.

Mon excuse est dans mon malheur : seule, enfermée, en butte à la persécution d'un homme odieux, est-ce un crime de tenter à sortir d'esclavage?

BARTHOLO, paraissant au balcon.

Rentrez, signora; c'est ma faute si vous avez perdu votre chanson; mais ce malheur ne vous arrivera plus, je vous jure. (Il ferme la jalousie à clef.)

SCÈNE IV.

LE COMTE, FIGARO; ils entrent avec précaution.

LE COMTE.

A présent qu'ils sont retirés, examinons cette chanson, dans laquelle un mystère est sûrement renfermé. C'est un billet!

FIGARO.

Il demandait ce que c'est que la Précaution inutile!

LE COMTE lit vivement.

« Votre empressement excite ma curiosité : sitôt que mon tuteur
« sera sorti, chantez indifféremment, sur l'air connu de ces couplets,

« quelque chose qui m'apprenne enfin le nom, l'état et les inten-
« tions de celui qui paraît s'attacher si obstinément à l'infortunée
« Rosine. »

FIGARO, contrefaisant la voix de Rosine.

Ma chanson, ma chanson est tombée; courez, courez donc. (Il rit.) Ah, ah, ah, ah! O ces femmes! voulez-vous donner de l'adresse à la plus ingénue? enfermez-la.

LE COMTE.

Ma chère Rosine!

FIGARO.

Monseigneur, je ne suis plus en peine des motifs de votre mascarade; vous faites ici l'amour en perspective.

LE COMTE.

Te voilà instruit, mais si tu jases...

FIGARO.

Moi jaser! je n'emploierai point pour vous rassurer les grandes phrases d'honneur et de dévouement dont on abuse à la journée; je n'ai qu'un mot : mon intérêt vous répond de moi; pesez tout à cette balance, et...

LE COMTE.

Fort bien. Apprends donc que le hasard m'a fait rencontrer au Prado, il y a six mois, une jeune personne d'une beauté... Tu viens de la voir! Je l'ai fait chercher en vain par tout Madrid. Ce n'est que depuis peu de jours que j'ai découvert qu'elle s'appelle Rosine, est d'un sang noble, orpheline et mariée à un vieux médecin de cette ville, nommé Bartholo.

FIGARO.

Joli oiseau, ma foi! difficile à dénicher! Mais qui vous a dit qu'elle était femme du docteur?

LE COMTE.

Tout le monde.

FIGARO.

C'est une histoire qu'il a forgée en arrivant de Madrid, pour donner le change aux galants et les écarter; elle n'est encore que sa pupille, mais bientôt...

LE COMTE, vivement.

Jamais. Ah, quelle nouvelle! J'étais résolu de tout oser pour lui présenter mes regrets; et je la trouve libre! Il n'y a pas un moment à perdre, il faut m'en faire aimer, et l'arracher à l'indigne engagement qu'on lui destine. Tu connais donc ce tuteur?

FIGARO.

Comme ma mère.

LE COMTE.

Quel homme est-ce?

FIGARO, vivement.

C'est un beau, gros, court, jeune vieillard, gris pommelé, rusé, rasé, qui guette, et furette, et gronde, et geint tout à la fois.

LE COMTE, impatienté.

Eh! je l'ai vu. Son caractère?

FIGARO.

Brutal, avare, amoureux et jaloux à l'excès de sa pupille, qui le hait à la mort.

LE COMTE.

Ainsi, ses moyens de plaire sont...

FIGARO.

Nuls.

LE COMTE.

Tant mieux. Sa probité?

FIGARO.

Tout juste autant qu'il en faut pour n'être point pendu.

LE COMTE.

Tant mieux. Punir un fripon en se rendant heureux...

FIGARO.

C'est faire à la fois le bien public et particulier : chef-d'œuvre de morale, en vérité, Monseigneur.

LE COMTE.

Tu dis que la crainte des galants lui fait fermer sa porte?

FIGARO.

A tout le monde : s'il pouvait la calfeutrer...

LE COMTE.

Ah! diable! tant pis. Aurais-tu de l'accès chez lui?

FIGARO.

Si j'en ai. *Primo*, la maison que j'occupe appartient au Docteur, qui m'y loge *gratis*.

LE COMTE.

Ah, ah?

FIGARO.

Oui. Et moi, en reconnaissance, je lui promets dix pistoles d'or par an, *gratis* aussi.

LE COMTE, impatienté.

Tu es son locataire?

FIGARO.

De plus, son Barbier, son Chirurgien, son Apothicaire; il ne se donne pas dans sa maison un coup de rasoir, de lancette ou de piston, qui ne soit de la main de votre serviteur.

Que diable aussi, l'on tient ce qu'on tient.

ACTE I, SCÈNE III.

ACTE I, SCÈNE IV.

Fort bien, parbleu! Courage, Monseigneur! (ACTE I, SCÈNE VI.)

LE COMTE l'embrasse.

Ah! Figaro, mon ami, tu seras mon ange, mon libérateur, mon Dieu tutélaire.

FIGARO.

Peste! comme l'utilité vous a bientôt rapproché les distances! Parlez-moi des gens passionnés!

LE COMTE.

Heureux Figaro! tu vas voir ma Rosine! tu vas la voir! Conçois-tu ton bonheur?

FIGARO.
C'est bien là un propos d'amant! Est-ce que je l'adore, moi? Pussiez-vous prendre ma place!
LE COMTE.
Ah! si l'on pouvait écarter tous les surveillants!
FIGARO.
C'est à quoi je rêvais.
LE COMTE.
Pour douze heures seulement!
FIGARO.
En occupant les gens de leur propre intérêt, on les empêche de nuire à l'intérêt d'autrui.
LE COMTE.
Sans doute. Eh bien?
FIGARO, rêvant.
Je cherche dans ma tête si la pharmacie ne fournirait pas quelques petits moyens innocents.....
LE COMTE.
Scélérat!
FIGARO.
Est-ce que je veux leur nuire? Ils ont tous besoin de mon ministère. Il ne s'agit que de les traiter ensemble.
LE COMTE.
Mais ce médecin peut prendre un soupçon.
FIGARO.
Il faut marcher si vite que le soupçon n'ait pas le temps de naître. Il me vient une idée. Le Régiment de Royal-Infant arrive en cette ville.
LE COMTE.
Le Colonel est de mes amis.
FIGARO.
Bon. Présentez-vous chez le Docteur en habit de Cavalier, avec un billet de logement; il faudra bien qu'il vous héberge; et moi, je me charge du reste.
LE COMTE.
Excellent!
FIGARO.
Il ne serait même pas mal que vous eussiez l'air entre deux vins...
LE COMTE.
A quoi bon?

FIGARO.

Et le mener un peu lestement sous cette apparence déraisonnable.

LE COMTE.

A quoi bon?

FIGARO.

Pour qu'il ne prenne aucun ombrage, et vous croie plus pressé de dormir que d'intriguer chez lui.

LE COMTE.

Supérieurement vu! Mais que n'y vas-tu, toi?

FIGARO.

Ah oui, moi! Nous serons bien heureux s'il ne vous reconnaît pas, vous qu'il n'a jamais vu. Et comment vous introduire après?

LE COMTE.

Tu as raison.

FIGARO.

C'est que vous ne pourrez peut-être pas soutenir ce personnage difficile. Cavalier... pris de vin...

LE COMTE.

Tu te moques de moi. (Prenant un ton ivre.) N'est-ce point ici la maison du Docteur Bartholo, mon ami?

FIGARO.

Pas mal, en vérité; vos jambes seulement un peu plus avinées. (D'un ton plus ivre.) N'est-ce pas ici la maison...

LE COMTE.

Fi donc! tu as l'ivresse du peuple.

FIGARO.

C'est la bonne; c'est celle du plaisir.

LE COMTE.

La porte s'ouvre.

FIGARO.

C'est notre homme; éloignons-nous jusqu'à ce qu'il soit parti.

SCÈNE V.

LE COMTE ET FIGARO, cachés; BARTHOLO.

BARTHOLO sort en parlant à la maison.

Je reviens à l'instant; qu'on ne laisse entrer personne. Quelle sottise à moi d'être descendu! Dès qu'elle m'en priait, je devais bien me douter... Et Bazile qui ne vient pas! Il devait tout arranger pour que mon mariage se fît secrètement demain : et point de nouvelles! Allons voir ce qui peut l'arrêter.

SCÈNE VI.

LE COMTE, FIGARO.

LE COMTE.
Qu'ai-je entendu? Demain il épouse Rosine en secret!

FIGARO.
Monseigneur, la difficulté de réussir ne fait qu'ajouter à la nécessité d'entreprendre.

LE COMTE.
Quel est donc ce Bazile qui se mêle de son mariage?

FIGARO.
Un pauvre hère qui montre la musique à sa pupille, infatué de son art, friponneau, besoigneux, à genoux devant un écu, et dont il sera facile de venir à bout, Monseigneur... (Regardant à la jalousie.) La v'là, la v'là!

LE COMTE.
Qui donc?

FIGARO.
Derrière sa jalousie, la voilà, la voilà. Ne regardez pas, ne regardez donc pas!

LE COMTE.
Pourquoi?

FIGARO.
Ne vous écrit-elle pas : *Chantez indifféremment?* c'est-à-dire, chantez comme si vous chantiez... seulement pour chanter. Oh! la v'là, la v'là.

LE COMTE.
Puisque j'ai commencé à l'intéresser sans être connu d'elle, ne quittons point le nom de Lindor que j'ai pris; mon triomphe en aura plus de charmes. (Il déploie le papier que Rosine a jeté.) Mais comment chanter sur cette musique? Je ne sais pas faire de vers, moi.

FIGARO.
Tout ce qui vous viendra, Monseigneur, est excellent : en amour, le cœur n'est pas difficile sur les productions de l'esprit... et prenez ma guitare.

LE COMTE.

Que veux-tu que j'en fasse? j'en joue si mal!

FIGARO.

Est-ce qu'un homme comme vous ignore quelque chose? Avec le dos de la main; from, from, from... Chanter sans guitare à Séville! vous seriez bientôt reconnu, ma foi, bientôt dépisté. (Figaro se colle au mur sous le balcon.)

LE COMTE chante en se promenant, et s'accompagnant sur sa guitare.

PREMIER COUPLET.

Vous l'ordonnez, je me ferai connaître;
Plus inconnu, j'osais vous adorer :
En me nommant, que pourrais-je espérer?
N'importe, il faut obéir à son maître.

FIGARO, bas.

Fort bien, parbleu! Courage, Monseigneur!

LE COMTE.

DEUXIÈME COUPLET.

Je suis Lindor, ma naissance est commune;
Mes vœux sont ceux d'un simple Bachelier :
Que n'ai-je, hélas! d'un brillant Chevalier
A vous offrir le rang et la fortune!

FIGARO.

Eh! comment diable! je ne ferais pas mieux, moi qui m'en pique.

LE COMTE.

TROISIÈME COUPLET.

Tous les matins, ici, d'une voix tendre
Je chanterai mon amour sans espoir;
Je bornerai mes plaisirs à vous voir :
Et puissiez-vous en trouver à m'entendre!

FIGARO.

Oh ma foi! pour celui-ci!... (Il s'approche, et baise le bas de l'habit de son maître.)

LE COMTE.

Figaro?

FIGARO.

Excellence?

LE COMTE.

Crois-tu que l'on m'ait entendu?

ROSINE, en dedans, chante.

AIR *du Maître en droit.*

Tout me dit que Lindor est charmant,
Que je dois l'aimer constamment...

(On entend une croisée qui se ferme avec bruit.)

FIGARO.

Croyez-vous qu'on vous ait entendu cette fois?

LE COMTE.

Elle a fermé sa fenêtre; quelqu'un apparemment est entré chez elle.

FIGARO.

Ah la pauvre petite! comme elle tremble en chantant! Elle est prise, Monseigneur.

LE COMTE.

Elle se sert du moyen qu'elle même a indiqué. *Tout me dit que Lindor est charmant.* Que de grâces! que d'esprit!

FIGARO.

Que de ruse! que d'amour!

LE COMTE.

Crois-tu qu'elle se donne à moi, Figaro?

FIGARO.

Elle passera plutôt à travers cette jalousie que d'y manquer.

LE COMTE.

C'en est fait, je suis à ma Rosine... pour la vie.

FIGARO.

Vous oubliez, Monseigneur, qu'elle ne vous entend plus.

LE COMTE.

Monsieur Figaro, je n'ai qu'un mot à vous dire : elle sera ma femme; et si vous servez bien mon projet en lui cachant mon nom... Tu m'entends, tu me connais...

FIGARO.

Je me rends. Allons, Figaro, vole à la fortune, mon fils.

LE COMTE.

Retirons-nous, crainte de nous rendre suspects.

FIGARO, vivement.

Moi, j'entre ici, où, par la force de mon art, je vais, d'un seul coup de baguette, endormir la vigilance, éveiller l'amour, égarer la jalousie, fourvoyer l'intrigue, et renverser tous les obstacles. Vous, Monseigneur, chez moi, l'habit de soldat, le billet de logement, et de l'or dans vos poches.

LE COMTE.

Pour qui de l'or?

FIGARO, vivement.

De l'or, mon Dieu, de l'or : c'est le nerf de l'intrigue.

LE COMTE.

Ne te fâche pas, Figaro, j'en prendrai beaucoup.

FIGARO, s'en allant.

Je vous rejoins dans peu.

LE COMTE.

Figaro?

FIGARO.

Qu'est-ce que c'est?

LE COMTE.

Et ta guitare?

FIGARO, revient.

J'oublie ma guitare! Moi! Je suis donc fou? (Il s'en va.)

LE COMTE.

Et ta demeure, étourdi?

FIGARO, revient.

Ah! réellement je suis frappé! — Ma boutique à quatre pas d'ici, peinte en bleu, vitrage en plomb, trois palettes en l'air, l'œil dans la main, *Consilio manuque*, FIGARO. (Il s'enfuit.)

ACTE II.

Le théâtre représente l'appartement de Rosine. La croisée dans le fond du théâtre est fermée par une jalousie grillée.

SCÈNE PREMIÈRE.

ROSINE, seule, un bougeoir à la main. Elle prend du papier sur la table et se met à écrire.

Marceline est malade; tous les gens sont occupés, et personne ne me voit écrire. Je ne sais si ces murs ont des yeux et des oreilles, ou si mon Argus a un génie malfaisant qui l'instruit à point nommé; mais je ne puis dire un mot, ni faire un pas, dont il ne devine sur-le-champ l'intention... Ah Lindor! (Elle cachète la lettre.) Fermons toujours ma lettre, quoique que j'ignore quand et comment je pourrai la lui faire tenir. Je l'ai vu à travers ma jalousie parler longtemps au barbier Figaro. C'est un bon homme qui m'a montré quelquefois de la pitié. Si je pouvais l'entretenir un moment!

ACTE II, SCÈNE II.

L'un m'éternue au nez, l'autre m'y bâille (ACTE II, SCÈNE VII).

SCÈNE II.
ROSINE, FIGARO.

ROSINE, surprise.

Ah! monsieur Figaro, que je suis aise de vous voir!

FIGARO.

Votre santé, madame?

ROSINE.

Pas trop bonne, monsieur Figaro. L'ennui me tue.

FIGARO.
Je le crois : il n'engraisse que les sots.
ROSINE.
Avec qui parliez-vous donc là-bas si vivement? Je n'entendais pas; mais...
FIGARO.
Avec un jeune Bachelier de mes parents, de la plus grande espérance; plein d'esprit, de sentiments, de talents, et d'une figure fort revenante.
ROSINE.
Oh! tout à fait bien, je vous assure! Il se nomme?...
FIGARO.
Lindor. Il n'a rien. Mais, s'il n'eût pas quitté brusquement Madrid, il pouvait y trouver quelque bonne place.
ROSINE, étourdiment.
Il en trouvera, monsieur Figaro, il en trouvera. Un jeune homme tel que vous le dépeignez, n'est pas fait pour rester inconnu.
FIGARO, à part.
Fort bien. (Haut.) Mais il a un grand défaut, qui nuira toujours à son avancement.
ROSINE.
Un défaut, monsieur Figaro! un défaut! En êtes-vous bien sûr?
FIGARO.
Il est amoureux.
ROSINE.
Il est amoureux! et vous appelez cela un défaut?
FIGARO.
A la vérité, ce n'en est un que relativement à sa mauvaise fortune.
ROSINE.
Ah! que le sort est injuste! Et nomme-t-il la personne qu'il aime? Je suis d'une curiosité...
FIGARO.
Vous êtes la dernière, madame, à qui je voudrais faire une confidence de cette nature.
ROSINE, vivement.
Pourquoi, monsieur Figaro? Je suis discrète. Ce jeune homme vous appartient, il m'intéresse infiniment... Dites donc.
FIGARO, la regardant finement.
Figurez-vous la plus jolie petite mignonne, douce, tendre, accorte et fraîche, agaçant l'appétit, pied furtif, taille adroite,

élancée, bras dodus, bouche rosée, et des mains! des joues! des dents! des yeux!...

ROSINE.

Qui reste en cette ville?

FIGARO.

En ce quartier.

ROSINE.

Dans cette rue peut-être?

FIGARO.

A deux pas de moi.

ROSINE.

Ah! que c'est charmant... pour monsieur votre parent! Et cette personne est?...

FIGARO.

Je ne l'ai pas nommée?

ROSINE, vivement.

C'est la seule chose que vous ayez oubliée, monsieur Figaro. Dites donc, dites donc vite : si l'on rentrait, je ne pourrais plus savoir...

FIGARO.

Vous le voulez absolument, madame? Eh bien! cette personne est... la pupille de votre tuteur.

ROSINE.

La pupille...?

FIGARO.

Du Docteur Bartholo : oui, madame.

ROSINE, avec émotion.

Ah! monsieur Figaro!... Je ne vous crois pas, je vous assure.

FIGARO.

Et c'est ce qu'il brûle de venir vous persuader lui-même.

ROSINE.

Vous me faites trembler, monsieur Figaro.

FIGARO.

Fi donc, trembler! mauvais calcul, madame : quand on cède à la peur du mal, on ressent déjà le mal de la peur. D'ailleurs, je viens de vous débarrasser de tous vos surveillants jusqu'à demain.

ROSINE.

S'il m'aime, il doit me le prouver en restant absolument tranquille.

FIGARO.

Eh madame! amour et repos peuvent-ils habiter en même cœur? La pauvre jeunesse est si malheureuse aujourd'hui, qu'elle n'a que ce terrible choix : amour sans repos, ou repos sans amour.

ROSINE, baissant les yeux.

Repos sans amour... paraît...

FIGARO.

Ah! bien languissant. Il semble, en effet, qu'amour sans repos se présente de meilleure grâce; et pour moi, si j'étais femme...

ROSINE, avec embarras.

Il est certain qu'une jeune personne ne peut empêcher un honnête homme de l'estimer.

FIGARO.

Aussi mon parent vous estime-t-il infiniment.

ROSINE.

Mais s'il allait faire quelque imprudence, monsieur Figaro! il nous perdrait.

FIGARO, à part.

Il nous perdrait! (Haut.) Si vous le lui défendiez expressément par une petite lettre... Une lettre a bien du pouvoir...

ROSINE lui donne la lettre qu'elle vient d'écrire.

Je n'ai pas le temps de recommencer celle-ci, mais en la lui donnant, dites-lui... dites-lui bien... (Elle écoute.)

FIGARO.

Personne, madame.

ROSINE.

Que c'est par pure amitié tout ce que je fais.

FIGARO.

Cela parle de soi. Tudieu! l'amour a bien une autre allure!

ROSINE.

Que par pure amitié, entendez-vous? Je crains seulement que rebuté par les difficultés...

FIGARO.

Oui, quelque feu follet. Souvenez-vous, madame, que le vent qui éteint une lumière, allume un brasier, et que nous sommes ce brasier-là. D'en parler seulement, il exhale un tel feu qu'il m'a presque enfiévré* de sa passion, moi qui n'y ai que voir!

ROSINE.

Dieux! J'entends mon tuteur. S'il vous trouvait ici... Passez par le cabinet du clavecin, et descendez le plus doucement que vous pourrez.

FIGARO.

Soyez tranquille. (A part.) Voici qui vaut mieux que mes observations. (Il entre dans le cabinet.)

---

* Le mot *enfiévré*, qui n'est plus français, a excité la plus vive indignation parmi les puritains littéraires; je ne conseille à aucun galant homme de s'en servir; mais M. Figaro!... (Note de Beaumarchais.)

SCÈNE III.

ROSINE, seule.

Je meurs d'inquiétude jusqu'à ce qu'il soit dehors... Que je l'aime, ce bon Figaro! C'est un bien honnête homme, un bon parent! Ah! voilà mon tyran; reprenons mon ouvrage. (Elle souffle la bougie, s'assied, et prend une broderie au tambour.)

SCÈNE IV.

BARTHOLO, ROSINE.

BARTHOLO, en colère.

Ah! malédiction! l'enragé, le scélérat corsaire de Figaro! Là, peut-on sortir un moment de chez soi sans être sûr en rentrant...

ROSINE.

Qui vous met donc si fort en colère, monsieur?

BARTHOLO.

Ce damné barbier qui vient d'éclopper toute ma maison en un tour de main : il donne un narcotique à l'Éveillé, un sternutatoire à la Jeunesse; il saigne au pied Marceline; il n'y a pas jusqu'à ma mule... sur les yeux d'une pauvre bête aveugle, un cataplasme! Parce qu'il me doit cent écus, il se presse de faire des mémoires. Ah! qu'il les apporte!... Et personne à l'antichambre; on arrive à cet appartement comme à la place d'armes.

ROSINE.

Et qui peut y pénétrer que vous, monsieur?

BARTHOLO.

J'aime mieux craindre sans sujet, que de m'exposer sans précaution : tout est plein de gens entreprenants, d'audacieux... N'a-t-on pas, ce matin encore, ramassé lestement votre chanson pendant que j'allais la chercher? Oh! je...

ROSINE.

C'est bien mettre à plaisir de l'importance à tout! Le vent peut avoir éloigné ce papier, le premier venu; que sais-je?

BARTHOLO.

Le vent, le premier venu!... Il n'y a point de vent, madame, point de premier venu dans le monde; et c'est toujours quelqu'un posté là exprès, qui ramasse les papiers qu'une femme a l'air de laisser tomber par mégarde.

ROSINE.

A l'air, monsieur?

BARTHOLO.

Oui, madame, a l'air.

ROSINE, à part.

Oh! le méchant vieillard!

BARTHOLO.

Mais tout cela n'arrivera plus; car je vais faire sceller cette grille.

ROSINE.

Faites mieux; murez les fenêtres tout d'un coup : d'une prison à un cachot la différence est si peu de chose!

BARTHOLO.

Pour celles qui donnent sur la rue, ce ne serait peut-être pas si mal... Ce barbier n'est pas entré chez vous, au moins?

ROSINE.

Vous donne-t-il aussi de l'inquiétude?

BARTHOLO.

Tout comme un autre.

ROSINE.

Que vos répliques sont honnêtes!

BARTHOLO.

Ah! fiez-vous à tout le monde, et vous aurez bientôt à la maison une bonne femme pour vous tromper, de bons amis pour vous la souffler, et de bons valets pour les y aider.

ROSINE.

Quoi! vous n'accordez pas même qu'on ait des principes contre la séduction de monsieur Figaro?

BARTHOLO.

Qui diable entend quelque chose à la bizarrerie des femmes? et combien j'en ai vu de ces vertus à principes!...

ROSINE, en colère.

Mais, monsieur, s'il suffit d'être homme pour nous plaire, pourquoi donc me déplaisez-vous si fort?

BARTHOLO, stupéfait.

Pourquoi?... pourquoi?... Vous ne répondez pas à ma question sur ce barbier.

ROSINE, outrée.

Eh bien, oui, cet homme est entré chez moi; je l'ai vu, je lui ai parlé. Je ne vous cache pas même que je l'ai trouvé fort aimable; et puissiez-vous en mourir de dépit! (Elle sort.)

SCÈNE V.

BARTHOLO, seul.

Oh! les Juifs, les chiens de valets! La Jeunesse! L'Éveillé! L'Éveillé maudit.

SCÈNE VI.

BARTHOLO, L'ÉVEILLÉ.

L'ÉVEILLÉ arrive en bâillant, tout endormi.

Aah, aah, ah, ah...

BARTHOLO.

Où étais-tu, peste d'étourdi, quand ce barbier est entré ici?

L'ÉVEILLÉ.

Monsieur, j'étais... ah, aah, ah...

BARTHOLO.

A machiner quelque espièglerie, sans doute? Et tu ne l'as pas vu?

L'ÉVEILLÉ.

Sûrement je l'ai vu, puisqu'il m'a trouvé tout malade, à ce qu'il dit; et faut bien que ça soit vrai, car j'ai commencé à me douloir dans tous les membres, rien qu'en l'en entendant parl... Ah, ah, aah...

BARTHOLO le contrefait.

Rien qu'en l'en entendant!... Où donc est ce vaurien de la Jeunesse? Droguer ce petit garçon sans mon ordonnance! Il y a quelque friponnerie là-dessous!

SCÈNE VII.

Les Acteurs précédents; (LA JEUNESSE arrive en vieillard avec une canne en béquille; il éternue plusieurs fois).

L'ÉVEILLÉ, toujours bâillant.

La Jeunesse?

BARTHOLO.

Tu éternueras dimanche.

LA JEUNESSE.

Voilà plus de cinquante... cinquante fois... dans un moment. (Il éternue.) Je suis brisé.

BARTHOLO.

Comment! je vous demande à tous deux s'il est entré quelqu'un chez Rosine, et vous ne me dites pas que ce barbier...

L'ÉVEILLÉ, continuant de bâiller.

Est-ce que c'est quelqu'un donc, monsieur Figaro? Aah, ah...

BARTHOLO.

Je parie que le rusé s'entend avec lui.

L'ÉVEILLÉ, pleurant comme un sot.

Moi... je m'entends!...

LA JEUNESSE, éternuant.

Eh mais, monsieur, y a-t-il... y a-t-il de la justice?

BARTHOLO.

De la justice! C'est bon entre vous autres, misérables, la justice! Je suis votre maître, moi, pour avoir toujours raison.

LA JEUNESSE, éternuant.

Mais pardi, quand une chose est vraie!...

BARTHOLO.

Quand une chose est vraie! Si je ne veux pas qu'elle soit vraie, je prétends bien qu'elle ne soit pas vraie. Il n'y aurait qu'à permettre à tous ces faquins-là d'avoir raison, vous verriez bientôt ce que deviendrait l'autorité.

LA JEUNESSE, éternuant.

J'aime autant recevoir mon congé. Un service terrible, et toujours un train d'enfer!

L'ÉVEILLÉ, pleurant.

Un pauvre homme de bien est traité comme un misérable.

BARTHOLO.

Sors donc, pauvre homme de bien. (Il les contrefait.) Et t'chi et t'cha; l'un m'éternue au nez, l'autre m'y bâille.

LA JEUNESSE.

Ah! monsieur, je vous jure que sans Mademoiselle, il n'y aurait... il n'y aurait pas moyen de rester dans la maison. (Il sort en éternuant.)

BARTHOLO.

Dans quel état ce Figaro les a mis tous! Je vois ce que c'est : le maraud voudrait me payer mes cent écus sans bourse délier...

ACTE II, SCÈNE VIII.   33

Doucement, doucement, seigneur soldat... (ACTE II, SCÈNE XIV.)

SCÈNE VIII.

BARTHOLO, DON BAZILE; FIGARO,
caché dans le cabinet, paraît de temps en temps, et les écoute.

BARTHOLO continue.
. Ah! Don Bazile, vous veniez donner à Rosine sa leçon de musique?
BAZILE.
C'est ce qui presse le moins.

5

BARTHOLO.

J'ai passé chez vous sans vous trouver.

BAZILE.

J'étais sorti pour vos affaires. Apprenez une nouvelle assez fâcheuse.

BARTHOLO.

Pour vous?

BAZILE.

Non, pour vous. Le Comte Almaviva est en cette ville.

BARTHOLO.

Parlez bas. Celui qui faisait chercher Rosine dans tout Madrid?

BAZILE.

Il loge à la grande place, et sort tous les jours déguisé.

BARTHOLO.

Il n'en faut point douter, cela me regarde. Et que faire?

BAZILE.

Si c'était un particulier, on viendrait à bout de l'écarter.

BARTHOLO.

Oui, en s'embusquant le soir, armé, cuirassé...

BAZILE.

Bone Deus! Se compromettre! Susciter une méchante affaire, à la bonne heure; et pendant la fermentation calomnier à dire d'Experts; *concedo*.

BARTHOLO.

Singulier moyen de se défaire d'un homme!

BAZILE.

La calomnie, monsieur? Vous ne savez guère ce que vous dédaignez : j'ai vu les plus honnêtes gens près d'en être accablés. Croyez qu'il n'y a pas de plate méchanceté, pas d'horreurs, pas de conte absurde, qu'on ne fasse adopter aux oisifs d'une grande ville en s'y prenant bien : et nous avons ici des gens d'une adresse!... D'abord un bruit léger, rasant le sol comme hirondelle avant l'orage, *pianissimo*, murmure et file, et sème en courant le trait empoisonné. Telle bouche le recueille, et *piano, piano*, vous le glisse en l'oreille adroitement. Le mal est fait, il germe, il rampe, il chemine, et *rinforzando*, de bouche en bouche il va le diable; puis tout à coup, ne sais comment, vous voyez calomnie se dresser, siffler, s'enfler, grandir à vue d'œil. Elle s'élance, étend son vol, tourbillonne, enveloppe, arrache, entraîne, éclate et tonne, et devient, grâce au Ciel, un cri général, un *crescendo* public, un *chorus* universel de haine et de proscription. Qui diable y résisterait?

BARTHOLO.

Mais quel radotage me faites-vous donc là, Bazile! et quel rapport ce *piano-crescendo* peut-il avoir à ma situation?

BAZILE.

Comment, quel rapport? Ce qu'on fait partout pour écarter son ennemi, il faut le faire ici pour empêcher le vôtre d'approcher.

BARTHOLO.

D'approcher? Je prétends bien épouser Rosine avant qu'elle apprenne seulement que ce Comte existe.

BAZILE.

En ce cas, vous n'avez pas un instant à perdre.

BARTHOLO.

Et à qui tient-il, Bazile? Je vous ai chargé de tous les détails de cette affaire.

BAZILE.

Oui. Mais vous avez lésiné sur les frais; et dans l'harmonie du bon ordre, un mariage inégal, un jugement inique, un passe-droit évident, sont des disonances qu'on doit toujours préparer et sauver par l'accord parfait de l'or.

BARTHOLO, lui donnant de l'argent.

Il faut en passer par où vous voulez; mais finissons.

BAZILE.

Cela s'appelle parler. Demain tout sera terminé; c'est à vous d'empêcher que personne, aujourd'hui, ne puisse instruire la pupille.

BARTHOLO.

Fiez-vous-en à moi. Viendrez-vous ce soir, Bazile?

BAZILE.

N'y comptez pas. Votre mariage seul m'occupera toute la journée; n'y comptez pas.

BARTHOLO l'accompagne.

Serviteur.

BAZILE.

Restez, Docteur, restez donc.

BARTHOLO.

Non pas. Je veux fermer sur vous la porte de la rue.

SCÈNE IX.

FIGARO, seul, sortant du cabinet.

Oh! la bonne précaution! Ferme, ferme la porte de la rue; et moi je vais la rouvrir au Comte en sortant. C'est un grand maraud que ce Bazile! heureusement il est encore plus sot. Il faut un état, une famille, un nom, un rang, de la consistance enfin, pour faire sensation dans le monde en calomniant. Mais un Bazile!... Il médirait, qu'on ne le croirait pas.

SCÈNE X.

ROSINE, accourant; FIGARO.

ROSINE.

Quoi! vous êtes encore là, monsieur Figaro?

FIGARO.

Très-heureusement pour vous, mademoiselle. Votre tuteur et votre maître de musique, se croyant seuls ici, viennent de parler à cœur ouvert...

ROSINE.

Et vous les avez écoutés, monsieur Figaro? Mais savez-vous que c'est fort mal?

FIGARO.

D'écouter? C'est pourtant ce qu'il y a de mieux pour bien entendre. Apprenez que votre tuteur se dispose à vous épouser demain.

ROSINE.

Ah! grands Dieux!

FIGARO.

Ne craignez rien; nous lui donnerons tant d'ouvrage, qu'il n'aura pas le temps de songer à celui-là.

ROSINE.

Le voici qui revient; sortez donc par le petit escalier. Vous me faites mourir de frayeur. (Figaro s'enfuit.)

SCÈNE XI.

BARTHOLO, ROSINE.

ROSINE.

Vous étiez ici avec quelqu'un, monsieur?

BARTHOLO.

Don Bazile, que j'ai reconduit, et pour cause. Vous eussiez mieux aimé que c'eût été monsieur Figaro?

ROSINE.

Cela m'est fort égal, je vous assure.

BARTHOLO.

Je voudrais bien savoir ce que ce barbier avait de si pressé à vous dire?

ROSINE.

Faut-il parler sérieusement? Il m'a rendu compte de l'état de Marceline, qui même n'est pas trop bien, à ce qu'il dit.

BARTHOLO.

Vous rendre compte! Je vais parier qu'il était chargé de vous remettre quelque lettre.

ROSINE.

Et de qui, s'il vous plaît?

BARTHOLO.

Oh, de qui! De quelqu'un que les femmes ne nomment jamais. Que sais-je, moi? Peut-être la réponse au papier de la fenêtre.

ROSINE, à part.

Il n'en a pas manqué une seule. (Haut.) Vous mériteriez bien que cela fût.

BARTHOLO regarde les mains de Rosine.

Cela est. Vous avez écrit.

ROSINE, avec embarras.

Il serait assez plaisant que vous eussiez le projet de m'en faire convenir.

BARTHOLO, lui prenant la main droite.

Moi? Point du tout; mais votre doigt encore taché d'encre! Hein! rusée Signora!

ROSINE, à part.

Maudit homme!

BARTHOLO, lui tenant toujours la main.

Une femme se croit bien en sûreté, parce qu'elle est seule.

ROSINE.

Ah! sans doute... La belle preuve!... Finissez donc, monsieur, vous me tordez le bras. Je me suis brûlée en chiffonnant autour de cette bougie; et l'on m'a toujours dit qu'il fallait aussitôt tremper dans l'encre; c'est ce que j'ai fait.

BARTHOLO.

C'est ce que vous avez fait? Voyons donc si un second témoin confirmera la déposition du premier. C'est ce cahier de papier où je suis certain qu'il y avait six feuilles; car je les compte tous les matins, aujourd'hui encore.

ROSINE, à part.

Oh! imbécile!...

BARTHOLO, comptant.

Trois, quatre, cinq...

ROSINE.

La sixième...

BARTHOLO.

Je vois bien qu'elle n'y est pas la sixième.

ROSINE, baissant les yeux.

La sixième? Je l'ai employée à faire un cornet pour des bonbons que j'ai envoyés à la petite Figaro.

BARTHOLO.

A la petite Figaro? Et la plume qui était toute neuve, comment est-elle devenue noire? Est-ce en écrivant l'adresse de la petite Figaro?

ROSINE, à part.

Cet homme a un instinct de jalousie!... (Haut.) Elle m'a servi à retracer une fleur effacée sur la veste que je vous brode au tambour.

BARTHOLO.

Que cela est édifiant! Pour qu'on vous crût, mon enfant, il faudrait ne pas rougir en déguisant coup sur coup la vérité; mais c'est ce que vous ne savez pas encore.

ROSINE.

Et qui ne rougirait pas, monsieur, de voir tirer des conséquences aussi malignes des choses les plus innocemment faites?

BARTHOLO.

Certes, j'ai tort; se brûler le doigt, le tremper dans l'encre, faire des cornets aux bonbons de la petite Figaro, et dessiner ma veste au tambour! quoi de plus innocent! Mais que de mensonges entassés pour cacher un seul fait!... *Je suis seule, on ne me voit point; je pourrai mentir à mon aise;* mais le bout du doigt reste noir, la plume est tachée, le papier manque! On ne saurait penser à tout. Bien certainement, Signora, quand j'irai par la ville, un bon double tour me répondra de vous.

SCÈNE XII.

LE COMTE, BARTHOLO, ROSINE.

(Le Comte, en uniforme de Cavalerie, ayant l'air d'être entre deux vins, et chantant : *Réveillons-la*, etc.)

BARTHOLO.

Mais que nous veut cet homme? Un soldat! Rentrez chez vous, Signora.

LE COMTE chante : *Réveillons-la*, et s'avance vers Rosine.

Qui de vous deux, mesdames, se nomme le Docteur Balordo? (A Rosine, bas.) Je suis Lindor.

BARTHOLO.

Bartholo!

ROSINE, à part.

Il parle de Lindor.

LE COMTE.

Balordo, Barque-à-l'eau; je m'en moque comme de ça. Il s'agit seulement de savoir laquelle des deux... (A Rosine, lui montrant un papier.) Prenez cette lettre.

BARTHOLO.

Laquelle! Vous voyez bien que c'est moi. Laquelle! Rentrez donc, Rosine; cet homme paraît avoir du vin.

ROSINE.

C'est pour cela, Monsieur; vous êtes seul. Une femme en impose quelquefois.

BARTHOLO.

Rentrez, rentrez; je ne suis pas timide.

SCÈNE XIII.

LE COMTE, BARTHOLO.

LE COMTE.

Oh! je vous ai reconnu d'abord à votre signalement.

BARTHOLO, au Comte, qui serre la lettre.

Qu'est-ce que c'est donc que vous cachez là dans votre poche?

LE COMTE.

Je le cache dans ma poche pour que vous ne sachiez pas ce que c'est.

BARTHOLO.

Mon signalement! Ces gens-là croient toujours parler à des soldats.

LE COMTE.

Pensez-vous que ce soit une chose si difficile à faire que votre signalement?

> Le chef branlant, la tête chauve,
> Les yeux vairons, le regard fauve,
> L'air farouche d'un Algonquin...
> . . . .

BARTHOLO.

Qu'est-ce que cela veut dire? Êtes-vous ici pour m'insulter? Délogez à l'instant!

LE COMTE.

Déloger! Ah! fi! que c'est mal parler! Savez-vous lire, Docteur... Barbe-à-l'eau?

BARTHOLO.

Autre question saugrenue.

LE COMTE.

Oh! que cela ne vous fasse point de peine, car, moi qui suis pour le moins aussi Docteur que vous.

BARTHOLO.

Comment cela?

LE COMTE.

Est-ce que je ne suis pas le médecin des chevaux du régiment? Voilà pourquoi l'on m'a exprès logé chez un confrère.

BARTHOLO.

Oser comparer un maréchal...

LE COMTE.

AIR : *Vive le vin.*

Sans chanter.
> Non, Docteur, je ne prétends pas
> Que notre art obtienne le pas
> Sur Hypocrate et sa brigade.

En chantant.
> Votre savoir, mon camarade,
> Est d'un succès plus général;
> Car s'il n'emporte point le mal,
> Il emporte au moins le malade.

C'est-il poli ce que je vous dis là?

ACTE II, SCÈNE XIII. 41

O ciel! c'est la lettre. (ACTE II, SCÈNE XV.)

BARTHOLO.

Il vous sied bien, Manipuleur ignorant! de ravaler ainsi le premier, le plus grand et le plus utile des arts!

LE COMTE.

Utile tout à fait pour ceux qui l'exercent.

BARTHOLO

Un art dont le soleil s'honore d'éclairer les succès.

LE COMTE.

Et dont la terre s'empresse de couvrir les bévues.

6

BARTHOLO.

On voit bien, mal-appris! que vous n'êtes habitué de parler qu'à des chevaux.

LE COMTE.

Parler à des chevaux! Ah, Docteur! Pour un Docteur d'esprit... N'est-il pas de notoriété que le maréchal guérit toujours ses malades sans leur parler; au lieu que le médecin parle beaucoup aux siens...

BARTHOLO.

Sans les guérir, n'est-ce pas?

LE COMTE.

C'est vous qui l'avez dit.

BARTHOLO.

Qui diable envoie ici ce maudit ivrogne?

LE COMTE.

Je crois que vous me lâchez des épigrammes, l'Amour!

BARTHOLO.

Enfin, que voulez-vous? Que demandez-vous?

LE COMTE, feignant une grande colère.

Eh bien donc, il s'enflamme! Ce que je veux?... Est-ce que vous ne le voyez pas?

SCÈNE XIV.

ROSINE, LE COMTE, BARTHOLO.

ROSINE, accourant.

Monsieur le soldat, ne vous emportez point, de grâce. (A Bartholo.) Parlez-lui doucement, monsieur : un homme qui déraisonne...

LE COMTE.

Vous avez raison; il déraisonne, lui, mais nous sommes raisonnables, nous! Moi poli, et vous jolie... enfin suffit. La vérité, c'est que je ne veux avoir affaire qu'à vous dans la maison.

ROSINE.

Que puis-je pour votre service, monsieur le soldat?

LE COMTE.

Une petite bagatelle, mon enfant. Mais s'il y a de l'obscurité dans mes phrases...

ROSINE.

J'en saisirai l'esprit.

LE COMTE, lui montrant la lettre.

Non, attachez-vous à la lettre, à la lettre. Il s'agit seulement... mais je dis, en tout bien, tout honneur, que vous me donniez à coucher ce soir.

BARTHOLO.

Rien que cela?

LE COMTE.

Pas davantage. Lisez le billet doux que notre Maréchal des logis vous écrit.

BARTHOLO.

Voyons. (Le Comte cache la lettre et lui donne un autre papier.) (Bartholo lit.) « Le Docteur Bartholo recevra, nourrira, hébergera, couchera...

LE COMTE, appuyant.

Couchera.

BARTHOLO.

« Pour une nuit seulement, le nommé Lindor, dit l'Écolier, cavalier, au régiment... »

ROSINE.

C'est lui, c'est lui-même.

BARTHOLO, vivement, à Rosine.

Qu'est-ce qu'il y a?

LE COMTE.

Eh bien, ai-je tort à présent, Docteur Barbaro?

BARTHOLO.

On dirait que cet homme se fait un malin plaisir de m'estropier de toutes les manières possibles; allez au diable, Barbaro! Barbe-à-l'eau! et dites à votre impertinent maréchal des logis que, depuis mon voyage à Madrid, je suis exempt de loger des gens de guerre.

LE COMTE, à part.

O ciel! fâcheux contre-temps!

BARTHOLO.

Ah, ah, notre ami, cela vous contrarie et vous dégrise un peu? Mais n'en décampez pas moins à l'instant.

LE COMTE, à part.

J'ai pensé me trahir. (Haut.) Décamper! Si vous êtes exempt des gens de guerre, vous n'êtes pas exempt de politesse peut-être? Décamper! Montrez-moi votre brevet d'exemption; quoique je ne sache pas lire, je verrai bientôt...

BARTHOLO.

Qu'à cela ne tienne. Il est dans ce bureau.

LE COMTE, pendant qu'il y va, dit, sans quitter sa place.

Ah, ma belle Rosine!

ROSINE.

Quoi, Lindor, c'est vous?

LE COMTE.

Recevez au moins cette lettre.

ROSINE.

Prenez garde, il a les yeux sur nous.

LE COMTE.

Tirez votre mouchoir, je la laisserai tomber. (Il s'approche.)

BARTHOLO.

Doucement, doucement, Seigneur soldat; je n'aime point qu'on regarde ma femme de si près.

LE COMTE.

Elle est votre femme?

BARTHOLO.

Eh quoi donc?

LE COMTE.

Je vous ai pris pour son bisaïeul paternel, maternel, sempiternel; il y a au moins trois générations entre elle et vous.

BARTHOLO lit un parchemin.

« Sur les bons et fidèles témoignages qui nous ont été rendus... »

LE COMTE donne un coup de main sous les parchemins,
qui les envoie au plancher.

Est-ce que j'ai besoin de tout ce verbiage?

BARTHOLO.

Savez-vous bien, soldat, que si j'appelle mes gens, je vous fais traiter sur-le-champ comme vous le méritez?

LE COMTE.

Bataille? Ah, volontiers, bataille! C'est mon métier à moi (montrant son pistolet de ceinture); et voici de quoi leur jeter de la poudre aux yeux. Vous n'avez peut-être jamais vu de bataille, Madame?

ROSINE.

Ni ne veux en voir.

LE COMTE.

Rien n'est pourtant aussi gai que bataille. Figurez-vous (poussant le Docteur) d'abord que l'ennemi est d'un côté du ravin, et les amis de l'autre. (A Rosine, en lui montrant la lettre.) Sortez le mouchoir. (Il crache à terre.) Voilà le ravin, cela s'entend. (Rosine tire son mouchoir, le Comte laisse tomber sa lettre entre elle et lui.)

BARTHOLO, se baissant.

Ah, ah!...

LE COMTE la reprend, et dit.

Tenez... moi qui allais vous apprendre ici les secrets de mon métier... Une femme bien discrète, en vérité! Ne voilà-t-il pas un billet doux qu'elle laisse tomber de sa poche?

BARTHOLO.

Donnez, donnez.

LE COMTE.

Dulciter, papa! chacun son affaire. Si une ordonnance de rhubarbe était tombée de la vôtre?...

ROSINE avance la main.

Ah! Je sais ce que c'est, monsieur le soldat. (Elle prend la lettre, qu'elle cache dans la petite poche de son tablier.)

BARTHOLO.

Sortez-vous enfin?

LE COMTE.

Eh bien, je sors : adieu, Docteur; sans rancune. Un petit compliment, mon cœur : priez la mort de m'oublier encore quelques campagnes; la vie ne m'a jamais été si chère.

BARTHOLO.

Allez toujours; si j'avais ce crédit-là sur la mort...

LE COMTE.

Sur la mort! N'êtes-vous pas médecin? Vous faites tant de choses pour elle, qu'elle n'a rien à vous refuser. (Il sort.)

SCÈNE XV.

BARTHOLO, ROSINE.

BARTHOLO le regarde aller.

Il est enfin parti. (A part.) Dissimulons.

ROSINE.

Convenez pourtant, monsieur, qu'il est bien gai, ce jeune soldat. A travers son ivresse, on voit qu'il ne manque ni d'esprit ni d'une certaine éducation.

BARTHOLO.

Heureux, m'amour, d'avoir pu nous en délivrer. Mais n'es-tu pas un peu curieuse de lire avec moi le papier qu'il t'a remis?

ROSINE.

Quel papier?

BARTHOLO.
Celui qu'il a feint de ramasser pour te le faire accepter.
ROSINE.
Bon! c'est la lettre de mon cousin l'officier, qui était tombée de ma poche.
BARTHOLO.
J'ai idée, moi, qu'il l'a tirée de la sienne.
ROSINE.
Je l'ai très-bien reconnue.
BARTHOLO.
Qu'est-ce qu'il coûte d'y regarder?
ROSINE.
Je ne sais pas seulement ce que j'en ai fait.
BARTHOLO, montrant la pochette.
Tu l'as mise là.
ROSINE.
Ah, ah! par distraction.
BARTHOLO.
Ah! sûrement. Tu vas voir que ce sera quelque folie.
ROSINE, à part.
Si je ne le mets pas en colère, il n'y aura pas moyen de refuser.
BARTHOLO.
Donne donc, mon cœur.
ROSINE.
Mais quelle idée avez-vous en insistant, monsieur? Est-ce encore quelque méfiance?
BARTHOLO.
Mais vous, quelle raison avez-vous de ne pas la montrer?
ROSINE.
Je vous répète, monsieur, que ce papier n'est autre que la lettre de mon cousin, que vous m'avez rendue hier toute décachetée; et puisqu'il en est question, je vous dirai tout net que cette liberté me déplaît excessivement.
BARTHOLO.
Je ne vous entends pas!
ROSINE.
Vais-je examiner les papiers qui vous arrivent? Pourquoi vous donnez-vous les airs de toucher à ceux qui me sont adressés? Si c'est jalousie, elle m'insulte; s'il s'agit de l'abus d'une autorité usurpée, j'en suis plus révoltée encore.
BARTHOLO.
Comment révoltée! Vous ne m'avez jamais parlé ainsi!

ROSINE.

Si je me suis modérée jusqu'à ce jour, ce n'était pas pour vous donner le droit de m'offenser impunément.

BARTHOLO.

De quelle offense parlez-vous?

ROSINE.

C'est qu'il est inouï qu'on se permette d'ouvrir les lettres de quelqu'un.

BARTHOLO.

De sa femme?

ROSINE.

Je ne la suis pas encore. Mais pourquoi lui donnerait-on la préférence d'une indignité qu'on ne fait à personne?

BARTHOLO.

Vous voulez me faire prendre le change et détourner mon attention du billet, qui, sans doute, est une missive de quelque amant : mais je le verrai, je vous assure.

ROSINE.

Vous ne le verrez pas. Si vous m'approchez, je m'enfuis de cette maison, et je demande retraite au premier venu.

BARTHOLO.

Qui ne vous recevra point.

ROSINE.

C'est ce qu'il faudra voir.

BARTHOLO.

Nous ne sommes pas ici en France, où l'on donne toujours raison aux femmes : mais, pour vous en ôter la fantaisie, je vais fermer la porte.

ROSINE, pendant qu'il y va.

Ah Ciel! que faire?... Mettons vite à la place la lettre de mon cousin, et donnons-lui beau jeu à la prendre. (Elle fait l'échange, et met la lettre du cousin dans la pochette, de façon qu'elle sort un peu.)

BARTHOLO, revenant.

Ah! j'espère maintenant la voir.

ROSINE.

De quel droit, s'il vous plaît?

BARTHOLO.

Du droit le plus universellement reconnu, celui du plus fort.

ROSINE.

On me tuera plutôt que de l'obtenir de moi.

BARTHOLO, frappant du pied.

Madame! Madame!...

ROSINE *tombe sur un fauteuil, et feint de se trouver mal.*

Ah! quelle indignité!...

BARTHOLO.

Donnez cette lettre, ou craignez ma colère.

ROSINE, renversée.

Malheureuse Rosine!

BARTHOLO.

Qu'avez-vous donc?

ROSINE.

Quel avenir affreux!

BARTHOLO.

Rosine!

ROSINE.

J'étouffe de fureur.

BARTHOLO.

Elle se trouve mal.

ROSINE.

Je m'affaiblis, je meurs.

BARTHOLO *lui tâte le pouls et dit à part.*

Dieux! la lettre! Lisons-la sans qu'elle en soit instruite. (Il continue à lui tâter le pouls, et prend la lettre, qu'il tâche de lire en se tournant un peu.)

ROSINE, *toujours renversée.*

Infortunée! ah!...

BARTHOLO *lui quitte le bras, et dit à part.*

Quelle rage a-t-on d'apprendre ce qu'on craint toujours de savoir!

ROSINE.

Ah! pauvre Rosine!

BARTHOLO.

L'usage des odeurs... produit ces affections spasmodiques. (Il lit par derrière le fauteuil en lui tâtant le pouls. Rosine se relève un peu, le regarde finement, fait un geste de tête, et se remet sans parler.)

BARTHOLO, à part.

O Ciel! c'est la lettre de son cousin. Maudite inquiétude! Comment l'apaiser maintenant? Qu'elle ignore au moins que je l'ai lue! (Il fait semblant de la soutenir, et remet la lettre dans la pochette.)

ROSINE *soupire.*

Ah!...

BARTHOLO.

Eh bien! ce n'est rien, mon enfant; un petit mouvement de vapeurs, voilà tout; car ton pouls n'a seulement pas varié. (Il va prendre un flacon sur la console.)

ROSINE, à part.

Il a remis la lettre; fort bien.

ACTE III, SCÈNE XV.

L'émotion ralentit... (ACTE III, SCÈNE IV.)

BARTHOLO.
Ma chère Rosine, un peu de cette eau spiritueuse.
ROSINE.
Je ne veux rien de vous, laissez-moi.
BARTHOLO.
Je conviens que j'ai montré trop de vivacité sur ce billet.
ROSINE.
Il s'agit bien du billet! C'est votre façon de demander les choses qui est révoltante.
BARTHOLO, à genoux.
Pardon : j'ai bientôt senti tous mes torts; et tu me vois à tes pieds, prêt à les réparer.

ROSINE.

Oui, pardon! lorsque vous croyez que cette lettre ne vient pas de mon cousin.

BARTHOLO.

Qu'elle soit d'un autre ou de lui, je ne veux aucun éclaircissement.

ROSINE, lui présentant la lettre.

Vous voyez qu'avec de bonnes façons on obtient tout de moi. Lisez-la.

BARTHOLO.

Cet honnête procédé dissiperait mes soupçons, si j'étais assez malheureux pour en conserver.

ROSINE.

Lisez-la donc, monsieur.

BARTHOLO se retire.

A Dieu ne plaise que je te fasse une pareille injure!

ROSINE.

Vous me contrariez de la refuser.

BARTHOLO.

Reçois en réparation, cette marque de ma parfaite confiance. Je vais voir la pauvre Marceline, que ce Figaro a, je ne sais pourquoi, saignée du pied : n'y viens-tu pas aussi?

ROSINE.

J'y monterai dans un moment.

BARTHOLO.

Puisque la paix est faite, mignonne, donne-moi ta main. Si tu pouvais m'aimer, ah! comme tu serais heureuse!

ROSINE, baissant les yeux.

Si vous pouviez me plaire, ah! comme je vous aimerais!

BARTHOLO.

Je te plairai, je te plairai; quand je te dis que je te plairai.
(Il sort.)

SCÈNE XVI.

ROSINE le regarde aller.

Ah Lindor! il dit qu'il me plaira!... Lisons cette lettre, qui a manqué de me causer tant de chagrin. (Elle lit et s'écrie.) Ah!... j'ai lu trop tard; il me recommande de tenir une querelle ouverte avec mon tuteur : j'en avais une si bonne! et je l'ai laissée échapper.

En recevant la lettre, j'ai senti que je rougissais jusqu'aux yeux. Ah! mon tuteur a raison. Je suis bien loin d'avoir cet usage du monde qui, me dit-il souvent, assure le maintien des femmes en toute occasion. Mais un homme injuste parviendrait à faire une rusée de l'innocence même.

FIN DU SECOND ACTE.

ACTE III.

SCÈNE PREMIÈRE.

BARTHOLO, seul et désolé.

Quelle humeur! quelle humeur! Elle paraissait apaisée... Là, qu'on me dise qui diable lui a fourré dans la tête de ne plus vouloir prendre leçon de Don Bazile! Elle sait qu'il se mêle de mon mariage... (On heurte à la porte.) Faites tout au monde pour plaire aux femmes; si vous omettez un seul petit point... je dis un seul... (On heurte une seconde fois.) Voyons qui c'est.

SCÈNE II.

BARTHOLO, LE COMTE, en Bachelier.

LE COMTE.
Que la paix et la joie habitent toujours céans!
BARTHOLO, brusquement.
Jamais souhait ne vint plus à propos. Que voulez-vous?

LE COMTE.

Monsieur, je suis Alonzo, bachelier, licencié...

BARTHOLO.

Je n'ai pas besoin de précepteur.

LE COMTE.

... Élève de Don Bazile, organiste du grand couvent, qui a l'honneur de montrer la musique à madame votre...

BARTHOLO.

Bazile! organiste! qui a l'honneur!... Je le sais : au fait.

LE COMTE, à part.

Quel homme! (Haut.) Un mal subit qui le force à garder le lit...

BARTHOLO.

Garder le lit! Bazile! Il a bien fait d'envoyer ; je vais le voir à l'instant.

LE COMTE, à part.

Oh, diable! (Haut.) Quand je dis le lit, monsieur, c'est... la chambre que j'entends.

BARTHOLO.

Ne fût-il qu'incommodé : marchez devant, je vous suis.

LE COMTE, embarrassé.

Monsieur, j'étais chargé... Personne ne peut-il nous entendre?

BARTHOLO, à part.

C'est quelque fripon... (Haut.) Eh, non, monsieur le mystérieux! parlez sans vous troubler, si vous pouvez.

LE COMTE, à part.

Maudit vieillard! (Haut.) Don Bazile m'avait chargé de vous apprendre...

BARTHOLO.

Parlez haut ; je suis sourd d'une oreille.

LE COMTE, élevant la voix.

Ah! volontiers. Que le Comte Almaviva, qui restait à la grande place...

BARTHOLO, effrayé.

Parlez bas ; parlez bas.

LE COMTE, plus haut.

... En est délogé ce matin. Comme c'est par moi qu'il a su que le Comte Almaviva...

BARTHOLO.

Bas ; parlez bas, je vous prie.

LE COMTE, du même ton.

... Était en cette ville, et que j'ai découvert que la Signora Rosine lui a écrit...

BARTHOLO.

Lui a écrit? Mon cher ami, parlez plus bas, je vous en conjure! Tenez, asseyons-nous, et jasons d'amitié. Vous avez découvert, ditez-vous, que Rosine...

LE COMTE fièrement.

Assurément, Bazile; inquiet pour vous de cette correspondance, m'avait prié de vous montrer sa lettre; mais la manière dont vous prenez les choses...

BARTHOLO.

Eh mon Dieu! je les prends bien. Mais ne vous est-il donc pas possible de parler plus bas?

LE COMTE.

Vous êtes sourd d'une oreille, avez-vous dit.

BARTHOLO.

Pardon, pardon, Seigneur Alonzo, si vous m'avez trouvé méfiant et dur; mais je suis tellement entouré d'intrigants, de piéges... et puis votre tournure, votre âge, votre air... Pardon, pardon. Eh bien! vous avez la lettre?

LE COMTE.

A la bonne heure sur ce ton, monsieur! Mais je crains qu'on ne soit aux écoutes.

BARTHOLO.

Eh! qui voulez-vous? Tous mes valets sur les dents! Rosine enfermée de fureur! Le diable est entré chez moi. Je vais encore m'assurer... (Il va ouvrir doucement la porte de Rosine.)

LE COMTE, à part.

Je me suis enferré de dépit... Garder la lettre à présent! il faudra m'enfuir : autant vaudrait n'être pas venu... La lui montrer... Si je puis en prévenir Rosine, la montrer est un coup de maître.

BARTHOLO revient sur la pointe du pied.

Elle est assise auprès de sa fenêtre, le dos tourné à la porte, occupée à relire une lettre de son cousin l'officier, que j'avais décachetée... Voyons donc la sienne.

LE COMTE lui remet la lettre de Rosine.

La voici. (A part.) C'est ma lettre qu'elle relit.

BARTHOLO lit.

« *Depuis que vous m'avez appris votre nom et votre état.* » Ah! la perfide! c'est bien là sa main.

LE COMTE, effrayé.

Parlez donc bas à votre tour.

BARTHOLO.
Quelle obligation, mon cher!...
LE COMTE.
Quand tout sera fini, si vous croyez m'en devoir, vous serez le maître... D'après un travail que fait actuellement Don Bazile avec un homme de loi...
BARTHOLO.
Avec un homme de loi; pour mon mariage?
LE COMTE.
Vous aurais-je arrêté sans cela? Il m'a chargé de vous dire que tout peut être prêt pour demain. Alors, si elle résiste...
BARTHOLO.
Elle résistera.
LE COMTE veut reprendre la lettre, Bartholo la serre.
Voilà l'instant où je puis vous servir : nous lui montrerons sa lettre, et s'il le faut (plus mystérieusement), j'irai jusqu'à lui dire que je la tiens d'une femme à qui le Comte l'a sacrifiée; vous sentez que le trouble, la honte, le dépit, peuvent la porter sur-le-champ...
BARTHOLO, riant.
De la calomnie! mon cher ami, je vois bien maintenant que vous venez de la part de Bazile!... Mais pour que ceci n'eût pas l'air concerté, ne serait-il pas bon qu'elle vous connût d'avance?
LE COMTE réprime un grand mouvement de joie.
C'était assez l'avis de Don Bazile. Mais comment faire? il est tard... au peu de temps qui reste...
BARTHOLO.
Je dirai que vous venez en sa place. Ne lui donnerez-vous pas bien une leçon?
LE COMTE.
Il n'y a rien que je ne fasse pour vous plaire. Mais prenez garde que toutes ces histoires de maîtres supposés sont de vieilles finesses, des moyens de comédie. Si elle va se douter?...
BARTHOLO.
Présenté par moi? Quelle apparence? Vous avez plus l'air d'un amant déguisé que d'un ami officieux.
LE COMTE.
Oui? Vous croyez donc que mon air peut aider à la tromperie?
BARTHOLO.
Je le donne au plus fin à deviner. Elle est ce soir d'une humeur horrible. Mais quand elle ne ferait que vous voir... Son clavecin est dans ce cabinet. Amusez-vous, en l'attendant : je vais faire l'impossible pour l'amener.

LE COMTE.

Gardez-vous bien de lui parler de la lettre.

BARTHOLO.

Avant l'instant décisif? Elle perdrait tout son effet. Il ne faut pas me dire deux fois les choses : il ne faut pas me les dire deux fois. (Il s'en va.)

SCÈNE III.

LE COMTE, seul.

Me voilà sauvé. Ouf! que ce diable d'homme est rude à manier! Figaro le connaît bien. Je me voyais mentir; cela me donnait un air plat et gauche; et il a des yeux!... Ma foi, sans l'inspiration subite de la lettre, il faut l'avouer, j'étais éconduit comme un sot. O ciel! on dispute là dedans. Si elle allait s'obstiner à ne pas venir! Écoutons..... Elle refuse de sortir de chez elle, et j'ai perdu le fruit de ma ruse. (Il retourne écouter.) La voici; ne nous montrons pas d'abord. (Il entre dans le cabinet.)

SCÈNE IV.

LE COMTE, ROSINE, BARTHOLO.

ROSINE, avec une colère simulée.

Tout ce que vous direz est inutile, monsieur, j'ai pris mon parti; je ne veux plus entendre parler de musique.

BARTHOLO.

Écoute donc, mon enfant; c'est le Seigneur Alonzo, l'élève et l'ami de Don Bazile, choisi par lui pour être un de nos témoins. — La musique te calmera, je t'assure.

ROSINE.

Oh! pour cela, vous pouvez vous en détacher : si je chante ce soir!... Où donc est-il ce maître que vous craignez de renvoyer? Je vais, en deux mots, lui donner son compte, et celui de Bazile. (Elle aperçoit son amant : elle fait un cri.) Ah!...

BARTHOLO.

Qu'avez-vous?

ROSINE, les deux mains sur son cœur, avec un grand trouble.

Ah! mon Dieu, monsieur... Ah! mon Dieu, monsieur...

Ah! Bazile, mon ami! (ACTE III, SCÈNE XI.)

BARTHOLO.

Elle se trouve encore mal! Seigneur Alonzo!

ROSINE.

Non, je ne me trouve pas mal... mais c'est qu'en me tournant... Ah!...

LE COMTE.

Le pied vous a tourné, madame?

ROSINE.

Ah! oui, le pied m'a tourné. Je me suis fait un mal horrible.

LE COMTE.

Je m'en suis bien aperçu.

ROSINE, regardant le Comte.

Le coup m'a porté au cœur.

BARTHOLO.

Un siége, un siége! Et pas un fauteuil ici? (Il va le chercher.)

LE COMTE.

Ah, Rosine!

ROSINE.

Quelle imprudence!

LE COMTE.

J'ai mille choses essentielles à vous dire.

ROSINE.

Il ne nous quittera pas.

LE COMTE.

Figaro va venir nous aider.

BARTHOLO apporte un fauteuil.

Tiens, mignonne, assieds-toi. — Il n'y a pas d'apparence, Bachelier, qu'elle prenne de leçon ce soir; ce sera pour un autre jour. Adieu.

ROSINE, au Comte.

Non, attendez : ma douleur est un peu apaisée. (A Bartholo.) Je sens que j'ai eu tort avec vous, monsieur : je veux vous imiter, en réparant sur-le-champ...

BARTHOLO.

Oh! le bon petit naturel de femme! Mais après une pareille émotion, mon enfant, je ne souffrirai pas que tu fasses le moindre effort. Adieu, adieu, Bachelier.

ROSINE, au Comte.

Un moment, de grâce! (A Bartholo.) Je croirai, monsieur, que vous n'aimez pas à m'obliger, si vous m'empêchez de vous prouver mes regrets en prenant ma leçon.

LE COMTE, à part à Bartholo.

Ne la contrarions pas, si vous m'en croyez.

BARTHOLO.

Voilà qui est fini, mon amoureuse. Je suis si loin de chercher à te déplaire, que je veux rester là tout le temps que tu vas étudier.

ROSINE.

Non, monsieur; je sais que la musique n'a nul attrait pour vous.

BARTHOLO.

Je t'assure que ce soir elle m'enchantera.

ROSINE, au Comte, à part.

Je suis au supplice.

LE COMTE, prenant un papier de musique sur le pupitre.

Est-ce là ce que vous voulez chanter, madame?

ROSINE.

Oui, c'est un morceau très-agréable de LA PRÉCAUTION INUTILE.

BARTHOLO.

Toujours LA PRÉCAUTION INUTILE !

LE COMTE.

C'est ce qu'il y a de plus nouveau aujourd'hui. C'est une image du printemps, d'un genre assez vif. Si madame veut l'essayer...

ROSINE, regardant le Comte.

Avec grand plaisir; un tableau du printemps me ravit : c'est la jeunesse de la nature. Au sortir de l'hiver, il semble que le cœur acquiert un plus haut degré de sensibilité : comme un esclave enfermé depuis longtemps goûte avec plus de plaisir le charme de la liberté qui vient de lui être offerte.

BARTHOLO, bas au Comte.

Toujours des idées romanesques en tête.

LE COMTE, bas.

Et sentez-vous l'application?

BARTHOLO.

Parbleu! (Il va s'asseoir dans le fauteuil qu'a occupé Rosine.)

ROSINE chante*.

Quand, dans la plaine,
L'amour ramène
Le printemps
Si chéri des amants,
Tout reprend l'être,
Son feu pénètre
Dans les fleurs
Et dans les jeunes cœurs.
On voit les troupeaux
Sortir des hameaux;
Dans tous les coteaux
Les cris des agneaux
Retentissent;
Ils bondissent;

---

* Cette Ariette, dans le goût Espagnol, fut chantée le premier jour à Paris, malgré les huées, les rumeurs et le train usités au Parterre en ces jours de crise et de combat. La timidité de l'Actrice l'a depuis empêchée d'oser la redire, et les jeunes rigoristes du théâtre l'on fort louée de cette réticence. Mais si la dignité de la Comédie-Française y a gagné quelque chose, il faut convenir que le Barbier de Séville y a beaucoup perdu. C'est pourquoi, sur les Théâtres où quelque peu de musique ne tirera pas autant à conséquence, nous invitons tous Directeurs à la restituer, tous Acteurs à la chanter, tous Spectateurs à l'écouter, et tous Critiques à nous la pardonner, en faveur du genre de la pièce et du plaisir que leur fera le morceau.

Tout fermente;
Tout augmente;
Les brebis paissent
Les fleurs qui naissent;
Les chiens fidèles
Veillent sur elles;
Mais Lindor enflammé
Ne songe guère
Qu'au bonheur d'être aimé
De sa bergère.

MÊME AIR :

Loin de sa mère,
Cette bergère
Va chantant
Où son amant l'attend.
Par cette ruse,
L'amour l'abuse:
Mais chanter
Sauve-t-il du danger?
Les doux chalumeaux,
Les chants des oiseaux,
Ses charmes naissants,
Ses quinze ou seize ans,
Tout l'excite,
Tout l'agite:
La pauvrette
S'inquiète;
De sa retraite,
Lindor la guette;
Elle s'avance;
Lindor s'élance;
Il vient de l'embrasser :
Elle, bien aise,
Feint de se courroucer
Pour qu'on l'apaise.

PETITE REPRISE :

Les soupirs,
Les soins, les promesses,
Les vives tendresses,
Les plaisirs,
Le fin badinage,
Sont mis en usage;
Et bientôt la bergère
Ne sent plus de colère.
Si quelque jaloux
Trouble un lien si doux,

ACTE III, SCÈNE IV.

> Nos amants d'accord,
> Ont un soin extrême...
> De voiler leur transport;
> Mais quand on s'aime,
> La gêne ajoute encore
> Au plaisir même.

(En l'écoutant, Bartholo s'est assoupi. Le Comte, pendant la petite reprise, se hasarde à prendre une main qu'il couvre de baisers. L'émotion ralentit le chant de Rosine, l'affaiblit, et finit même par lui couper la voix au milieu de la cadence, au mot *extrême*. L'Orchestre suit le mouvement de la chanteuse, affaiblit son jeu, et se tait avec elle. L'absence du bruit, qui avait endormi Bartholo, le réveille. Le Comte se relève, Rosine et l'Orchestre reprennent subitement la suite de l'air. Si la petite reprise se répète, le même jeu recommence, etc...)

LE COMTE.

En vérité, c'est un morceau charmant, et madame l'exécute avec une intelligence...

ROSINE.

Vous me flattez, Seigneur; la gloire est toute entière au maître.

BARTHOLO, bâillant.

Moi, je crois que j'ai un peu dormi pendant le morceau charmant. J'ai mes malades. Je vas, je viens, je toupille, et sitôt que je m'assieds, mes pauvres jambes... (Il se lève et pousse le fauteuil.)

ROSINE, bas au Comte.

Figaro ne vient point!

LE COMTE.

Filons le temps.

BARTHOLO.

Mais, Bachelier, je l'ai déjà dit à ce vieux Bazile : est-ce qu'il n'y aurait pas moyen de lui faire étudier des choses plus gaies que toutes ces grandes Aria, qui vont en haut, en bas, en roulant, hi, ho, a, a, a, a, et qui me semblent autant d'enterrements? Là, de ces petits airs qu'on chantait dans ma jeunesse, et que chacun retenait facilement? J'en savais autrefois..... Par exemple... (Pendant la ritournelle il cherche en se grattant la tête, et chante en faisant claquer ses pouces et dansant des genoux comme les vieillards.)

> Veux-tu, ma Rosinette,
> Faire emplette
> Du roi des maris?...

(Au Comte en riant.) Il y a Fanchonnette dans la chanson; mais j'y ai substitué Rosinette pour la lui rendre plus agréable et la faire cadrer aux circonstances. Ah, ah, ah, ah! Fort bien! pas vrai?

LE COMTE, riant.

Ah, ah, ah! Oui, tout au mieux.

SCÈNE V.

FIGARO, dans le fond, ROSINE, BARTHOLO, LE COMTE.

BARTHOLO chante.

Veux-tu, ma Rosinette,
Faire emplette
Du roi des maris?
Je ne suis point Tircis;
Mais la nuit, dans l'ombre,
Je vaux encore mon prix;
Et quand il fait sombre,
Les plus beaux chats sont gris.

(Il répète la reprise en dansant. Figaro, derrière lui, imite ses mouvements.)

Je ne suis point Tircis, etc.

(Apercevant Figaro.) Ah! Entrez, monsieur le barbier, avancez; vous êtes charmant!

FIGARO salue.

Monsieur, il est vrai que ma mère me l'a dit autrefois; mais je suis un peu déformé depuis ce temps-là. (A part, au Comte.) Bravo, Monseigneur! (Pendant toute cette scène, le Comte fait ce qu'il peut pour parler à Rosine; mais l'œil inquiet et vigilant du Tuteur l'en empêche toujours, ce qui forme un jeu muet de tous les acteurs, étranger au débat du Docteur et de Figaro.)

BARTHOLO.

Venez-vous purger encore, saigner, droguer, mettre sur le grabat toute ma maison?

FIGARO.

Monsieur, il n'est pas tous les jours fête; mais, sans compter les soins quotidiens, monsieur a pu voir que, lorsqu'ils en ont besoin, mon zèle n'attend pas qu'on lui commande...

BARTHOLO.

Votre zèle n'attend pas! Que direz-vous, monsieur le zélé, à ce malheureux qui bâille et dort tout éveillé? et l'autre qui, depuis trois heures, éternue à se faire sauter le crâne et jaillir la cervelle? Que leur direz-vous?

FIGARO.

Ce que je leur dirai?

BARTHOLO.

Oui!

FIGARO.

Je leur dirai... Eh, parbleu! je dirai à celui qui éternue, Dieu vous bénisse! et va te coucher, à celui qui bâille. Ce n'est pas cela, monsieur, qui grossira le mémoire.

BARTHOLO.

Vraiment non; mais c'est la saignée et les médicaments qui le grossiraient, si je voulais y entendre. Est-ce par zèle aussi que vous avez empaqueté les yeux de ma mule; et votre cataplasme lui rendra-t-il la vue?

FIGARO.

S'il ne lui rend pas la vue, ce n'est pas cela non plus qui l'empêchera d'y voir.

BARTHOLO.

Que je le trouve sur le mémoire!... On n'est pas de cette extravagance-là!

FIGARO.

Ma foi, monsieur, les hommes n'ayant guère à choisir qu'entre la sottise et la folie, où je ne vois pas de profit, je veux au moins du plaisir; et vive la joie! Qui sait si le monde durera encore trois semaines?

BARTHOLO.

Vous feriez bien mieux, monsieur le raisonneur, de me payer mes cent écus et les intérêts sans lanterner; je vous en avertis.

FIGARO.

Doutez-vous de ma probité, monsieur? Vos cent écus! J'aimerais mieux vous les devoir toute ma vie que de les nier un seul instant.

BARTHOLO.

Et dites-moi un peu comment la petite Figaro a trouvé les bonbons que vous lui avez portés?

FIGARO.

Quels bonbons? Que voulez-vous dire?

BARTHOLO.

Oui, ces bonbons, dans ce cornet fait avec cette feuille de papier à lettre, ce matin.

FIGARO.

Diable emporte si...

ROSINE, l'interrompant.

Avez-vous eu soin au moins de les lui donner de ma part, monsieur Figaro? Je vous l'avais recommandé.

FIGARO.

Ah! ah! Les bonbons de ce matin? Que je suis bête, moi! J'avais perdu tout cela de vue... Oh! excellents, madame, admirables!

BARTHOLO.

Excellents! admirables! Oui, sans doute, monsieur le barbier, revenez sur vos pas! Vous faites là un joli métier, monsieur!

FIGARO.

Qu'est-ce qu'il a donc, monsieur?

BARTHOLO.

Et qui vous fera une belle réputation, monsieur!

FIGARO.

Je la soutiendrai, monsieur.

BARTHOLO.

Dites que vous la supporterez, monsieur.

FIGARO.

Comme il vous plaira, monsieur.

BARTHOLO.

Vous le prenez bien haut, monsieur! Sachez que quand je dispute avec un fat, je ne lui cède jamais.

FIGARO lui tourne le dos.

Nous différons en cela, monsieur; moi, je lui cède toujours.

BARTHOLO.

Hein? Qu'est-ce qu'il dit donc, Bachelier?

FIGARO.

C'est que vous croyez avoir affaire à quelque barbier de village, et qui ne sait manier que le rasoir. Apprenez, monsieur, que j'ai travaillé de la plume à Madrid, et que sans les envieux...

BARTHOLO.

Eh! que n'y restiez-vous, sans venir ici changer de profession?

FIGARO.

On fait comme on peut : mettez-vous à ma place.

BARTHOLO.

Me mettre à votre place! Ah, parbleu! je dirais de belles sottises!

FIGARO.

Monsieur, vous ne commencez pas trop mal; je m'en rapporte à votre confrère, qui est là rêvassant...

LE COMTE, revenant à lui.

Je... je ne suis pas le confrère de monsieur.

FIGARO.

Non? Vous voyant ici à consulter, j'ai pensé que vous poursuiviez le même objet.

Je ne sais ce qui m'est entré dans l'œil. (ACTE III, SCÈNE XII.)

BARTHOLO, en colère.

Enfin, quel sujet vous amène? Y a-t-il quelque lettre à remettre encore ce soir à madame? Parlez, faut-il que je me retire?

FIGARO.

Comme vous rudoyez le pauvre monde! Eh, parbleu! monsieur, je viens vous raser, voilà tout : n'est-ce pas aujourd'hui votre jour?

BARTHOLO.

Vous reviendrez tantôt.

FIGARO.

Ah! oui, revenir! Tout la garnison prend médecine demain matin; j'en ai obtenu l'entreprise par mes protections. Jugez donc comme j'ai du temps à perdre! Monsieur passe-t-il chez lui?

BARTHOLO.

Non, monsieur ne passe point chez lui. Eh mais... qui empêche qu'on ne me rase ici?

ROSINE, avec dédain.

Vous êtes honnête! Et pourquoi pas dans mon appartement?

BARTHOLO.

Tu te fâches? Pardon, mon enfant, tu vas achever de prendre ta leçon; c'est pour ne pas perdre un instant le plaisir de t'entendre.

FIGARO, bas au Comte.

On ne le tirera pas d'ici! (Haut.) Allons, l'Éveillé! la Jeunesse! le bassin, de l'eau, tout ce qu'il faut à Monsieur.

BARTHOLO.

Sans doute, appelez-les! Fatigués, harassés, moulus de votre façon, n'a-t-il pas fallu les faire coucher?

FIGARO.

Eh bien! j'irai tout chercher. N'est-ce pas dans votre chambre? (Bas au Comte.) Je vais l'attirer dehors.

BARTHOLO détache son trousseau de clefs, et dit par réflexion :

Non, non, j'y vais moi-même. (Bas au Comte en s'en allant.) Ayez les yeux sur eux, je vous prie.

SCÈNE VI.

FIGARO, LE COMTE, ROSINE.

FIGARO.

Ah! que nous l'avons manqué belle! il allait me donner le trousseau. La clef de la jalousie n'y est-elle pas?

ROSINE.

C'est la plus neuve de toutes.

SCÈNE VII.

BARTHOLO, FIGARO, LE COMTE, ROSINE.

BARTHOLO, revenant. (A part.)

Bon! je ne sais ce que je fais de laisser ici ce maudit Barbier. (A Figaro.) Tenez. (Il lui donne le trousseau.) Dans mon cabinet, sous mon bureau; mais ne touchez à rien.

FIGARO.
La peste! il y ferait bon, méfiant comme vous êtes! (A part en s'en allant.) Voyez comme le Ciel protége l'innocence!

SCÈNE VIII.
BARTHOLO, LE COMTE, ROSINE.

BARTHOLO, bas au Comte.
C'est le drôle qui a porté la lettre au Comte.
LE COMTE, bas.
Il m'a l'air d'un fripon.
BARTHOLO.
Il ne m'attrapera plus.
LE COMTE.
Je crois qu'à cet égard le plus fort est fait.
BARTHOLO.
Tout considéré, j'ai pensé qu'il était plus prudent de l'envoyer dans ma chambre que de le laisser avec elle.
LE COMTE.
Ils n'auraient pas dit un mot que je n'eusse été en tiers.
ROSINE.
Il est bien poli, messieurs, de parler bas sans cesse! Et ma leçon? (Ici l'on entend un bruit, comme de la vaisselle renversée.)
BARTHOLO, criant.
Qu'est-ce que j'entends donc! Le cruel barbier aura tout laissé tomber par l'escalier, et les plus belles pièces de mon nécessaire!... (Il court dehors.)

SCÈNE IX.
LE COMTE, ROSINE.

LE COMTE.
Profitons du moment que l'intelligence de Figaro nous ménage. Accordez-moi, ce soir, je vous en conjure, madame, un moment d'entretien indispensable pour vous soustraire à l'esclavage où vous allez tomber.
ROSINE.
Ah, Lindor!

LE COMTE.
Je puis monter à votre jalousie; et quant à la lettre que j'ai reçu de vous ce matin, je me suis vu forcé...

SCÈNE X.

ROSINE, BARTHOLO, FIGARO, LE COMTE.

BARTHOLO.
Je ne m'étais pas trompé; tout est brisé, fracassé.

FIGARO.
Voyez le grand malheur pour tant de train! On ne voit goutte sur l'escalier. (Il montre la clef au Comte.) Moi, en montant, j'ai accroché une clef...

BARTHOLO.
On prend garde à ce qu'on fait. Accrocher une clef! L'habile homme!

FIGARO.
Ma foi, monsieur, cherchez-en un plus subtil.

SCÈNE XI.

LES ACTEURS PRÉCÉDENTS, DON BAZILE.

ROSINE, effrayée. (A part.)
Don Bazile!...

LE COMTE, à part.
Juste ciel!

FIGARO, à part.
C'est le diable!

BARTHOLO va au devant de lui.
Ah! Bazile, mon ami, soyez le bien rétabli. Votre accident n'a donc point eu de suites? En vérité, le Seigneur Alonzo m'avait fort effrayé sur votre état; demandez-lui, je partais pour vous aller voir, et s'il ne m'avait point retenu...

BAZILE, étonné.
Le Seigneur Alonzo?

FIGARO frappe du pied.
Eh quoi! toujours des accrocs? Deux heures pour une méchante barbe..... Chienne de pratique!

BAZILE, regardant tout le monde.

Me ferez-vous bien le plaisir de me dire, messieurs?...

FIGARO.

Vous lui parlerez quand je serai parti.

BAZILE.

Mais encore faudrait-il...

LE COMTE.

Il faudrait vous taire, Bazile. Croyez-vous apprendre à monsieur quelque chose qu'il ignore? Je lui ai raconté que vous m'aviez chargé de venir donner une leçon de musique à votre place.

BAZILE, plus étonné.

La leçon de musique!... Alonzo!...

ROSINE, à part, à Bazile.

Eh! taisez-vous.

BAZILE.

Elle aussi!

LE COMTE, bas, à Bartholo.

Dites-lui donc tout bas que nous en sommes convenus.

BARTHOLO, à part, à Bazile.

N'allez pas nous démentir, Bazile, en disant qu'il n'est pas votre élève, vous gâteriez tout.

BAZILE.

Ah! ah!

BARTHOLO, haut.

En vérité, Bazile, on n'a pas plus de talent que votre élève.

BAZILE, stupéfait.

Que mon élève!... (bas.) Je venais pour vous dire que le Comte est déménagé.

BARTHOLO, bas.

Je le sais, taisez-vous.

BAZILE, bas.

Qui vous l'a dit?

BARTHOLO, bas.

Lui, apparemment!

LE COMTE, bas.

Moi, sans doute : écoutez seulement.

ROSINE, bas, à Bazile.

Est-il si difficile de vous taire?

FIGARO, bas, à Bazile.

Hum! Grand escogriffe! Il est sourd!

BAZILE, à part.

Qui diable est-ce donc qu'on trompe ici? Tout le monde est dans le secret!

BARTHOLO, haut.

Eh bien, Bazile, votre homme de loi?...

FIGARO.

Vous avez toute la soirée pour parler de l'homme de loi.

BARTHOLO, à Bazile.

Un mot; dites-moi seulement si vous êtes content de l'homme de loi?

BAZILE, effaré.

De l'homme de loi?

LE COMTE, souriant.

Vous ne l'avez pas vu, l'homme de loi?

BAZILE, impatienté.

Eh! non, je ne l'ai pas vu, l'homme de loi.

LE COMTE, à Bartholo, à part.

Voulez-vous donc qu'il s'explique ici devant elle? Renvoyez-le.

BARTHOLO, bas, au Comte.

Vous avez raison. (A Bazile.) Mais quel mal vous a donc pris si subitement?

BAZILE, en colère.

Je ne vous entends pas.

LE COMTE lui met à part une bourse dans la main.

Oui: Monsieur vous demande ce que vous venez faire ici, dans l'état d'indisposition où vous êtes?

FIGARO.

Il est pâle comme un mort!

BAZILE.

Ah! je comprends...

LE COMTE.

Allez vous coucher, mon cher Bazile; vous n'êtes pas bien, et vous nous faites mourir de frayeur. Allez vous coucher.

FIGARO.

Il a la physionomie toute renversée. Allez vous coucher.

BARTHOLO.

D'honneur, il sent la fièvre d'une lieue. Allez vous coucher.

ROSINE.

Pourquoi donc êtes-vous sorti? On dit que cela se gagne. Allez vous coucher.

BAZILE, au dernier étonnement.

Que j'aille me coucher?

TOUS LES ACTEURS ENSEMBLE.

Eh! sans doute.

BAZILE, les regardant tous.

En effet, messieurs, je crois que je ne ferai pas mal de me retirer; je sens que je ne suis pas ici dans mon assiette ordinaire.

BARTHOLO.

A demain, toujours, si vous êtes mieux.

LE COMTE.

Bazile, je serai chez vous de très-bonne heure.

FIGARO.

Croyez-moi, tenez-vous bien chaudement dans votre lit.

ROSINE.

Bonsoir, monsieur Bazile.

BAZILE, à part.

Diable emporte si j'y comprends rien; et sans cette bourse...

TOUS.

Bonsoir, Bazile, bonsoir.

BAZILE, en s'en allant.

Eh bien! bonsoir donc, bonsoir. (Ils l'accompagnent tous en riant.)

SCÈNE XII.

Les Acteurs Précédents, excepté BAZILE.

BARTHOLO, d'un ton important.

Cet homme-là n'est pas bien du tout.

ROSINE.

Il a les yeux égarés.

LE COMTE.

La grand air l'aura saisi.

FIGARO.

Avez-vous vu comme il parlait tout seul? Ce que c'est que de nous! (A Bartholo.) Ah çà, vous décidez-vous, cette fois? (Il lui pousse un fauteuil très-loin du Comte et lui présente le linge.)

LE COMTE.

Avant de finir, madame, je dois vous dire un mot essentiel au progrès de l'art que j'ai l'honneur de vous enseigner. (Il s'approche et lui parle bas à l'oreille.)

BARTHOLO, à Figaro.

Eh mais! il semble que vous le fassiez exprès de vous approcher, et de vous mettre devant moi pour m'empêcher de voir...

LE COMTE, bas à Rosine.

Nous avons la clef de la jalousie, et nous serons ici à minuit.

FIGARO passe le linge au cou de Bartholo.

Quoi voir? Si c'était une leçon de danse, on vous passerait d'y regarder; mais du chant!... Ahi, ahi.

BARTHOLO.

Qu'est-ce que c'est?

FIGARO.

Je ne sais ce qui m'est entré dans l'œil. (Il rapproche sa tête.)

BARTHOLO.

Ne frottez donc pas.

FIGARO.

C'est le gauche. Voudriez-vous me faire le plaisir d'y souffler un peu fort? (Bartholo prend la tête de Figaro, regarde par-dessus, le pousse violemment et va derrière les amants écouter leur conversation.)

LE COMTE, bas à Rosine.

Et quant à votre lettre, je me suis trouvé tantôt dans un tel embarras pour rester ici...

FIGARO, de loin pour avertir.

Hem!... Hem!...

LE COMTE.

Désolé de voir encore mon déguisement inutile...

BARTHOLO, passant entre deux.

Votre déguisement inutile!

ROSINE, effrayée.

Ah!...

BARTHOLO.

Fort bien, madame, ne vous gênez pas. Comment! sous mes yeux mêmes, en ma présence, on m'ose outrager de la sorte!

LE COMTE.

Qu'avez-vous donc, Seigneur?

BARTHOLO.

Perfide Alonzo!

LE COMTE.

Seigneur Bartholo, si vous avez souvent des lubies comme celle dont le hasard me rend témoin, je ne suis plus étonné de l'éloignement que mademoiselle a pour devenir votre femme.

ROSINE.

Sa femme! Moi! Passer mes jours auprès d'un vieux jaloux qui, pour tout bonheur, offre à ma jeunesse un esclavage abominable!...

BARTHOLO.

Ah! qu'est-ce que j'entends!

ACTE III, SCÈNE XIII. 73

Ah! Rosine! je vous adore!... (ACTE IV, SCÈNE VI.)

ROSINE.

Oui, je le dis tout haut; je donnerai mon cœur et ma main à celui qui pourra m'arracher de cette horrible prison, où ma personne et mon bien sont retenus contre toute justice. (Rosine sort.)

SCÈNE XIII.
BARTHOLO, FIGARO, LE COMTE.

BARTHOLO.

La colère me suffoque.

LE COMTE.

En effet, Seigneur, il est difficile qu'une jeune femme...

FIGARO.

Oui, une jeune femme et un grand âge, voilà ce qui trouble la tête d'un vieillard.

BARTHOLO.

Comment! lorsque je les prends sur le fait! Maudit Barbier! Il me prend des envies...

FIGARO.

Je me retire, il est fou.

LE COMTE.

Et moi aussi; d'honneur il est fou.

FIGARO.

Il est fou, il est fou!... (Ils sortent.)

SCÈNE XIV.

BARTHOLO, seul, les poursuit.

Je suis fou! Infâmes suborneurs! Émissaires du diable, dont vous faites ici l'office, et qui puisse vous emporter tous... Je suis fou!... Je les ai vus comme je vois ce pupitre... et me soutenir effrontément!... Ah! il n'y a que Bazile qui puisse m'expliquer ceci. Oui, envoyons-le chercher. Holà! quelqu'un... Ah! j'oublie que je n'ai personne... Un voisin, le premier venu, n'importe. Il y a de quoi perdre l'esprit! il y a de quoi perdre l'esprit!

FIN DU TROISIÈME ACTE.

(Pendant l'Entr'acte, le Théâtre s'obscurcit; on entend un bruit d'orage, et l'Orchestre joue celui qui est gravé dans le *Recueil de la musique du Barbier* (n° 5).

ACTE IV.

SCÈNE PREMIÈRE.

<small>Le Théâtre est obscur.</small>

BARTHOLO, DON BAZILE, <small>une lanterne de papier à la main.</small>

BARTHOLO.
Comment, Bazile, vous ne le connaissez pas? Ce que vous dites est-il possible?

BAZILE.
Vous m'interrogeriez cent fois, que je vous ferais toujours la même réponse. S'il vous a remis la lettre de Rosine, c'est sans doute un des émissaires du Comte. Mais, à la magnificence du présent qu'il m'a fait, il se pourrait que ce fût le Comte lui-même.

BARTHOLO.
Quelle apparence? Mais, à propos de ce présent, eh! pourquoi l'avez-vous reçu?

BAZILE.
Vous aviez l'air d'accord; je n'y entendais rien; et, dans les cas difficiles à juger, une bourse d'or me paraît toujours un argument

sans réplique. Et puis, comme dit le proverbe, ce qui est bon à prendre...

BARTHOLO.

J'entends, est bon...

BAZILE.

A garder.

BARTHOLO, surpris.

Ah! ah!

BAZILE.

Oui, j'ai arrangé comme cela plusieurs petits proverbes avec des variations. Mais allons au fait : à quoi vous arrêtez-vous?

BARTHOLO.

En ma place, Bazile, ne feriez-vous pas les derniers efforts pour la posséder?

BAZILE.

Ma foi non, Docteur. En toute espèce de biens, posséder est peu de chose ; c'est jouir qui rend heureux : mon avis est qu'épouser une femme dont on n'est point aimé, c'est s'exposer...

BARTHOLO.

Vous craindriez les accidents?

BAZILE.

Hé, hé! monsieur... on en voit beaucoup cette année. Je ne ferais point violence à son cœur.

BARTHOLO.

Votre valet, Bazile. Il vaut mieux qu'elle pleure de m'avoir, que moi je meure de ne l'avoir pas.

BAZILE.

Il y va de la vie? Épousez, Docteur, épousez.

BARTHOLO.

Aussi ferai-je et cette nuit même.

BAZILE.

Adieu donc. — Souvenez-vous, en parlant à la Pupille, de les rendre tous plus noirs que l'enfer.

BARTHOLO.

Vous avez raison.

BAZILE.

La calomnie, Docteur, la calomnie! Il faut toujours en venir là.

BARTHOLO.

Voici la lettre de Rosine que cet Alonzo m'a remise, et il m'a montré, sans le vouloir, l'usage que j'en dois faire auprès d'elle.

BAZILE.

Adieu : nous serons tous ici à quatre heures.

BARTHOLO.

Pourquoi pas plus tôt?

BAZILE.

Impossible; le Notaire est retenu.

BARTHOLO.

Pour un mariage?

BAZILE.

Oui, chez le barbier Figaro; c'est sa nièce qu'il marie.

BARTHOLO.

Sa nièce? Il n'en a pas.

BAZILE.

Voilà ce qu'ils ont dit au Notaire.

BARTHOLO.

Ce drôle est du complot; que diable!

BAZILE.

Est-ce que vous penseriez?...

BARTHOLO.

Ma foi, ces gens-là sont si alertes! Tenez, mon ami, je ne suis pas tranquille. Retournez chez le Notaire. Qu'il vienne ici sur-le-champ avec vous.

BAZILE.

Il pleut, il fait un temps du diable; mais rien ne m'arrête pour vous servir. Que faites-vous donc?

BARTHOLO.

Je vous reconduis; n'ont-ils pas fait estropier tout mon monde par ce Figaro! Je suis seul ici.

BAZILE.

J'ai ma lanterne.

BARTHOLO.

Tenez, Bazile, voilà mon passe-partout, je vous attends, je veille; et vienne qui voudra, hors le Notaire et vous, personne n'entrera de la nuit.

BAZILE.

Avec ces précautions, vous êtes sûr de votre fait.

SCÈNE II.

ROSINE, seule, sortant de sa chambre.

Il me semblait avoir entendu parler. Il est minuit sonné; Lindor ne vient point! Ce mauvais temps même était propre à le favoriser. Sûr de ne rencontrer personne... Ah! Lindor! si vous m'aviez trompée!... Quel bruit entends-je?... Dieux! c'est mon tuteur. Rentrons.

SCÈNE III.

ROSINE, BARTHOLO.

BARTHOLO rentre avec de la lumière.

Ah! Rosine, puisque vous n'êtes pas encore rentrée dans votre appartement...

ROSINE.

Je vais me retirer.

BARTHOLO.

Par le temps affreux qu'il fait, vous ne reposerez pas, et j'ai des choses très-pressées à vous dire.

ROSINE.

Que me voulez-vous, monsieur? N'est-ce donc pas assez d'être tourmentée le jour?

BARTHOLO.

Rosine, écoutez-moi.

ROSINE.

Demain je vous entendrai.

BARTHOLO.

Un moment, de grâce.

ROSINE, à part.

S'il allait venir!

BARTHOLO lui montre sa lettre.

Connaissez-vous cette lettre?

ROSINE, la reconnaît.

Ah! grands Dieux!...

BARTHOLO.

Mon intention, Rosine, n'est point de vous faire de reproches : à votre âge, on peut s'égarer; mais je suis votre ami; écoutez-moi.

ROSINE.

Je n'en puis plus.

BARTHOLO.

Cette lettre que vous avez écrite au Comte Almaviva...

ROSINE, étonnée.

Au Comte Almaviva!

BARTHOLO.

Voyez quel homme affreux est ce Comte : aussitôt qu'il l'a

reçue, il en a fait trophée : je la tiens d'une femme à qui il l'a sacrifiée.

ROSINE.

Le Comte Almaviva!

BARTHOLO.

Vous avez peine à vous persuader cette horreur. L'inexpérience, Rosine, rend votre sexe confiant et crédule; mais apprenez dans quel piége on vous attirait. Cette femme m'a fait donner avis de tout, apparemment pour écarter une rivale aussi dangereuse que vous. J'en frémis! le plus abominable complot entre Almaviva, Figaro et cet Alonzo, cet élève supposé de Bazile qui porte un autre nom, et n'est que le vil agent du Comte, allait vous entraîner dans un abîme dont rien n'eût pu vous tirer.

ROSINE, accablée.

Quelle horreur!... quoi, Lindor!... quoi, ce jeune homme!...

BARTHOLO, à part.

Ah! c'est Lindor.

ROSINE.

C'est pour le Comte Almaviva... C'est pour un autre...

BARTHOLO.

Voilà ce qu'on m'a dit en me remettant votre lettre.

ROSINE, outrée.

Ah! quelle indignité!... Il en sera puni. — Monsieur, vous avez désiré de m'épouser?

BARTHOLO.

Tu connais la vivacité de mes sentiments.

ROSINE.

S'il peut vous en rester encore, je suis à vous.

BARTHOLO,

Eh bien, le Notaire viendra cette nuit même.

ROSINE.

Ce n'est pas tout; ô ciel! suis-je assez humiliée!... Apprenez que dans peu le perfide ose entrer par cette jalousie, dont ils ont eu l'art de vous dérober la clef.

BARTHOLO, regardant au trousseau.

Ah, les scélérats! Mon enfant, je ne te quitte plus.

ROSINE, avec effroi.

Ah, monsieur! et s'ils sont armés?

BARTHOLO.

Tu as raison; je perdrais ma vengeance. Monte chez Marceline; enferme-toi chez elle à double tour. Je vais chercher main-forte, et l'attendre auprès de la maison. Arrêté comme voleur, nous aurons le plaisir d'en être à la fois vengés et délivrés ; et compte que mon amour te dédommagera...

ROSINE, au désespoir.

Oubliez seulement mon erreur. (A part.) Ah ! je m'en punis assez !

BARTHOLO, s'en allant.

Allons nous embusquer. A la fin je la tiens. (Il sort.)

SCÈNE IV.

ROSINE, seule.

Son amour me dédommagera... Malheureuse !... (Elle tire son mouchoir et s'abandonne aux larmes.) Que faire ?... Il va venir. Je veux rester, et feindre avec lui, pour le contempler un moment dans toute sa noirceur. La bassesse de son procédé sera mon préservatif... Ah ! j'en ai grand besoin. Figure noble ! air doux ! une voix si tendre !... et ce n'est que le vil agent d'un corrupteur ! Ah malheureuse !... malheureuse !... Ciel ! on ouvre la jalousie ! (Elle se sauve.)

SCÈNE V.

LE COMTE, FIGARO, enveloppé d'un manteau, paraît à la fenêtre.

FIGARO parle en dehors.

Quelqu'un s'enfuit ; entrerai-je ?

LE COMTE, en dehors.

Un homme ?

FIGARO.

Non.

LE COMTE.

C'est Rosine que ta figure atroce aura mise en fuite.

FIGARO saute dans la chambre.

Ma foi, je le crois... Nous voici enfin arrivés, malgré la pluie, la foudre et les éclairs.

LE COMTE, enveloppé d'un long manteau.

Donne-moi la main. (Il saute à son tour.) A nous la victoire.

FIGARO jette son manteau.

Nous sommes tout percés. Charmant temps, pour aller en bonne fortune ! Monseigneur, comment trouvez-vous cette nuit ?

Rosine, avec ces fripons! (ACTE IV, SCÈNE DERNIÈRE.)

LE COMTE.

Superbe pour un amant.

FIGARO.

Oui, mais pour un confident?... Et si quelqu'un allait nous surprendre ici?

LE COMTE.

N'es-tu pas avec moi? J'ai bien une autre inquiétude; c'est de la déterminer à quitter sur-le-champ la maison du tuteur.

FIGARO.

Vous avez pour vous trois passions toutes puissantes sur le beau sexe : l'amour, la haine et la crainte.

LE COMTE regarde dans l'obscurité.

Comment lui annoncer brusquement que le Notaire l'attend chez toi, pour nous unir? Elle trouvera mon projet bien hardi. Elle va me nommer audacieux.

FIGARO.

Si elle vous nomme audacieux, vous l'appellerez cruelle. Les femmes aiment beaucoup qu'on les appelle cruelles. Au surplus, si son amour est tel que vous le désirez, vous lui direz qui vous êtes; elle ne doutera plus de vos sentiments.

SCÈNE VI.

LE COMTE, ROSINE, FIGARO.

(Figaro allume toutes les bougies qui sont sur la table.)

LE COMTE.

La voici. — Ma belle Rosine!...

ROSINE, d'un ton très-composé.

Je commençais, monsieur, à craindre que vous ne vinssiez pas.

LE COMTE.

Charmante inquiétude!... Mademoiselle, il ne me convient point d'abuser des circonstances pour vous proposer de partager le sort d'un infortuné; mais quelque asile que vous choisissiez, je jure mon honneur...

ROSINE.

Monsieur, si le don de ma main n'avait pas dû suivre à l'instant celui de mon cœur, vous ne seriez pas ici. Que la nécessité justifie à vos yeux ce que cette entrevue a d'irrégulier!

LE COMTE.

Vous, Rosine! la compagne d'un malheureux! sans fortune, sans naissance!...

ROSINE.

La naissance, la fortune! Laissons là les jeux du hasard, et si vous m'assurez que vos intentions sont pures...

LE COMTE, à ses pieds.

Ah! Rosine! je vous adore!

ROSINE, indignée.

Arrêtez, malheureux!... vous osez profaner!... Tu m'adores!...

Va, tu n'es plus dangereux pour moi ; j'attendais ce mot pour te détester. Mais avant de t'abandonner au remords qui t'attend (en pleurant), apprends que je t'aimais ; apprends que je faisais mon bonheur de partager ton mauvais sort. Misérable Lindor ! j'allais tout quitter pour te suivre. Mais le lâche abus que tu as fait de mes bontés, et l'indignité de cet affreux Comte Almaviva, à qui tu me vendais, ont fait rentrer dans mes mains ce témoignage de ma faiblesse. Connais-tu cette lettre?

LE COMTE, vivement.

Que votre tuteur vous a remise?

ROSINE, fièrement.

Oui, je lui en ai l'obligation.

LE COMTE.

Dieux, que je suis heureux! Il la tient de moi. Dans mon embarras, hier, je m'en suis servi pour arracher sa confiance, et je n'ai pu trouver l'instant de vous en informer. Ah, Rosine ! il est donc vrai que vous m'aimez véritablement!...

FIGARO.

Monseigneur, vous cherchiez une femme qui vous aimât pour vous-même...

ROSINE.

Monseigneur! Que dit-il?... .

LE COMTE, jetant son large manteau, paraît en habit magnifique.

O la plus aimée des femmes! il n'est plus temps de vous abuser : l'heureux homme que vous voyez à vos pieds n'est point Lindor; je suis le Comte Almaviva, qui meurt d'amour, et vous cherche en vain depuis six mois.

ROSINE tombe dans les bras du Comte.

Ah!...

LE COMTE, effrayé.

Figaro?

FIGARO.

Point d'inquiétude, Monseigneur ; la douce émotion de la joie n'a jamais de suites fâcheuses; la voilà, la voilà qui reprend ses sens; morbleu! qu'elle est belle!

ROSINE.

Ah Lindor!... Ah monsieur! que je suis coupable! J'allais me donner cette nuit même à mon tuteur.

LE COMTE.

Vous, Rosine!

ROSINE.

Ne voyez que ma punition! J'aurais passé ma vie à vous

détester. Ah, Lindor! le plus affreux supplice n'est-il pas de haïr, quand on sent qu'on est faite pour aimer?

FIGARO regarde à la fenêtre.

Monseigneur, le retour est fermé; l'échelle est enlevée.

LE COMTE.

Enlevée!

ROSINE, troublée.

Oui, c'est moi... c'est le Docteur. Voilà le fruit de ma crédulité. Il m'a trompée. J'ai tout avoué, tout trahi : il sait que vous êtes ici, et va venir avec main-forte.

FIGARO regarde encore.

Monseigneur! on ouvre la porte de la rue.

ROSINE, courant dans les bras du Comte avec frayeur.

Ah, Lindor!...

LE COMTE, avec fermeté.

Rosine, vous m'aimez! Je ne crains personne; et vous serez ma femme. J'aurai donc le plaisir de punir à mon gré l'odieux vieillard!...

ROSINE.

Non, non, grâce pour lui, cher Lindor! Mon cœur est si plein, que la vengeance ne peut y trouver place.

SCÈNE VII.

LE NOTAIRE, DON BAZILE, LES ACTEURS PRÉCÉDENTS.

FIGARO.

Monseigneur, c'est notre Notaire.

LE COMTE.

Et l'ami Bazile avec lui!

BAZILE.

Ah! qu'est-ce que j'aperçois?

FIGARO.

Eh! par quel hasard notre ami...

BAZILE.

Par quel accident, messieurs...

LE NOTAIRE.

Sont-ce là les futurs conjoints?

LE COMTE.

Oui, monsieur. Vous deviez unir la Signora Rosine et moi cette nuit, chez le Barbier Figaro; mais nous avons préféré cette maison, pour des raisons que vous saurez. Avez-vous notre contrat?

LE NOTAIRE.

J'ai donc l'honneur de parler à son Excellence monsieur le Comte Almaviva?

FIGARO.

Précisément.

BAZILE, à part.

Si c'est pour cela qu'il m'a donné le passe-partout...

LE NOTAIRE.

C'est que j'ai deux contrats de mariage, Monseigneur; ne confondons point : voici le vôtre; et c'est ici celui du Seigneur Bartholo avec la Signora... Rosine aussi? Les demoiselles apparemment sont deux sœurs qui portent le même nom?...

LE COMTE.

Signons toujours. Don Bazile voudra bien nous servir de second témoin. (Ils signent.)

BAZILE.

Mais, votre Excellence... je ne comprends pas...

LE COMTE.

Mon maître Bazile, un rien vous embarrasse, et tout vous étonne.

BAZILE.

Monseigneur... Mais si le Docteur...

LE COMTE lui jetant une bourse.

Vous faites l'enfant! Signez donc vite.

BAZILE, étonné.

Ah! ah!...

FIGARO.

Où donc est la difficulté de signer?

BAZILE, pesant la bourse.

Il n'y en a plus; mais c'est que moi, quand j'ai donné ma parole une fois, il faut des motifs d'un grand poids... (Il signe.)

SCÈNE VIII ET DERNIÈRE.

BARTHOLO, UN ALCADE, DES ALGUAZILS, DES VALETS avec des flambeaux, et LES ACTEURS PRÉCÉDENTS.

BARTHOLO voit le Comte baiser la main de Rosine, et Figaro qui embrasse grotesquement Don Bazile; il crie en prenant le Notaire à la gorge.

Rosine, avec ces fripons! Arrêtez tout le monde. J'en tiens un au collet.

LE NOTAIRE.

C'est votre Notaire.

BAZILE.

C'est votre Notaire. Vous moquez-vous?

BARTHOLO.

Ah! Don Bazile. Eh, comment êtes-vous ici?

BAZILE.

Mais plutôt, vous, comment n'y êtes-vous pas?

L'ALCADE, montrant Figaro.

Un moment; je connais celui-ci. Que viens-tu faire en cette maison, à des heures indues?

FIGARO.

Heure indue? Monsieur voit bien qu'il est aussi près du matin que du soir. D'ailleurs je suis de la compagnie de son Excellence Monseigneur le Comte Almaviva.

BARTHOLO.

Almaviva!

L'ALCADE.

Ce ne sont donc pas des voleurs?

BARTHOLO.

Laissons cela. — Partout ailleurs, monsieur le Comte, je suis le serviteur de votre Excellence; mais vous sentez que la supériorité du rang est ici sans force. Ayez, s'il vous plaît la bonté de vous retirer.

LE COMTE.

Oui, le rang doit être ici sans force; mais ce qui en a beaucoup est la préférence que mademoiselle vient de m'accorder sur vous en se donnant à moi volontairement.

BARTHOLO.

Que dit-il, Rosine?

ROSINE.

Il dit vrai. D'où naît votre étonnement? Ne devais-je pas cette nuit même être vengée d'un trompeur? Je le suis.

BAZILE.

Quand je vous disais que c'était le Comte lui-même, Docteur?

BARTHOLO.

Que m'importe à moi? Plaisant mariage! Où sont les témoins?

LE NOTAIRE.

Il n'y manque rien. Je suis assisté de ces deux messieurs.

BARTHOLO.

Comment, Bazile! vous avez signé?

BAZILE.

Que voulez-vous? Ce diable d'homme a toujours ses poches pleines d'arguments irrésistibles.

BARTHOLO.

Je me moque de ses arguments. J'userai de mon autorité.

LE COMTE.

Vous l'avez perdue en en abusant.

BARTHOLO.

La demoiselle est mineure.

FIGARO.

Elle vient de s'émanciper.

BARTHOLO.

Qui te parle à toi, maître fripon?

LE COMTE.

Mademoiselle est noble et belle; je suis homme de qualité, jeune et riche, elle est ma femme : à ce titre, qui nous honore également, prétend-on me la disputer?

BARTHOLO.

Jamais on ne l'ôtera de mes mains.

LE COMTE.

Elle n'est plus en votre pouvoir. Je la mets sous l'autorité des lois; et monsieur, que vous avez amené vous-même, la protégera contre la violence que vous voulez lui faire. Les vrais magistrats sont les soutiens de tous ceux qu'on opprime.

L'ALCADE.

Certainement. Et cette inutile résistance au plus honorable mariage indique assez sa frayeur sur la mauvaise administration des biens de sa pupille, dont il faudra qu'il rende compte.

LE COMTE.

Ah! qu'il consente à tout, et je ne lui demande rien.

FIGARO.

Que la quittance de mes cent écus : ne perdons pas la tête.

BARTHOLO, irrité.

Ils étaient tous contre moi; je me suis fourré la tête dans un guêpier!

BAZILE.

Quel guêpier! Ne pouvant avoir la femme, calculez, Docteur, que l'argent vous reste; et...

BARTHOLO.

Eh! laissez-moi donc en repos, Bazile! Vous ne songez qu'à l'argent. Je me soucie bien de l'argent, moi! A la bonne heure, je le garde; mais croyez-vous que ce soit le motif qui me détermine? (Il signe.)

FIGARO, riant.

Ah! ah! ah! Monseigneur, ils sont de la même famille.

LE NOTAIRE.

Mais, messieurs, je n'y comprends plus rien. Est-ce qu'elles ne sont pas deux demoiselles qui portent le même nom?

FIGARO.

Non, monsieur, elles ne sont qu'une.

BARTHOLO, se désolant.

Et moi qui leur ai enlevé l'échelle pour que le mariage fût plus sûr! Ah! je me suis perdu faute de soins.

FIGARO.

Faute de sens. Mais soyons vrais, Docteur : quand la jeunesse et l'amour sont d'accord pour tromper un vieillard, tout ce qu'il fait pour l'empêcher peut bien s'appeler à bon droit la *Précaution inutile*.

FIN DU BARBIER DE SÉVILLE.

A merveille, mademoiselle!

ACTE I, SCÈNE IX.

LA FOLLE JOURNÉE,

ou

LE MARIAGE DE FIGARO,

COMÉDIE EN CINQ ACTES, EN PROSE,

PAR M. DE BEAUMARCHAIS.

Représentée pour la première fois par les Comédiens Français ordinaires du Roi,
le Mardi 27 Avril 1784.

> En faveur du badinage,
> Faites grâce à la raison.
> *Vaudeville de la Pièce.*

PERSONNAGES.

LE COMTE ALMAVIVA, Grand Corrégidor d'Andalousie. . . . . . . M. Molé.
LA COMTESSE, sa femme. . . . . Mlle. Saint-Val.
FIGARO, Valet-de-chambre du Comte et concierge du château. . . . . M. d'Azincourt.
SUZANNE, première Camariste de la Comtesse, et fiancée de Figaro.. . . . . Mlle. Contat.
MARCELINE, Femme de charge. . . . . Mad. Bellecourt.
                               et ensuite Mlle. La Chassaigne.
ANTONIO, Jardinier du château, oncle de Suzanne et père de Fanchette. . . . . M. Belmont.
FANCHETTE, Fille d'Antonio. . . . . Mlle. Laurent.
CHÉRUBIN, premier page du Comte. . . . . Mlle. Olivier.
BARTHOLO, Médecin de Séville. . . . . M. Desessarts.
BAZILE, Maitre de clavecin de la Comtesse. . . . . . M. Vanhove.
DON GUSMAN BRID'OISON, Lieutenant du Siége. . . M. Préville.
                               et ensuite M. Dugazon.
DOUBLE-MAIN, Greffier, secrétaire de Don Gusman. . . M. Marsy.
UN HUISSIER-AUDIENCIER. . . . . M. la Rochelle.
GRIPPE-SOLEIL, jeune pastoureau. . . . . M. Champville.
UNE JEUNE BERGÈRE. . . . . Mlle Dantier.
PEDRILLE, Piqueur du Comte. . . . . M. Florence.

PERSONNAGES MUETS.

TROUPE DE VALETS. TROUPE DE PAYSANNES. TROUPE DE PAYSANS.

La Scène est au Château d'Aguas-Frescas, à trois lieues de Séville.

CARACTÈRES ET HABILLEMENTS

DE LA PIÈCE.

LE COMTE ALMAVIVA doit être joué très-noblement, mais avec grâce et liberté. La corruption du cœur ne doit rien ôter au *bon ton* de ses manières. Dans les mœurs *de ce temps-là* les Grands traitaient en badinant toute entreprise sur les femmes. Ce rôle est d'autant plus pénible à bien rendre, que le personnage est toujours sacrifié. Mais joué par un comédien excellent (M. *Molé*), il a fait ressortir tous les rôles et assuré le succès de la Pièce.

Son vêtement du premier et second Actes est un habit de chasse avec des bottines à mi-jambe, de l'ancien costume espagnol. Du troisième Acte jusqu'à la fin, un habit superbe de ce costume.

LA COMTESSE agitée de deux sentiments contraires, ne doit montrer qu'une sensibilité réprimée, ou une colère très-modérée; rien surtout qui dégrade aux yeux du spectateur son caractère aimable et vertueux. Ce rôle, un des plus difficiles de la Pièce, a fait infiniment d'honneur au grand talent de Mlle *Saint-Val,* cadette.

Son vêtement du premier, second et quatrième Actes, est une lévite commode, et nul ornement sur la tête : elle est chez elle, et censée incommodée. Au cinquième Acte, elle a l'habillement et la haute coiffure de *Suzanne*.

FIGARO. L'on ne peut trop recommander à l'Acteur qui jouera ce rôle, de bien se pénétrer de son esprit, comme l'a fait M. *Dazincourt*. S'il y voyait autre chose que de la raison assaisonnée de gaîté et de saillies, surtout s'il y mettait la moindre charge, il avilirait un rôle que le premier Comique du Théâtre, M. *Préville,* a jugé devoir honorer le talent de tout comédien qui saurait en saisir les nuances multipliées, et pourrait s'élever à son entière conception.

Son vêtement comme dans *le Barbier de Séville.*

SUZANNE. Jeune personne adroite, spirituelle et rieuse, mais non de cette gaîté presque effrontée de nos soubrettes corruptrices : son joli caractère est dessiné dans la Préface, et c'est là que l'Actrice qui n'a point vu Mlle *Contat,* doit l'étudier pour le bien rendre.

Son vêtement des quatre premiers Actes, et un juste blanc à basquines, très-élégant, la jupe de même, avec une toque, appelée depuis par nos marchandes, *à la Suzanne*. Dans la fête du quatrième Acte, le Comte lui pose sur la tête une toque à long voile, à hautes plumes et à rubans blancs. Elle porte au cinquième Acte la lévite de sa maîtresse, et nul ornement sur la tête.

MARCELINE est une femme d'esprit, née un peu vive, mais dont les fautes et l'expérience ont réformé le caractère. Si l'Actrice qui le joue s'élève avec une fierté bien placée, à la hauteur très-morale qui suit la reconnaissance du troisième Acte, elle ajoutera beaucoup à l'intérêt de l'ouvrage.

Son vêtement est celui des duègnes espagnoles, d'une couleur modeste, un bonnet noir sur la tête.

ANTONIO ne doit montrer qu'une demi-ivresse qui se dissipe par degrés; de sorte qu'au cinquième Acte on n'en aperçoive presque plus.

Son vêtement est celui d'un paysan espagnol, où les manches pendent par derrière; un chapeau et des souliers blancs.

FANCHETTE est une enfant de douze ans, très-naïve. Son petit habit est un juste brun avec des ganses et des boutons d'argent, la jupe de couleur tranchante, et une toque noire à plumes sur la tête. Il sera celui des autres paysannes de la noce.

CHÉRUBIN. Ce rôle ne peut être joué, comme il l'a été, que par une jeune et très-jolie femme : nous n'avons point à nos Théâtres de très-jeune homme assez formé pour en bien sentir les finesses. Timide à l'excès devant la Comtesse, ailleurs un charmant polisson ; un désir inquiet et vague est le fond de son caractère. Il s'élance à la puberté, mais sans projet, sans connaissances, et tout entier à chaque événement ; enfin il est ce que toute mère, au fond du cœur voudrait peut-être que fût son fils, quoiqu'elle dût beaucoup en souffrir.

Son riche vêtement, au premier et second Actes, est celui d'un Page de Cour espagnol, blanc et brodé d'argent ; le léger manteau bleu sur l'épaule, et un chapeau chargé de plumes. Au quatrième Acte, il a le corset, la jupe et la toque des jeunes paysannes qui l'amènent. Au cinquième Acte, un habit uniforme d'Officier, une cocarde et une épée.

BARTHOLO. Le caractère et l'habit comme dans *le Barbier de Séville*; il n'est ici qu'un rôle secondaire.

BAZILE. Caractère et vêtement comme dans *le Barbier de Séville*. Il n'est aussi qu'un rôle secondaire.

BRID'OISON doit avoir cette bonne et franche assurance des Bêtes, qui n'ont plus leur timidité. Son bégaiement n'est qu'une grâce de plus, qui doit être à peine sentie, et l'Acteur se tromperait lourdement et jouerait à contre-sens, s'il y cherchait le plaisant de son rôle. Il est tout entier dans l'opposition de la gravité de son état au ridicule du caractère; et moins l'Acteur le chargera, plus il montrera de vrai talent. Son habit est une robe de juge espagnol, moins ample que celle de nos Procureurs, presque une soutane ; une grosse perruque, une gonille, ou rabat espagnol au col, et une longue baguette blanche à la main.

DOUBLE-MAIN. Vêtu comme le juge ; mais la baguette blanche plus courte.

L'HUISSIER ou ALGUAZIL. Habit, manteau, épée de Crispin, mais portée à son côté sans ceinture de cuir. Point de bottines, une chaussure noire, une perruque blanche naissante et longue à mille boucles, une courte baguette blanche.

GRIPPE-SOLEIL. Habit de paysan, les manches pendantes, veste de couleur tranchée, chapeau blanc.

UNE JEUNE BERGÈRE. Son vêtement comme celui de *Fanchette*.

PÉDRILLE. En veste, gilet, ceinture, fouet, et bottes de poste, une résille sur la tête, chapeau de courrier.

PERSONNAGES MUETS, les uns en habits de juges, d'autres en habits de paysans, les autres en habits de livrée.

PLACEMENT DES ACTEURS.

Pour faciliter les jeux du Théâtre, on a eu l'attention d'écrire au commencement de chaque Scène le nom des personnages dans l'ordre où le spectateur les voit. S'ils font quelque mouvement grave dans la Scène, il est désigné par un nouvel ordre de noms, écrit en note à l'instant qu'il arrive. Il est important de conserver les bonnes positions théâtrales ; le relâchement dans la tradition donnée par les premiers Acteurs en produit bientôt un total dans le jeu des Pièces, qui finit par assimiler les troupes négligentes aux plus faibles comédiens de Société.

ACTE PREMIER.

Le Théâtre représente une chambre à demi démeublée; un grand fauteuil de malade est au milieu. FIGARO, avec une toise, mesure le plancher. SUZANNE attache à sa tête, devant une glace, le petit bouquet de fleur d'orange, appelé Chapeau de la Mariée.

SCÈNE PREMIÈRE.

FIGARO, SUZANNE.

FIGARO.

Dix-neuf pieds sur vingt-six.

SUZANNE.

Tiens, Figaro, voilà mon petit Chapeau : le trouves-tu mieux ainsi?

FIGARO lui prend les mains.

Sans comparaison, ma charmante. O! que ce joli bouquet virginal, élevé sur la tête d'une belle fille, est doux, le matin des noces, à l'œil amoureux d'un époux!...

SUZANNE se retire.

Que mesures-tu donc là, mon fils?

FIGARO.

Je regarde, ma petite Suzanne, si ce beau lit que Monseigneur nous donne, aura bonne grâce ici.

SUZANNE.

Dans cette chambre?

FIGARO.

Il nous la cède.

SUZANNE.

Et moi je n'en veux point.

FIGARO.

Pourquoi?

SUZANNE.

Je n'en veux point.

FIGARO.

Mais encore?

SUZANNE.

Elle me déplaît.

FIGARO.

On dit une raison.

SUZANNE.

Si je n'en veux pas dire?

FIGARO.

O! quand elles sont sûres de nous!

SUZANNE.

Prouver que j'ai raison, serait accorder que je puis avoir tort. Es-tu mon serviteur, ou non?

FIGARO.

Tu prends de l'humeur contre la chambre du château la plus commode, et qui tient le milieu des deux appartements. La nuit, si Madame est incommodée, elle sonnera de son côté; zeste, en deux pas, tu es chez elle. Monseigneur veut-il quelque chose? il n'a qu'à tinter du sien; crac, en trois sauts me voilà rendu.

SUZANNE.

Fort bien! mais, quand il aura *tinté* le matin, pour te donner quelque bonne et longue commission; zeste, en deux pas il est à ma porte, et crac, en trois sauts...

FIGARO.

Qu'entendez-vous par ces paroles?

SUZANNE.

Il faudrait m'écouter tranquillement.

FIGARO.

Eh qu'est-ce qu'il y a? Bon Dieu!

SUZANNE.

Il y a, mon ami, que las de courtiser les beautés des environs, Monsieur le Comte Almaviva veut rentrer au château, mais non

ACTE I, SCÈNE I.

Ah! quelle volupté!... (ACTE Ier, SCÈNE IV.)

pas chez sa femme; c'est sur la tienne, entends-tu, qu'il a jeté ses vues, auxquelles il espère que ce logement ne nuira pas. Et c'est ce que le loyal Bazile, honnête agent de ses plaisirs et mon noble maître à chanter, me répète chaque jour, en me donnant leçon.

FIGARO.

Bazile! ô mon mignon! si jamais volée de bois vert, appliquée sur une échine, a dûment redressé la moëlle épinière à quelqu'un...

13

SUZANNE.

Tu croyais, bon garçon! que cette dot qu'on me donne était pour les beaux yeux de ton mérite?

FIGARO.

J'avais assez fait pour l'espérer.

SUZANNE.

Que les gens d'esprit sont bêtes!

FIGARO.

On le dit.

SUZANNE.

Mais c'est qu'on ne veut pas le croire.

FIGARO.

On a tort.

SUZANNE.

Apprends qu'il la destine à obtenir de moi, secrètement, certain quart-d'heure, seul à seul, qu'un ancien droit du Seigneur... Tu sais s'il était triste!

FIGARO.

Je le sais tellement que, si Monsieur le Comte en se mariant, n'eût pas aboli ce droit honteux, jamais je ne t'eusse épousée dans ses domaines.

SUZANNE.

Hé bien! s'il l'a détruit, il s'en repent; et c'est de ta fiancée qu'il veut le racheter en secret aujourd'hui.

FIGARO, se frottant la tête.

Ma tête s'amollit de surprise; et mon front fertilisé.....

SUZANNE.

Ne le frotte donc pas!

FIGARO.

Quel danger?

SUZANNE, riant.

S'il y venait un petit bouton; des gens superstitieux...

FIGARO.

Tu ris, friponne! Ah! s'il y avait moyen d'attraper ce grand trompeur, de le faire donner dans un bon piége, et d'empocher son or!

SUZANNE.

De l'intrigue, et de l'argent; te voilà dans ta sphère.

FIGARO.

Ce n'est pas la honte qui me retient.

SUZANNE.

La crainte?

####### FIGARO.

Ce n'est rien d'entreprendre une chose dangereuse ; mais d'échapper au péril en la menant à bien : car, d'entrer chez quelqu'un la nuit, de lui souffler sa femme, et d'y recevoir cent coups de fouet pour la peine, il n'est rien plus aisé; mille sots coquins l'ont fait. Mais... (On sonne de l'intérieur.)

####### SUZANNE.

Voilà Madame éveillée; elle m'a bien recommandé d'être la première à lui parler le matin de mes noces.

####### FIGARO.

Y a-t-il encore quelque chose là-dessous?

####### SUZANNE.

Le berger dit que cela porte bonheur aux épouses délaissées. Adieu, mon petit fi, fi, Figaro; rêve à notre affaire.

####### FIGARO.

Pour m'ouvrir l'esprit, donne un petit baiser.

####### SUZANNE.

A mon amant aujourd'hui? Je t'en souhaite! Et qu'en dirait demain mon mari? (Figaro l'embrasse.)

####### SUZANNE.

Hé bien! hé bien!

####### FIGARO.

C'est que tu n'a pas d'idée de mon amour.

####### SUZANNE se défripant.

Quand cesserez-vous, importun, de m'en parler du matin au soir?

####### FIGARO mystérieusement.

Quand je pourrai te le prouver, du soir jusqu'au matin. (On sonne une seconde fois.)

####### SUZANNE de loin, les doigts unis sur sa bouche.

Voilà votre baiser, Monsieur; je n'ai plus rien à vous.

####### FIGARO court après elle.

O! mais ce n'est pas ainsi que vous l'avez reçu.

SCÈNE II.

####### FIGARO, seul.

La charmante fille! toujours riante, verdissante, pleine de gaîté, d'esprit, d'amour et de délices! mais sage!... (Il marche vivement en se frottant les mains.) Ah, Monseigneur! Mon cher Monseigneur! vous voulez m'en donner... à garder? Je cherchais aussi pourquoi, m'ayant nommé concierge, il m'emmène à son ambassade, et m'établit courrier de dépêches. J'entends, Monsieur le Comte : trois promotions à la fois; vous, compagnon Ministre; moi, Casse-cou politique, et Suzon, Dame du lieu, l'Ambassadrice de poche, et puis, fouette courrier! Pendant que je galoperais d'un côté, vous feriez faire, de l'autre, à ma belle un joli chemin! Me crottant, m'échinant pour la gloire de votre famille; vous, daignant concourir à l'accroissement de la mienne! Quelle douce réciprocité! Mais, Monseigneur, il y a de l'abus. Faire à Londres, en même temps, les affaires de votre Maître, et celles de votre Valet! Représenter à la fois, le Roi et moi, dans une Cour étrangère, c'est trop de moitié, c'est trop. — Pour toi, Bazile! fripon mon cadet! je veux t'apprendre à clocher devant les boîteux! je veux... Non, dissimulons avec eux, pour les enferrer l'un par l'autre. Attention sur la journée, Monsieur Figaro! D'abord, avancer l'heure de votre petite fête, pour épouser plus sûrement; écarter une Marceline, qui de vous est friande en diable; empocher l'or et les présents; donner le change aux petites passions de Monsieur le Comte; étriller rondement Monsieur du Bazile, et......

SCÈNE III.

MARCELINE, BARTHOLO, FIGARO.

FIGARO s'interrompt.

... Héééé! voilà le gros Docteur; la fête sera complète. Hé, bonjour, cher Docteur de mon cœur. Est-ce ma noce avec Suzon qui vous attire au château?

BARTHOLO, avec dédain.

Ah, mon cher Monsieur, point du tout.

FIGARO.

Cela serait bien généreux!

BARTHOLO.

Certainement, et par trop sot.

FIGARO.

Moi qui eus le malheur de troubler la vôtre!

BARTHOLO.

Avez-vous autre chose à nous dire?

FIGARO.

On n'aura pas pris soin de votre mule!

BARTHOLO, en colère.

Bavard enragé! laissez-nous.

FIGARO.

Vous vous fâchez, Docteur? Les gens de votre état sont bien durs! Pas plus de pitié des pauvres animaux... en vérité... que si c'était des hommes! Adieu, Marceline : avez-vous toujours envie de plaider contre moi?

Pour n'aimer pas, faut-il qu'on se haïsse?

Je m'en rapporte au Docteur.

BARTHOLO.

Qu'est-ce que c'est?

FIGARO.

Elle vous le contera de reste. (Il sort.)

SCÈNE IV.

MARCELINE, BARTHOLO.

BARTHOLO le regarde aller.

Ce drôle est toujours le même! et à moins qu'on ne l'écorche vif, je prédis qu'il mourra dans la peau du plus fier insolent...

MARCELINE le retourne.

Enfin, vous voilà donc, éternel Docteur? toujours si grave et compassé, qu'on pourrait mourir en attendant vos secours, comme on s'est marié jadis, malgré vos précautions.

BARTHOLO.

Toujours amère et provoquante! Hé bien, qui rend donc ma présence au château si nécessaire? Monsieur le Comte a-t-il eu quelque accident?

MARCELINE.

Non, Docteur.

BARTHOLO.

La Rosine, sa trompeuse Comtesse, est-elle incommodée, Dieu-merci?

MARCELINE.

Elle languit.

BARTHOLO.

Et de quoi?

MARCELINE.

Son mari la néglige.

BARTHOLO, avec joie.

Ah! le digne époux qui me venge!

MARCELINE.

On ne sait comment définir le Comte; il est jaloux et libertin.

BARTHOLO.

Libertin par ennui, jaloux par vanité; cela va sans dire.

MARCELINE.

Aujourd'hui, par exemple, il marie notre Suzanne à son Figaro qu'il comble en faveur de cette union...

BARTHOLO.

Que son Excellence a rendue nécessaire?

MARCELINE.

Pas tout à fait; mais dont son Excellence voudrait égayer en secret l'événement avec l'épousée...

BARTHOLO.

De monsieur Figaro? C'est un marché qu'on peut conclure avec lui.

MARCELINE.

Bazile assure que non.

BARTHOLO.

Cet autre maraud loge ici? C'est une caverne! Hé qu'y fait-il?

MARCELINE.

Tout le mal dont il est capable. Mais le pis que j'y trouve, est cette ennuyeuse passion qu'il a pour moi depuis si longtemps.

BARTHOLO.

Je me serais débarrassé vingt fois de sa poursuite.

MARCELINE.

De quelle manière?

BARTHOLO.

En l'épousant.

MARCELINE.

Railleur fade et cruel, que ne vous débarrassez-vous de la mienne à ce prix? Ne le devez-vous pas? Où est le souvenir de vos engagements? Qu'est devenu celui de notre petit Emmanuel, ce fruit d'un amour oublié, qui devait nous conduire à des noces?

BARTHOLO ôtant son chapeau.

Est-ce pour écouter ces sornettes, que vous m'avez fait venir de Séville? et cet accès d'hymen qui vous reprend si vif...

MARCELINE.

Eh bien! n'en parlons plus. Mais si rien n'a pu vous porter à la justice de m'épouser; aidez-moi donc du moins à en épouser un autre.

BARTHOLO.

Ah! volontiers : parlons. Mais quel mortel abandonné du ciel et des femmes?...

MARCELINE.

Eh! qui pourrait-ce être, Docteur, sinon le beau, le gai, l'aimable Figaro?

BARTHOLO.

Ce fripon-là?

MARCELINE.

Jamais fâché, toujours en belle humeur; donnant le présent à la joie, et s'inquiétant de l'avenir tout aussi peu que du passé; sémillant, généreux! généreux...

BARTHOLO.

Comme un voleur.

MARCELINE.

Comme un Seigneur. Charmant enfin; mais c'est le plus grand monstre!

BARTHOLO.

Et sa Suzanne?

MARCELINE.

Elle ne l'aurait pas la rusée, si vous vouliez m'aider mon petit Docteur, à faire valoir un engagement que j'ai de lui.

BARTHOLO.

Le jour de son mariage?

MARCELINE.

On en rompt de plus avancés : et si je ne craignais d'éventer un petit secret des femmes!...

BARTHOLO.

En ont-elles pour le médecin du corps?

MARCELINE.

Ah, vous savez que je n'en ai pas pour vous! Mon sexe est ardent, mais timide : un certain charme a beau nous attirer vers le plaisir, la femme la plus aventurée sent en elle une voix qui lui dit : sois belle si tu peux, sage si tu veux; mais sois considérée, il le faut. Or, puisqu'il faut être au moins considérée; que toute femme en sent l'importance; effrayons d'abord la Suzanne sur la divulgation des offres qu'on lui fait.

BARTHOLO.

Où cela mènera-t-il?

MARCELINE.

Que la honte la prenant au collet, elle continuera de refuser le Comte, lequel pour se venger, appuiera l'opposition que j'ai faite à son mariage : alors le mien devient certain.

BARTHOLO.

Elle a raison. Parbleu, c'est un bon tour que de faire épouser ma vieille gouvernante, au coquin qui fit enlever ma jeune maîtresse!

MARCELINE, vite.

Et qui croit ajouter à ses plaisirs, en trompant mes espérances.

BARTHOLO, vite.

Et qui m'a volé dans le temps, cent écus que j'ai sur le cœur.

MARCELINE.

Ah quelle volupté!...

BARTHOLO.

De punir un scélérat...

MARCELINE.

De l'épouser, Docteur, de l'épouser!

SCÈNE V.

MARCELINE, BARTHOLO, SUZANNE.

SUZANNE, un bonnet de femme avec un large ruban dans la main, une robe de femme sur le bras.

L'épouser! l'épouser! qui donc? mon Figaro?

MARCELINE, aigrement.

Pourquoi non? Vous l'épousez bien!

BARTHOLO, riant.

Le bon argument de femme en colère! Nous parlions, belle Suzon, du bonheur qu'il aura de vous posséder.

MARCELINE.

Sans compter Monseigneur dont on ne parle pas.

SUZANNE, une révérence.

Votre servante, Madame: il y a toujours quelque chose d'amer dans vos propos.

MARCELINE, une révérence.

Bien la vôtre, Madame; où donc est l'amertume? N'est-il pas juste qu'un libéral Seigneur partage un peu la joie qu'il procure à ses gens?

SUZANNE.

Qu'il procure?

MARCELINE.

Oui, Madame.

ACTE I, SCÈNE V.

— Quelle imposture! allez-vous-en, méchant homme. (ACTE I, SCÈNE IX.)

SUZANNE.

Heureusement la jalousie de Madame est aussi connue que ses droits sur Figaro sont légers.

MARCELINE.

On eût pu les rendre plus forts, en les cimentant à la façon de Madame.

SUZANNE.

Oh! cette façon, Madame, est celle des Dames savantes.

MARCELINE.
Et l'enfant ne l'est pas du tout! Innocente comme un vieux juge!

BARTHOLO, attirant Marceline.
Adieu, jolie fiancée de notre Figaro.

MARCELINE, une révérence.
L'accordée secrète de Monseigneur.

SUZANNE, une révérence.
Qui vous estime beaucoup, Madame.

MARCELINE, une révérence.
Me fera-t-elle aussi l'honneur de me chérir un peu, Madame?

SUZANNE, une révérence.
A cet égard, Madame n'a rien à désirer.

MARCELINE, une révérence.
C'est une si jolie personne, que Madame!

SUZANNE, une révérence.
Eh mais, assez pour désoler Madame.

MARCELINE, une révérence.
Surtout bien respectable!

SUZANNE, une révérence.
C'est aux duègnes à l'être.

MARCELINE, outrée.
Aux duègnes! aux duègnes!

BARTHOLO, l'arrêtant.
Marceline!

MARCELINE.
Allons, Docteur; car je n'y tiendrais pas. Bonjour, Madame. (Une révérence.)

SCÈNE VI.

SUZANNE, seule.

Allez, Madame! allez, Pédante! je crains aussi peu vos efforts, que je méprise vos outrages. — Voyez cette vieille Sibylle! parce qu'elle a fait quelques études et tourmenté la jeunesse de Madame, elle veut tout dominer au château! (Elle jette la robe qu'elle tient sur une chaise.) Je ne sais plus ce que je venais prendre.

SCÈNE VII.
SUZANNE, CHÉRUBIN.

CHÉRUBIN, accourant.

Ah, Suzon! depuis deux heures j'épie le moment de te trouver seule. Hélas! tu te maries, et moi, je vais partir.

SUZANNE.

Comment mon mariage éloigne-t-il du château le premier page de Monseigneur?

CHÉRUBIN, piteusement.

Suzanne, il me renvoie.

SUZANNE le contrefait.

Chérubin, quelque sottise!

CHÉRUBIN.

Il m'a trouvé hier au soir chez ta cousine Fanchette, à qui je faisais répéter son petit rôle d'innocente, pour la fête de ce soir : il s'est mis dans une fureur en me voyant! — *Sortez*, m'a-t-il dit, *petit...* Je n'ose pas prononcer devant une femme le gros mot qu'il a dit : *sortez; et demain vous ne coucherez pas au château.* Si Madame, si ma belle marraine ne parvient pas à l'apaiser, c'est fait, Suzon, je suis à jamais privé du bonheur de te voir.

SUZANNE.

De me voir! moi? c'est mon tour! Ce n'est donc plus pour ma maîtresse que vous soupirez en secret?

CHÉRUBIN.

Ah! Suzon! qu'elle est noble et belle! mais qu'elle est imposante!

SUZANNE.

C'est-à-dire que je ne le suis pas, et qu'on peut oser avec moi...

CHÉRUBIN.

Tu sais trop bien, méchante, que je n'ose pas oser. Mais que tu es heureuse! à tous moments la voir, lui parler, l'habiller le matin et la déshabiller le soir, épingle à épingle!... Ah, Suzon! je donnerais... Qu'est-ce que tu tiens donc là?

SUZANNE, raillant.

Hélas! l'heureux bonnet et le fortuné ruban qui renferment la nuit les cheveux de cette belle marraine...

CHÉRUBIN, vivement.

Son ruban de nuit! donne-le-moi, mon cœur.

SUZANNE, le retirant.

Eh, que non pas. — *Son cœur!* Comme il est familier donc! Si ce n'était pas un morveux sans conséquence... (Chérubin arrache le ruban.) Ah, le ruban!

CHÉRUBIN tourne autour du grand fauteuil.

Tu diras qu'il est égaré, gâté; qu'il est perdu. Tu diras tout ce que tu voudras.

SUZANNE tourne après lui.

O! dans trois ou quatre ans, je prédis que vous serez le plus grand petit vaurien!... Rendez-vous le ruban? (Elle veut le reprendre.)

CHÉRUBIN tire une romance de sa poche.

Laisse, ah, laisse-le-moi, Suzon; je te donnerai ma romance, et pendant que le souvenir de ta belle maîtresse attristera tous mes moments, le tien y versera le seul rayon de joie qui puisse encore amuser mon cœur.

SUZANNE arrache la romance.

Amuser votre cœur, petit scélérat! Vous croyez parler à votre Fanchette; on vous surprend chez elle; et vous soupirez pour Madame; et vous m'en contez, à moi, par-dessus le marché!

CHÉRUBIN exalté.

Cela est vrai, d'honneur! Je ne sais plus ce que je suis; mais depuis quelque temps je sens ma poitrine agitée; mon cœur palpite au seul aspect d'une femme; les mots *amour* et *volupté* le font tressaillir et le troublent. Enfin le besoin de dire à quelqu'un *je vous aime*, est devenu pour moi si pressant, que je le dis tout seul, en courant dans le parc, à ta maîtresse, à toi, aux arbres, aux nuages, au vent qui les emporte avec mes paroles perdues. — Hier je rencontrai Marceline...

SUZANNE, riant.

Ah, ah, ah, ah!

CHÉRUBIN.

Pourquoi non? elle est femme! elle est fille! Une fille! une femme! ah que ces noms sont doux! qu'ils sont intéressants!

SUZANNE.

Il devient fou!

CHÉRUBIN.

Fanchette est douce; elle m'écoute au moins; tu ne l'es pas, toi!

SUZANNE.

C'est bien dommage! Écoutez donc Monsieur! (Elle veut arracher le ruban.)

CHÉRUBIN tourne en fuyant.

Ah! ouiche, on ne l'aura, vois-tu, qu'avec ma vie. Mais, si tu n'es pas contente du prix, j'y joindrai mille baisers. (Il lui donne chasse à son tour.)

SUZANNE tourne en fuyant.

Mille soufflets, si vous approchez. Je vais m'en plaindre à ma maîtresse; et, loin de supplier pour vous, je dirai moi-même à Monseigneur : C'est bien fait, Monseigneur; chassez-nous ce petit voleur; renvoyez à ses parents un petit mauvais sujet qui se donne les airs d'aimer Madame, et qui veut toujours m'embrasser par contre-coup.

CHÉRUBIN voit le Comte entrer; il se jette derrière le fauteuil avec effroi.

Je suis perdu!

SUZANNE.

Quelle frayeur!

SCÈNE VIII.

SUZANNE, LE COMTE, CHÉRUBIN caché.

SUZANNE aperçoit le Comte.

Ah!... (Elle s'approche du fauteuil pour masquer Chérubin.)

LE COMTE s'avance.

Tu es émue, Suzon! Tu parlais seule, et ton petit cœur paraît dans une agitation... bien pardonnable, au reste, un jour comme celui-ci.

SUZANNE, troublée.

Monseigneur, que me voulez-vous? Si l'on vous trouvait avec moi...

LE COMTE.

Je serais désolé qu'on m'y surprît; mais tu sais tout l'intérêt que je prends à toi. Bazile ne t'a pas laissé ignorer mon amour. Je n'ai qu'un instant pour t'expliquer mes vues; écoute. (Il s'assied dans le fauteuil.)

SUZANNE, vivement.

Je n'écoute rien.

LE COMTE lui prend la main.

Un seul mot. Tu sais que le Roi m'a nommé son ambassadeur à Londres. J'emmène avec moi Figaro : je lui donne un excellent poste; et comme le devoir d'une femme est de suivre son mari...

SUZANNE.

Ah, si j'osais parler!

LE COMTE la rapproche de lui.

Parle, parle, ma chère; use aujourd'hui d'un droit que tu prends sur moi pour la vie.

SUZANNE, effrayée.

Je n'en veux point, Monseigneur, je n'en veux point. Quittez-moi, je vous prie.

LE COMTE.

Mais dis auparavant.

SUZANNE, en colère.

Je ne sais plus ce que je disais.

LE COMTE.

Sur le devoir des femmes.

SUZANNE.

Eh bien! lorsque Monseigneur enleva la sienne de chez le Docteur, et qu'il l'épousa par amour; lorsqu'il abolit pour elle un certain affreux droit du Seigneur...

LE COMTE, gaîment.

Qui faisait bien de la peine aux filles! Ah, Suzette! ce droit charmant! si tu venais en jaser sur la brune au jardin, je mettrais un tel prix à cette légère faveur...

BAZILE parle en dehors.

Il n'est pas chez lui, Monseigneur.

LE COMTE se lève.

Quelle est cette voix?

SUZANNE.

Que je suis malheureuse!

LE COMTE.

Sors, pour qu'on n'entre pas.

SUZANNE, troublée.

Que je vous laisse ici?

BAZILE crie en dehors.

Monseigneur était chez Madame, il en est sorti: je vais voir.

LE COMTE.

Et pas un lieu pour se cacher! Ah! derrière ce fauteuil... assez mal; mais renvoie-le bien vite. (Suzanne lui barre le chemin; il la pousse doucement; elle recule, et se met ainsi entre lui et le petit Page; mais pendant que le Comte s'abaisse et prend sa place, Chérubin tourne et se jette effrayé sur le fauteuil à genoux, et s'y blottit. Suzanne prend la robe qu'elle apportait, en couvre le Page et se met devant le fauteuil.)

SCÈNE IX.

LE COMTE et CHÉRUBIN, cachés; SUZANNE, BAZILE.

BAZILE.
N'auriez-vous pas vu Monseigneur, Mademoiselle?

SUZANNE, brusquement.
Hé pourquoi l'aurais-je vu? Laissez-moi.

BAZILE s'approche.
Si vous étiez plus raisonnable, il n'y aurait rien d'étonnant à ma question. C'est Figaro qui le cherche.

SUZANNE.
Il cherche donc l'homme qui lui veut le plus de mal après vous?

LE COMTE, à part.
Voyons un peu comme il me sert.

BAZILE.
Désirer du bien à une femme, est-ce vouloir du mal à son mari?

SUZANNE.
Non, dans vos affreux principes, agent de corruption!

BAZILE.
Que vous demande-t-on ici que vous n'alliez prodiguer à un autre? Grâce à la douce cérémonie, ce qu'on vous défendait hier, on vous le prescrira demain.

SUZANNE.
Indigne!

BAZILE.
De toutes les choses sérieuses, le mariage étant la plus bouffonne, j'avais pensé...

SUZANNE, outrée.
Des horreurs. Qui vous permet d'entrer ici?

BAZILE.
La, la, mauvaise! Dieu vous apaise! il n'en sera que ce que vous voulez : mais ne croyez pas non plus que je regarde Monsieur Figaro comme l'obstacle qui nuit à Monseigneur; et sans le petit Page...

SUZANNE, timidement.
Don Chérubin?

BAZILE la contrefait.
Cherubino di amore, qui tourne autour de vous sans cesse, et

qui, ce matin encore, rôdait ici pour y entrer, quand je vous ai quittée; dites que cela n'est pas vrai?

SUZANNE.

Quelle imposture! Allez-vous-en, méchant homme!

BAZILE.

On est un méchant homme, parce qu'on y voit clair. N'est-ce pas pour vous aussi cette romance dont il fait mystère?

SUZANNE, en colère.

Ah! oui, pour moi!...

BAZILE.

A moins qu'il ne l'ait composée pour Madame! En effet, quand il sert à table on dit qu'il la regarde avec des yeux!... Mais, peste! qu'il ne s'y joue pas; Monseigneur est *brutal* sur l'article.

SUZANNE, outrée.

Et vous bien scélérat, d'aller semant de pareils bruits pour perdre un malheureux enfant tombé dans la disgrâce de son maître.

BAZILE.

L'ai-je inventé? Je le dis parce que tout le monde en parle!

LE COMTE se lève.

Comment, tout le monde en parle!

SUZANNE*.

Ah ciel!

BAZILE.

Ha, ha!

LE COMTE.

Courez Bazile, et qu'on le chasse.

BAZILE.

Ah! que je suis fâché d'être entré!

SUZANNE, troublée.

Mon Dieu! Mon Dieu!

LE COMTE, à Bazile.

Elle est saisie. Asseyons-la dans ce fauteuil.

SUZANNE le repousse vivement.

Je ne veux pas m'asseoir. Entrer ainsi librement, c'est indigne!

LE COMTE.

Nous sommes deux avec toi, ma chère. Il n'y a plus le moindre danger!

BAZILE.

Moi je suis désolé de m'être égayé sur le Page, puisque vous

---

* Chérubin *dans le fauteuil*, le Comte, Suzanne, Bazile.

ACTE I, SCÈNE IX.

Et toi, tu voudrais bien rester! (ACTE I, SCÈNE XI.)

l'entendiez : je n'en usais ainsi que pour pénétrer ses sentiments ; car au fond...

LE COMTE.

Cinquante pistoles, un cheval, et qu'on le renvoie à ses parents.

BAZILE.

Monseigneur, pour un badinage?

LE COMTE.

Un petit libertin que j'ai surpris encore hier avec la fille du jardinier.

BAZILE.

Avec Fanchette?

LE COMTE.

Et dans sa chambre.

SUZANNE, outrée.

Où Monseigneur avait sans doute affaire aussi!

LE COMTE, gaîment.

J'en aime assez la remarque.

BAZILE.

Elle est d'un bon augure.

LE COMTE, gaîment.

Mais non; j'allais chercher ton oncle Antonio, mon ivrogne de jardinier, pour lui donner des ordres. Je frappe, on est longtemps à m'ouvrir; ta cousine a l'air empêtré, je prends un soupçon; je lui parle, et, tout en causant, j'examine. Il y avait derrière la porte une espèce de rideau, de portemanteau, de je ne sais pas quoi, qui couvrait des hardes : sans faire semblant de rien, je vais doucement, doucement lever ce rideau; (Pour imiter le geste, il lève la robe du fauteuil) et je vois... (Il aperçoit le Page.) Ah...

BAZILE*.

Ha, ha!

LE COMTE.

Ce tour-ci vaut l'autre.

BAZILE.

Encore mieux.

LE COMTE, à Suzanne.

A merveille, Mademoiselle : à peine fiancée, vous faites de ces apprêts? C'était pour recevoir mon Page que vous désiriez d'être seule? Et vous, Monsieur, qui ne changez point de conduite, il vous manquait de vous adresser, sans respect pour votre marraine, à sa première camariste, à la femme de votre ami! Mais je ne souffrirai pas que Figaro, qu'un homme que j'estime et que j'aime, soit victime d'une pareille tromperie : était-il avec vous, Bazile?

SUZANNE, outrée.

Il n'y a tromperie, ni victime; il était là lorsque vous me parliez.

LE COMTE, emporté.

Puisses-tu mentir en le disant! Son plus cruel ennemi n'oserait lui souhaiter ce malheur.

---

* Suzanne, Chérubin *dans le fauteuil*, le Comte, Bazile.

SUZANNE.

Il me priait d'engager Madame à vous demander sa grâce. Votre arrivée l'a si fort troublé, qu'il s'est masqué de ce fauteuil.

LE COMTE, en colère.

Ruse d'enfer! je m'y suis assis en entrant.

CHÉRUBIN.

Hélas! Monseigneur, j'étais tremblant derrière.

LE COMTE.

Autre fourberie! je viens de m'y placer moi-même.

CHÉRUBIN.

Pardon, mais c'est alors que je me suis blotti dedans.

LE COMTE, plus outré.

C'est donc une couleuvre que ce petit... serpent-là! Il nous écoutait!

CHÉRUBIN.

Au contraire, Monseigneur; j'ai fait ce que j'ai pu pour ne rien entendre.

LE COMTE.

O perfidie! (A Suzanne.) Tu n'épouseras pas Figaro.

BAZILE.

Contenez-vous, on vient.

LE COMTE, tirant Chérubin du fauteuil et le mettant sur ses pieds.

Il resterait là devant toute la terre!

SCÈNE X.

CHÉRUBIN, SUZANNE, FIGARO, LA COMTESSE, LE COMTE, FANCHETTE, BAZILE. Beaucoup de Valets, Paysannes, Paysans vêtus de blanc.

FIGARO, tenant une toque de femme,
garnie de plumes blanches et de rubans blancs, parle à la Comtesse.

Il n'y a que vous, Madame, qui puissiez nous obtenir cette faveur.

LA COMTESSE.

Vous les voyez, Monsieur le Comte, ils me supposent un crédit que je n'ai point: mais comme leur demande n'est pas déraisonnable...

LE COMTE, embarrassé.

Il faudrait qu'elle le fût beaucoup...

FIGARO, bas à Suzanne.

Soutiens bien mes efforts.

SUZANNE, bas à Figaro.

Qui ne mèneront à rien.

FIGARO, bas.

Va toujours.

LE COMTE, à Figaro.

Que voulez-vous?

FIGARO.

Monseigneur, vos vassaux touchés de l'abolition d'un certain droit fâcheux, que votre amour pour Madame...

LE COMTE.

Hé bien! ce droit n'existe plus, que veux-tu dire?

FIGARO, malignement.

Qu'il est bien temps que la vertu d'un si bon maître éclate; elle m'est d'un tel avantage aujourd'hui, que je désire être le premier à la célébrer à mes noces.

LE COMTE, plus embarrassé.

Tu te moques, ami! L'abolition d'un droit honteux n'est que l'acquit d'une dette envers l'honnêteté. Un Espagnol peut vouloir conquérir la beauté par des soins; mais en exiger le premier, le plus doux emploi, comme une servile redevance, ah! c'est la tyrannie d'un Vandale, et non le droit avoué d'un noble Castillan.

FIGARO, tenant Suzanne par la main.

Permettez donc que cette jeune créature, de qui votre sagesse a préservé l'honneur, reçoive de votre main publiquement la toque virginale, ornée de plumes et de rubans blancs, symbole de la pureté de vos intentions. — Adoptez-en la cérémonie pour tous les mariages, et qu'un quatrain, chanté en chœur, rappelle à jamais le souvenir...

LE COMTE, embarrassé.

Si je ne savais pas qu'amoureux, poëte et musicien sont trois titres d'indulgence pour toutes les folies...

FIGARO.

Joignez-vous à moi, mes amis.

TOUS ENSEMBLE.

Monseigneur! Monseigneur!

SUZANNE, au Comte.

Pourquoi fuir un éloge que vous méritez si bien?

LE COMTE, à part.

La perfide!

FIGARO.

Regardez-la donc, Monseigneur; jamais plus jolie fiancée ne montrera mieux la grandeur de votre sacrifice.

SUZANNE.

Laisse là ma figure, et ne vantons que sa vertu.

LE COMTE, à part.

C'est un jeu que tout ceci.

LA COMTESSE.

Je me joins à eux, Monsieur le Comte, et cette cérémonie me sera toujours chère, puisqu'elle doit son motif à l'amour charmant que vous aviez pour moi.

LE COMTE.

Que j'ai toujours, Madame; et c'est à ce titre que je me rends.

TOUS ENSEMBLE.

Vivat!

LE COMTE, à part.

Je suis pris. (Haut.) Pour que la cérémonie eût un peu plus d'éclat, je voudrais seulement qu'on la remît à tantôt. (A part.) Faisons vite chercher Marceline.

FIGARO, à Chérubin.

Eh bien, espiègle! vous n'applaudissez pas?

SUZANNE.

Il est au désespoir; Monseigneur le renvoie.

LA COMTESSE.

Ah! Monsieur, je demande sa grâce.

LE COMTE.

Il ne la mérite point.

LA COMTESSE.

Hélas! il est si jeune!

LE COMTE.

Pas tant que vous le croyez.

CHÉRUBIN, tremblant.

Pardonner généreusement n'est pas le droit du seigneur auquel vous avez renoncé en épousant Madame.

LA COMTESSE.

Il n'a renoncé qu'à celui qui vous affligeait tous.

SUZANNE.

Si Monseigneur avait cédé le droit de pardonner, ce serait sûrement le premier qu'il voudrait racheter en secret.

LE COMTE, embarrassé.

Sans doute.

LA COMTESSE.

Eh! pourquoi le racheter?

CHÉRUBIN, au Comte.

Je fus léger dans ma conduite, il est vrai, Monseigneur; mais jamais la moindre indiscrétion dans mes paroles...

LE COMTE, embarrassé.

Eh bien! c'est assez...

FIGARO.

Qu'entend-il?

LE COMTE, vivement.

C'est assez, c'est assez : tout le monde exige son pardon, je l'accorde, et j'irai plus loin. Je lui donne une compagnie dans ma légion.

TOUS ENSEMBLE.

Vivat!

LE COMTE.

Mais c'est à condition qu'il partira sur-le-champ, pour joindre en Catalogne.

FIGARO.

Ah! Monseigneur, demain.

LE COMTE insiste.

Je le veux.

CHÉRUBIN.

J'obéis.

LE COMTE.

Saluez votre marraine, et demandez sa protection.

CHÉRUBIN met un genou en terre, devant la Comtesse, et ne peut parler.

LA COMTESSE, émue.

Puisqu'on ne peut vous garder seulement aujourd'hui, partez, jeune homme. Un nouvel état vous appelle; allez le remplir dignement. Honorez votre bienfaiteur. Souvenez-vous de cette maison, où votre jeunesse a trouvé tant d'indulgence. Soyez soumis, honnête et brave; nous prendrons part à vos succès.

(Chérubin se relève et retourne à sa place.)

LE COMTE.

Vous êtes bien émue, Madame!

LA COMTESSE.

Je ne m'en défends pas. Qui sait le sort d'un enfant jeté dans une carrière aussi dangereuse! il est allié de mes parents; et de plus, il est mon filleul.

LE COMTE, à part.

Je vois que Bazile avait raison. (Haut.) Jeune homme, embrassez Suzanne... pour la dernière fois.

FIGARO.

Pourquoi cela, Monseigneur? Il viendra passer ses hivers. Baise-moi donc aussi, Capitaine! (Il l'embrasse.) Adieu, mon petit Chérubin. Tu vas mener un train de vie bien différent, mon enfant : dame! tu ne rôderas plus tout le jour au quartier des femmes; plus d'échaudés, de goûters à la crème; plus de main-chaude, ou de colin-maillard. De bons soldats, morbleu! basanés, mal vêtus; un grand fusil bien lourd; tourne à droite, tourne à gauche, en avant, marche à la gloire; et ne va pas broncher en chemin, à moins qu'un bon coup de feu...

SUZANNE.

Fi donc, l'horreur!

LA COMTESSE.

Quel pronostic!

LE COMTE.

Où donc est Marceline? Il est bien singulier qu'elle ne soit pas des vôtres!

FANCHETTE.

Monseigneur, elle a pris le chemin du bourg, par le petit sentier de la ferme.

LE COMTE.

Et elle en reviendra?

BAZILE.

Quand il plaira à Dieu.

FIGARO.

S'il lui plaisait qu'il ne lui plût jamais...

FANCHETTE.

Monsieur le Docteur lui donnait le bras.

LE COMTE, vivement.

Le Docteur est ici?

BAZILE.

Elle s'en est d'abord emparé...

LE COMTE, à part.

Il ne pouvait venir plus à propos.

FANCHETTE.

Elle avait l'air bien échauffé; elle parlait tout haut en marchant, puis elle s'arrêtait et faisait comme ça, de grands bras... et Monsieur le Docteur lui faisait comme ça, de la main, en l'apaisant : elle paraissait si courroucée! Elle nommait mon cousin Figaro.

LE COMTE lui prend le menton.

Cousin... futur.

FANCHETTE, montrant Chérubin.

Monseigneur, nous avez-vous pardonné d'hier?...

LE COMTE interrompt.

Bonjour, bonjour, petite.

FIGARO.

C'est son chien d'amour qui la berce : elle aurait troublé notre fête.

LE COMTE, à part.

Elle la troublera, je t'en réponds. (Haut.) Allons, Madame, entrons. Bazile, vous passerez chez moi.

SUZANNE, à Figaro.

Tu me rejoindras, mon fils?

FIGARO, bas à Suzanne.

Est-il bien enfilé?

SUZANNE, bas.

Charmant garçon! (Ils sortent tous.)

SCÈNE XI.

CHÉRUBIN, FIGARO, BAZILE.

(Pendant qu'on sort, Figaro les arrête tous deux et les ramène.)

FIGARO.

Ah çà, vous autres! la cérémonie adoptée, ma fête de ce soir en est la suite; il faut bravement nous recorder : ne faisons point comme ces Acteurs qui ne jouent jamais si mal que le jour où la critique est le plus éveillée. Nous n'avons point de lendemain qui nous excuse, nous. Sachons bien nos rôles aujourd'hui.

BAZILE, malignement.

Le mien est plus difficile que tu ne crois.

FIGARO, faisant, sans qu'il le voie, le geste de le rosser.

Tu es loin aussi de savoir tout le succès qu'il te vaudra.

CHÉRUBIN.

Mon ami, tu oublies que je pars.

FIGARO.

Et toi, tu voudrais bien rester!

CHÉRUBIN.

Ah! si je le voudrais!

FIGARO,

Il faut ruser. Point de murmure à ton départ. Le manteau de

Il y a de la naïveté. (ACTE II, SCÈNE IV.)

voyage à l'épaule; arrange ouvertement ta trousse, et qu'on voie ton cheval à la grille; un temps de galop jusqu'à la ferme; reviens à pied par les derrières; Monseigneur te croira parti; tiens-toi seulement hors de sa vue; je me charge de l'apaiser après la fête.

CHÉRUBIN.

Mais Fanchette qui ne sait pas son rôle!

BAZILE.

Que diable lui apprenez-vous donc, depuis huit jours que vous ne la quittez pas?

FIGARO.

Tu n'as rien à faire aujourd'hui, donne-lui par grâce une leçon.

BAZILE.

Prenez garde, jeune homme, prenez garde! Le père n'est pas satisfait; la fille a été souffletée; elle n'étudie pas avec vous : Chérubin! Chérubin! vous lui causerez des chagrins! *Tant va la cruche à l'eau!...*

FIGARO.

Ah! voilà notre imbécile, avec ses vieux proverbes! Hé bien, pédant! que dit la sagesse des nations? *Tant va la cruche à l'eau, qu'à la fin...*

BAZILE.

Elle s'emplit.

FIGARO en s'en allant.

Pas si bête, pourtant, pas si bête!

FIN DU PREMIER ACTE.

ACTE II.

Le Théâtre représente une chambre à coucher superbe, un grand lit en alcôve, une estrade au devant. La porte pour entrer s'ouvre et se ferme à la troisième coulisse à droite; celle d'un cabinet, à la première coulisse à gauche. Une porte dans le fond va chez les femmes. Une fenêtre s'ouvre de l'autre côté.

SCÈNE PREMIÈRE.

SUZANNE, LA COMTESSE entrent par la porte à droite.

LA COMTESSE se jette dans une bergère.

Ferme la porte, Suzanne, et conte-moi tout, dans le plus grand détail.

SUZANNE.

Je n'ai rien caché à Madame.

LA COMTESSE.

Quoi, Suzon, il voulait te séduire?

SUZANNE.

Oh que non! Monseigneur n'y met pas tant de façon avec sa servante : il voulait m'acheter.

LA COMTESSE.

Et le petit Page était présent?

SUZANNE.

C'est-à-dire, caché derrière le grand fauteuil. Il venait me prier de vous demander sa grâce.

LA COMTESSE.

Hé pourquoi ne pas s'adresser à moi-même? Est-ce que je l'aurais refusé, Suzon?

SUZANNE.

C'est ce que j'ai dit : mais ses regrets de partir, et surtout de quitter Madame! *Ah Suzon, qu'elle est noble et belle! mais qu'elle est imposante!*

LA COMTESSE.

Est-ce que j'ai cet air-là, Suzon? Moi qui l'ai toujours protégé.

SUZANNE.

Puis il a vu votre ruban de nuit que je tenais, il s'est jeté dessus.....

LA COMTESSE, souriant.

Mon ruban?... Quelle enfance?

SUZANNE.

J'ai voulu le lui ôter; Madame, c'était un lion; ses yeux brillaient... tu ne l'auras qu'avec ma vie, disait-il, en forçant sa petite voix douce et grêle.

LA COMTESSE, rêvant.

Eh bien, Suzon?

SUZANNE.

Eh bien, Madame, est-ce qu'on peut faire finir ce petit démon-là? ma marraine par-ci; je voudrais bien par l'autre; et parce qu'il n'oserait seulement baiser la robe de Madame, il voudrait toujours m'embrasser, moi.

LA COMTESSE, rêvant.

Laissons... laissons ces folies... Enfin, ma pauvre Suzanne, mon époux a fini par te dire?

SUZANNE.

Que si je ne voulais pas l'entendre, il allait protéger Marceline.

LA COMTESSE se lève et se promène, en se servant fortement de l'éventail.

Il ne m'aime plus du tout.

SUZANNE.

Pourquoi tant de jalousie?

LA COMTESSE.

Comme tous les maris, ma chère! uniquement par orgueil. Ah je l'ai trop aimé! je l'ai lassé de mes tendresses, et fatigué de mon amour; voilà mon seul tort avec lui : mais je n'entends pas que cet honnête aveu te nuise, et tu épouseras Figaro. Lui seul peut nous y aider : viendra-t-il?

SUZANNE.

Dès qu'il verra partir la chasse.

LA COMTESSE, se servant de l'éventail.

Ouvre un peu la croisée sur le jardin. Il fait une chaleur ici!...

SUZANNE.

C'est que Madame parle et marche avec action. (Elle va ouvrir la croisée du fond.)

LA COMTESSE, rêvant longtemps.

Sans cette constance à me fuir... les hommes sont bien coupables!

SUZANNE crie de la fenêtre.

Ah! voilà Monseigneur qui traverse à cheval le grand potager, suivi de Pédrille, avec deux, trois, quatre lévriers.

LA COMTESSE.

Nous avons du temps devant nous. (Elle s'assied.) On frappe, Suzon?

SUZANNE court ouvrir en chantant.

Ah, c'est mon Figaro! ah, c'est mon Figaro!

SCÈNE II.

FIGARO, SUZANNE, LA COMTESSE assise.

SUZANNE.

Mon cher ami! viens donc. Madame est dans une impatience!...

FIGARO.

Et toi, ma petite Suzanne? — Madame n'en doit prendre aucune. Au fait, de quoi s'agit-il? d'une misère. Monsieur le Comte trouve notre jeune femme aimable, il voudrait en faire sa maîtresse; et c'est bien naturel.

SUZANNE.

Naturel?

FIGARO.

Puis il m'a nommé courrier de dépêches, et Suzon conseiller d'ambassade. Il n'y a pas là d'étourderie.

SUZANNE.

Tu finiras?

FIGARO.

Et parce que Suzanne, ma fiancée, n'accepte pas le diplôme,

il va favoriser les vues de Marceline; quoi de plus simple encore? Se venger de ceux qui nuisent à nos projets en renversant les leurs, c'est ce que chacun fait; ce que nous allons faire nous-mêmes. Hé bien, voilà tout, pourtant.

LA COMTESSE.

Pouvez-vous, Figaro, traiter si légèrement un dessein qui nous coûte à tous le bonheur?

FIGARO.

Qui dit cela, Madame?

SUZANNE.

Au lieu de t'affliger de nos chagrins.....

FIGARO.

N'est-ce pas assez que je m'en occupe? Or, pour agir aussi méthodiquement que lui, tempérons d'abord son ardeur de nos possessions, en l'inquiétant sur les siennes.

LA COMTESSE.

C'est bien dit; mais comment?

FIGARO.

C'est déjà fait, Madame; un faux avis donné sur vous.....

LA COMTESSE.

Sur moi! la tête vous tourne!

FIGARO.

O! c'est à lui qu'elle doit tourner.

LA COMTESSE.

Un homme aussi jaloux!.....

FIGARO.

Tant mieux : pour tirer parti des gens de ce caractère, il ne faut qu'un peu leur fouetter le sang; c'est ce que les femmes entendent si bien! Puis, les tient-on fâchés tout rouge, avec un brin d'intrigue on les mène où l'on veut, par le nez, dans le Guadalquivir. Je vous ai fait rendre à Bazile un billet inconnu, lequel avertit Monseigneur, qu'un galant doit chercher à vous voir aujourd'hui pendant le bal.

LA COMTESSE.

Et vous vous jouez ainsi de la vérité sur le compte d'une femme d'honneur!...

FIGARO.

Il y en a peu, Madame, avec qui je l'eusse osé, crainte de rencontrer juste.

LA COMTESSE.

Il faudra que je l'en remercie!

FIGARO.

Mais dites-moi s'il n'est pas charmant de lui avoir taillé ses morceaux de la journée, de façon qu'il passe à rôder, à jurer après sa Dame, le temps qu'il destinait à se complaire avec la nôtre! Il est déjà tout dérouté : galopera-t-il celle-ci? surveillera-t-il celle-là? dans son trouble d'esprit, tenez, tenez, le voilà qui court la plaine, et force un lièvre qui n'en peut mais. L'heure du mariage arrive en poste; il n'aura pas pris de parti contre, et jamais il n'osera s'y opposer devant Madame.

SUZANNE.

Non; mais Marceline, le bel esprit, osera le faire, elle.

FIGARO.

Brrrr. Cela m'inquiète bien, ma foi! Tu feras dire à Monseigneur, que tu te rendras sur la brune au jardin.

SUZANNE.

Tu comptes sur celui-là?

FIGARO.

O dame! écoutez donc : les gens qui ne veulent rien faire de rien, n'avancent rien, et ne sont bons à rien. Voilà mon mot.

SUZANNE.

Il est joli!

LA COMTESSE.

Comme son idée : vous consentiriez qu'elle s'y rendît?

FIGARO.

Point du tout. Je fais endosser un habit de Suzanne à quelqu'un : surpris par nous au rendez-vous, le Comte pourra-t-il s'en dédire?

SUZANNE.

A qui mes habits?

FIGARO.

Chérubin.

LA COMTESSE.

Il est parti.

FIGARO.

Non pas pour moi : veut-on me laisser faire?

SUZANNE.

On peut s'en fier à lui pour mener une intrigue.

FIGARO.

Deux, trois, quatre à la fois; bien embrouillées, qui se croisent. J'étais né pour être courtisan.

SUZANNE.

On dit que c'est un métier si difficile!

FIGARO.

Recevoir, prendre et demander; voilà le secret en trois mots.

LA COMTESSE.

Il a tant d'assurance, qu'il finit par m'en inspirer.

FIGARO.

C'est mon dessein.

SUZANNE.

Tu disais donc?

FIGARO.

Que pendant l'absence de Monseigneur, je vais vous envoyer le Chérubin : coiffez-le, habillez-le; je le renferme et l'endoctrine; et puis dansez, Monseigneur. (Il sort.)

SCÈNE III.

SUZANNE, LA COMTESSE assise.

LA COMTESSE, tenant sa boîte à mouches.

Mon Dieu, Suzon, comme je suis faite!... ce jeune homme qui va venir!...

SUZANNE.

Madame ne veut donc pas qu'il en réchappe?

LA COMTESSE rêve devant sa petite glace.

Moi?... tu verras comme je vais le gronder.

SUZANNE.

Faisons-lui chanter sa romance. (Elle la met sur la Comtesse.)

LA COMTESSE.

Mais c'est qu'en vérité, mes cheveux sont dans un désordre...

SUZANNE, riant.

Je n'ai qu'à reprendre ces deux boucles, Madame le grondera bien mieux.

LA COMTESSE revenant à elle.

Qu'est-ce que vous dites donc, Mademoiselle?

ACTE II, SCÈNE IV.

Taisez-vous, taisez-vous, enfant! (ACTE II, SCÈNE XI.)

SCÈNE IV.

CHÉRUBIN, l'air honteux, SUZANNE, LA COMTESSE assise.

SUZANNE.

Entrez, monsieur l'Officier; on est visible.

CHÉRUBIN avance en tremblant.

Ah, que ce nom m'afflige, Madame! Il m'apprend qu'il faut quitter des lieux... une marraine si... bonne!...

SUZANNE.

Et si belle!

CHÉRUBIN, avec un soupir.

Ah! oui.

SUZANNE le contrefait.

Ah! oui. Le bon jeune homme! avec ses longues paupières hypocrites. Allons, bel oiseau bleu, chantez la romance à Madame.

LA COMTESSE la déplie.

De qui.... dit-on qu'elle est?

SUZANNE.

Voyez la rougeur du coupable : en a-t-il un pied sur les joues?

CHÉRUBIN.

Est-ce qu'il est défendu... de chérir.....

SUZANNE lui met le poing sous le nez.

Je dirai tout, vaurien !

LA COMTESSE.

La... chante-t-il ?

CHÉRUBIN.

O! Madame, je suis si tremblant!...

SUZANNE, en riant.

Et gnian, gnian, gnian, gnian, gnian, gnian, gnian; dès que Madame le veut, modeste auteur ! je vais l'accompagner.

LA COMTESSE.

Prends ma guitare. (La Comtesse assise tient le papier pour suivre. Suzanne est derrière son fauteuil, et prélude en regardant la musique par-dessus sa maîtresse. Le petit Page est devant elle, les yeux baissés. Ce tableau est juste la belle estampe d'après Vanloo, appelée La Conversation Espagnole. *)

ROMANCE.

AIR : *Malbroug s'en va-t-en guerre.*

PREMIER COUPLET.

Mon coursier hors d'haleine,
(Que mon cœur, mon cœur a de peine !)
J'errais de plaine en plaine,
Au gré du destrier.

DEUXIÈME COUPLET.

Au gré du destrier ;
Sans Varlet, n'Écuyer ;
** Là près d'une fontaine,

---

* Chérubin, la Comtesse, Suzanne.
** Au Spectacle, on a commencé la romance à ce vers, en disant *Auprès d'une fontaine.*

(Que mon cœur, mon cœur a de peine!)
　　Songeant à ma Maraine,
　　Sentais mes pleurs couler.

TROISIÈME COUPLET.

　Sentais mes pleurs couler,
　Prêt à me désoler;
　Je gravais sur un frêne,
(Que mon cœur, mon cœur a de peine!)
　　Sa lettre sans la mienne;
　　Le Roi vint à passer.

QUATRIÈME COUPLET.

　Le Roi vint à passer;
　Ses Barons, son Clergier.
　Beau Page, dit la Reine,
(Que mon cœur, mon cœur a de peine!)
　　Qui vous met à la gêne?
　　Qui vous fait tant plorer?

CINQUIÈME COUPLET.

　Qui vous fait tant plorer?
　Nous faut le déclarer.
　Madame et Souveraine,
(Que mon cœur, mon cœur a de peine!)
　　J'avais une Marraine,
　　*Que toujours adorai.

SIXIÈME COUPLET.

　Que toujours adorai;
　Je sens que j'en mourrai.
　Beau Page, dit la Reine,
(Que mon cœur, mon cœur a de peine!)
　　N'est-il qu'une Marraine?
　　Je vous en servirai.

SEPTIÈME COUPLET.

　Je vous en servirai;
　Mon Page vous ferai;
　Puis à ma jeune Hélène,
(Que mon cœur, mon cœur a de peine!
　　Fille d'un Capitaine,
　　Un jour vous marierai

* Ici, la Comtesse arrête le Page en fermant le papier. Le reste ne se chante pas au Théâtre.

HUITIÈME COUPLET.

Un jour vous marierai. —
Nenni n'en faut parler;
Je veux, traînant ma chaîne,
(Que mon cœur, mon cœur a de peine!)
Mourir de cette peine;
Mais non m'en consoler.

LA COMTESSE.

Il y a de la naïveté... du sentiment même.

SUZANNE va poser la guitare sur un fauteuil.*

O! pour du sentiment, c'est un jeune homme qui... Ah çà, monsieur l'Officier, vous a-t-on dit que pour égayer la soirée, nous voulons savoir d'avance si un de mes habits vous ira passablement?

LA COMTESSE.

J'ai peur que non.

SUZANNE se mesure avec lui.

Il est de ma grandeur. Otons d'abord le manteau. (Elle le détache.)

LA COMTESSE.

Et si quelqu'un entrait?

SUZANNE.

Est-ce que nous faisons du mal donc? je vais fermer la porte. (Elle court.) Mais c'est la coiffure que je veux voir.

LA COMTESSE.

Sur ma toilette, une baigneuse à moi. (Suzanne entre dans le cabinet dont la porte est au bord du Théâtre.)

SCÈNE V.

CHÉRUBIN, LA COMTESSE assise.

LA COMTESSE.

Jusqu'à l'instant du bal, le Comte ignorera que vous soyez au château. Nous lui dirons après, que le temps d'expédier votre brevet, nous a fait naître l'idée...

CHÉRUBIN le lui montre.

Hélas, Madame, le voici; Bazile me l'a remis de sa part.

LA COMTESSE.

Déjà? L'on a craint d'y perdre une minute. (Elle lit.) Ils se sont tant pressés, qu'ils ont oublié d'y mettre son cachet. (Elle le lui rend.)

---

* Chérubin, Suzanne, La Comtesse.

SCÈNE VI.

CHÉRUBIN, LA COMTESSE, SUZANNE.

SUZANNE entre avec un grand bonnet.

Le cachet, à quoi?

LA COMTESSE.

A son brevet.

SUZANNE.

Déjà?

LA COMTESSE.

C'est ce que je disais. Est-ce là ma baigneuse?

SUZANNE s'assied près de la Comtesse.*

Et la plus belle de toutes. (Elle chante avec des épingles dans sa bouche.)

    Tournez-vous donc envers ici,
    Jean de Lyra, mon bel ami.

(Chérubin se met à genoux. Elle le coiffe.)

Madame, il est charmant!

LA COMTESSE.

Arrange son collet, d'un air un peu plus féminin.

SUZANNE l'arrange.

Là... mais voyez donc ce morveux, comme il est joli en fille! j'en suis jalouse, moi! (Elle lui prend le menton.) Voulez-vous bien n'être pas joli comme ça?

LA COMTESSE.

Qu'elle est folle! Il faut relever la manche, afin que l'amadis prenne mieux... (Elle le retrousse.) Qu'est-ce qu'il a donc au bras? Un ruban?

SUZANNE.

Et un ruban à vous. Je suis bien aise que Madame l'ait vu. Je lui avais dit que je le dirais, déjà! O! si Monseigneur n'était pas venu, j'aurais bien repris le ruban; car je suis presque aussi forte que lui.

LA COMTESSE.

Il y a du sang! (Elle détache le ruban.)

CHÉRUBIN, honteux.

Ce matin, comptant partir, j'arrangeais la gourmette de mon cheval; il a donné de la tête, et la bossette m'a effleuré le bras.

---

* Chérubin, Suzanne, la Comtesse.

LA COMTESSE.
On n'a jamais mis un ruban...
SUZANNE.
Et surtout un ruban volé. — Voyons donc ce que la bossette.... la courbette!... la cornette du cheval!... Je n'entends rien à tous ces noms-là. — Ah qu'il a le bras blanc! c'est comme une femme! plus blanc que le mien! Regardez donc, Madame? (Elle les compare.)
LA COMTESSE, d'un ton glacé.
Occupez-vous plutôt de m'avoir du taffetas gommé dans ma toilette. (Suzanne lui pousse la tête en riant; il tombe sur les deux mains. Elle entre dans le cabinet au bord du théâtre.)

SCÈNE VII.

CHÉRUBIN à genoux, LA COMTESSE assise.

LA COMTESSE reste un moment sans parler, les yeux sur son ruban. Chérubin la dévore de ses regards.

Pour mon ruban, Monsieur... comme c'est celui dont la couleur m'agrée le plus... j'étais fort en colère de l'avoir perdu.

SCÈNE VIII.

CHÉRUBIN à genoux, LA COMTESSE assise, SUZANNE.

SUZANNE, revenant.
Et la ligature à son bras? (Elle remet à la Comtesse du taffetas gommé et des ciseaux.)
LA COMTESSE.
En allant lui chercher tes hardes, prends le ruban d'un autre bonnet. (Suzanne sort par la porte du fond, en emportant le manteau du Page.)

SCÈNE IX.

CHÉRUBIN à genoux, LA COMTESSE assise.

CHÉRUBIN, les yeux baissés.
Celui qui m'est ôté, m'aurait guéri en moins de rien.
LA COMTESSE.
Par quelle vertu? (Lui montrant le taffetas) Ceci vaut mieux.

CHÉRUBIN, hésitant.

Quand un ruban... a serré la tête... ou touché la peau d'une personne...

LA COMTESSE, coupant la phrase.

... Étrangère! il devient bon pour les blessures? J'ignorais cette propriété. Pour l'éprouver, je garde celui-ci qui vous a serré le bras. A la première égratignure... de mes femmes, j'en ferai l'essai.

CHÉRUBIN, pénétré.

Vous le gardez, et moi je pars.

LA COMTESSE.

Non pour toujours.

CHÉRUBIN.

Je suis si malheureux!

LA COMTESSE, émue.

Il pleure à présent! C'est ce vilain Figaro avec son pronostic!

CHÉRUBIN, exalté.

Ah! je voudrais toucher au terme qu'il m'a prédit! sûr de mourir à l'instant, peut-être ma bouche oserait...

LA COMTESSE l'interrompt, et lui essuie les yeux avec son mouchoir.

Taisez-vous, taisez-vous, enfant. Il n'y a pas un brin de raison dans tout ce que vous dites. (On frappe à la porte, elle élève la voix.) Qui frappe ainsi chez moi?

SCÈNE X.

CHÉRUBIN, LA COMTESSE, LE COMTE, en dehors.

LE COMTE, en dehors.

Pourquoi donc enfermée?

LA COMTESSE, troublée, se lève.

C'est mon époux! grands Dieux!... (A Chérubin qui s'est levé aussi.) Vous sans manteau, le col et les bras nus! seul avec moi! cet air de désordre, un billet reçu, sa jalousie!...

LE COMTE, en dehors.

Vous n'ouvrez pas?

LA COMTESSE.

C'est que... je suis seule.

LE COMTE, en dehors.

Seule! Avec qui parlez-vous donc?

LA COMTESSE, cherchant.

... Avec vous sans doute.

CHÉRUBIN, à part.

Après les scènes d'hier et de ce matin, il me tuerait sur la place! (Il court au cabinet de toilette, y entre, et tire la porte sur lui.)

SCÈNE XI.

LA COMTESSE seule, en ôte la clef, et court ouvrir au Comte.

Ah quelle faute! quelle faute!

SCÈNE XII.

LE COMTE, LA COMTESSE.

LE COMTE, un peu sévère.

Vous n'êtes pas dans l'usage de vous enfermer!

LA COMTESSE, troublée.

Je... je chiffonnais... oui, je chiffonnais avec Suzanne; elle est passée un moment chez elle.

LE COMTE l'examine.

Vous avez l'air et le ton bien altérés!

LA COMTESSE.

Cela n'est pas étonnant... pas étonnant du tout... je vous assure... nous parlions de vous... elle est passée, comme je vous dis.

LE COMTE.

Vous parliez de moi!... Je suis ramené par l'inquiétude; en montant à cheval, un billet qu'on m'a remis, mais auquel je n'ajoute aucune foi, m'a..... pourtant agité.

LA COMTESSE.

Comment, Monsieur?... Quel billet?

LE COMTE.

Il faut avouer, Madame, que vous ou moi sommes entourés d'êtres... bien méchants! On me donne avis que, dans la journée, quelqu'un que je crois absent, doit chercher à vous entretenir.

LA COMTESSE.

Quel que soit cet audacieux, il faudra qu'il pénètre ici; car mon projet est de ne pas quitter ma chambre de tout le jour.

ACTE II, SCÈNE XII.

Je le tuerai! (ACTE II, SCÈNE XVII.)

LE COMTE.

Ce soir, pour la noce de Suzanne?

LA COMTESSE.

Pour rien au monde : je suis très-incommodée.

LE COMTE.

Heureusement le Docteur est ici. (Le Page fait tomber une chaise dans le cabinet.) Quel bruit entends-je?

LA COMTESSE, plus troublée.

Du bruit?

LE COMTE.
On a fait tomber un meuble.
LA COMTESSE.
Je... je n'ai rien entendu, pour moi.
LE COMTE.
Il faut que vous soyez furieusement préoccupée!
LA COMTESSE.
Préoccupée! de quoi?
LE COMTE.
Il y a quelqu'un dans ce cabinet, Madame.
LA COMTESSE.
Hé... qui voulez-vous qu'il y ait, Monsieur?
LE COMTE.
C'est moi qui vous le demande; j'arrive.
LA COMTESSE.
Hé mais... Suzanne apparemment qui range.
LE COMTE.
Vous avez dit qu'elle était passée chez elle!
LA COMTESSE.
Passée... ou entrée là; je ne sais lequel.
LE COMTE.
Si c'est Suzanne, d'où vient le trouble où je vous vois?
LA COMTESSE.
Du trouble pour ma camériste?
LE COMTE.
Pour votre camériste, je ne sais; mais pour du trouble, assurément.
LA COMTESSE.
Assurément, Monsieur, cette fille vous trouble, et vous occupe beaucoup plus que moi.
LE COMTE, en colère.
Elle m'occupe à tel point, Madame, que je veux la voir à l'instant.
LA COMTESSE.
Je crois, en effet, que vous le voulez souvent : mais voilà bien les soupçons les moins fondés.....

SCÈNE XIII.

LE COMTE, LA COMTESSE, SUZANNE entre avec des hardes et pousse la porte du fond.

LE COMTE.

Ils en seront plus aisés à détruire. (Il parle au cabinet.) — Sortez, Suzon; je vous l'ordonne. (Suzanne s'arrête auprès de l'alcôve dans le fond.)

LA COMTESSE.

Elle est presque nue, Monsieur : vient-on troubler ainsi des femmes dans leur retraite? Elle essayait des hardes que je lui donne en la mariant; elle s'est enfuie, quand elle vous a entendu.

LE COMTE.

Si elle craint tant de se montrer, au moins elle peut parler. (Il se tourne vers la porte du cabinet.) Répondez-moi, Suzanne; êtes-vous dans ce cabinet? (Suzanne, restée au fond, se jette dans l'alcôve et s'y cache.)

LA COMTESSE, vivement, parlant au cabinet.

Suzon, je vous défends de répondre. (Au Comte.) On n'a jamais poussé si loin la tyrannie!

LE COMTE s'avance au cabinet.

Oh bien, puisqu'elle ne parle pas, vêtue ou non, je la verrai.

LA COMTESSE, se met au-devant.

Partout ailleurs je ne puis l'empêcher; mais j'espère aussi que chez moi...

LE COMTE.

Et moi j'espère savoir dans un moment quelle est cette Suzanne mystérieuse. Vous demander la clef, serait, je le vois, inutile! mais il est un moyen sûr de jeter en dedans cette légère porte. Holà, quelqu'un?

LA COMTESSE.

Attirer vos gens, et faire un scandale public d'un soupçon qui nous rendrait la fable du château?

LE COMTE.

Fort bien, Madame; en effet, j'y suffirai; je vais à l'instant prendre chez moi ce qu'il faut... (Il marche pour sortir et revient.) Mais pour que tout reste au même état, voudrez-vous bien m'accompagner sans scandale et sans bruit, puisqu'il vous déplaît tant?... Une chose aussi simple, apparemment, ne me sera pas refusée!

LA COMTESSE, troublée.

Eh! Monsieur, qui songe à vous contrarier?

LE COMTE.

Ah! j'oubliais la porte qui va chez vos femmes; il faut que je la ferme aussi, pour que vous soyez pleinement justifiée. (Il va fermer la porte du fond, et en ôte la clef.)

LA COMTESSE, à part.

O ciel! étourderie funeste!

LE COMTE, revenant à elle.

Maintenant que cette chambre est close, acceptez mon bras, je vous prie; (Il élève la voix.) et quant à la Suzanne du cabinet, il faudra qu'elle ait la bonté de m'attendre, et le moindre mal qui puisse lui arriver à mon retour...

LA COMTESSE.

En vérité, Monsieur, voilà bien la plus odieuse aventure... (Le Comte l'emmène et ferme la porte à la clef.)

SCÈNE XIV.

SUZANNE, CHÉRUBIN.

SUZANNE sort de l'alcôve, accourt au cabinet et parle à la serrure.

Ouvrez, Chérubin, ouvrez vite, c'est Suzanne; ouvrez et sortez.

CHÉRUBIN sort.*

Ah, Suzon! quelle horrible scène!

SUZANNE.

Sortez, vous n'avez pas une minute.

CHÉRUBIN, effrayé.

Eh! par où sortir?

SUZANNE.

Je n'en sais rien, mais sortez.

CHÉRUBIN.

S'il n'y a pas d'issue?

SUZANNE.

Après la rencontre de tantôt, il vous écraserait! et nous serions perdues. — Courez conter à Figaro...

CHÉRUBIN.

La fenêtre du jardin n'est peut-être pas bien haute. (Il court y regarder.)

SUZANNE, avec effroi.

Un grand étage! impossible! Ah ma pauvre maîtresse! et mon mariage, ô ciel!

* Chérubin, Suzanne.

CHÉRUBIN revient.

Elle donne sur la melonnière; quitte à gâter une couche ou deux.

SUZANNE le retient et s'écrie :

Il va se tuer!

CHÉRUBIN, exalté.

Dans un gouffre allumé, Suzon! oui, je m'y jetterais plutôt que de lui nuire... Et ce baiser va me porter bonheur. (Il l'embrasse et court sauter par la fenêtre.)

SCÈNE XV.

SUZANNE, seule, un cri de frayeur.

Ah!... (Elle tombe assise un moment. Elle va péniblement regarder à la fenêtre et revient.) Il est déjà bien loin. O le petit garnement! aussi leste que joli! si celui-là manque de femmes... Prenons sa place au plus tôt. (En entrant dans le cabinet.) Vous pouvez à présent, Monsieur le Comte, rompre la cloison, si cela vous amuse : au diantre qui répond un mot. (Elle s'y enferme.)

SCÈNE XVI.

LE COMTE, LA COMTESSE rentrent dans la chambre.

LE COMTE, une pince à la main, qu'il jette sur le fauteuil.

Tout est bien comme je l'ai laissé. Madame, en m'exposant à briser cette porte, réfléchissez aux suites : encore une fois, voulez-vous l'ouvrir?

LA COMTESSE.

Eh, Monsieur, quelle horrible humeur peut altérer ainsi les égards entre deux époux? Si l'amour vous dominait au point de vous inspirer ces fureurs, malgré leur déraison, je les excuserais; j'oublierais, peut-être, en faveur du motif, ce qu'elles ont d'offensant pour moi. Mais la seule vanité peut-elle jeter dans cet excès un galant homme?

LE COMTE.

Amour ou vanité, vous ouvrirez la porte; ou je vais à l'instant...

LA COMTESSE, au-devant.

Arrêtez, Monsieur, je vous prie. Me croyez-vous capable de manquer à ce que je me dois?

LE COMTE.

Tout ce qu'il vous plaira, Madame; mais je verrai qui est dans ce cabinet.

LA COMTESSE, effrayée.

Hé bien, Monsieur, vous le verrez. Écoutez-moi... tranquillement.

LE COMTE.

Ce n'est donc pas Suzanne?

LA COMTESSE, timidement.

Au moins n'est-ce pas non plus une personne... dont vous deviez rien redouter... Nous disposions une plaisanterie... bien innocente, en vérité, pour ce soir... et je vous jure...

LE COMTE.

Et vous me jurez?...

LA COMTESSE.

Que nous n'avions pas plus de dessein de vous offenser l'un que l'autre.

LE COMTE, vite.

L'un que l'autre? C'est un homme!

LA COMTESSE.

Un enfant, Monsieur.

LE COMTE.

Hé! qui donc?

LA COMTESSE.

A peine osé-je le nommer!

LE COMTE, furieux.

Je le tuerai.

LA COMTESSE.

Grands Dieux!

LE COMTE.

Parlez donc.

LA COMTESSE.

Ce jeune... Chérubin...

LE COMTE.

Chérubin! l'insolent! Voilà mes soupçons et le billet expliqués.

LA COMTESSE joignant les mains.

Ah! Monsieur, gardez de penser...

LE COMTE, frappant du pied. (A part.)

Je trouverai partout ce maudit Page! (Haut.) Allons, Madame, ouvrez; je sais tout, maintenant. Vous n'auriez pas été si émue en le congédiant ce matin; il serait parti quand je l'ai ordonné; vous n'auriez pas mis tant de fausseté dans votre conte de Suzanne; il ne se serait pas si soigneusement caché, s'il n'y avait rien de criminel.

LA COMTESSE.

Il a craint de vous irriter en se montrant.

LE COMTE, hors de lui, crie au cabinet.

Sors donc, petit malheureux!

LA COMTESSE le prend à bras-le-corps, en l'éloignant.

Ah! Monsieur, Monsieur, votre colère me fait trembler pour lui. N'en croyez pas un injuste soupçon, de grâce; et que le désordre, où vous l'allez trouver...

LE COMTE.

Du désordre!

LA COMTESSE.

Hélas oui; prêt à s'habiller en femme, une coiffure à moi sur la tête, en veste et sans manteau, le col ouvert, les bras nus; il allait essayer...

LE COMTE.

Et vous vouliez garder votre chambre! Indigne épouse! Ah, vous la garderez... longtemps; mais il faut avant que j'en chasse un insolent, de manière à ne plus le rencontrer nulle part.

LA COMTESSE se jette à genoux, les bras élevés.

Monsieur le Comte, épargnez un enfant; je ne me consolerais pas d'avoir causé...

LE COMTE.

Vos frayeurs aggravent son crime.

LA COMTESSE.

Il n'est pas coupable, il partait : c'est moi qui l'ai fait appeler.

LE COMTE, furieux.

Levez-vous. Otez-vous... Tu es bien audacieuse d'oser me parler pour un autre!

LA COMTESSE.

Eh bien! je m'ôterai, Monsieur, je me lèverai; je vous remettrai même la clef du cabinet; mais, au nom de votre amour...

LE COMTE.

De mon amour! Perfide!

LA COMTESSE se lève et lui présente la clef.

Promettez-moi que vous laisserez aller cet enfant sans lui faire aucun mal; et puisse après, tout votre courroux tomber sur moi, si je ne vous convaincs pas...

LE COMTE, prenant la clef.

Je n'écoute plus rien.

LA COMTESSE se jette sur une bergère, un mouchoir sur les yeux.

O ciel! il va périr.

LE COMTE ouvre la porte, et recule.

C'est Suzanne!

SCÈNE XVII.

LA COMTESSE, LE COMTE, SUZANNE.

SUZANNE sort en riant.

Je le tuerai, je le tuerai. Tuez-le donc, ce méchant Page!

LE COMTE, à part.

Ah! quelle école! (Regardant la Comtesse qui est restée stupéfaite.) Et vous aussi, vous jouez l'étonnement?... Mais peut-être elle n'y est pas seule. (Il entre.)

SCÈNE XVIII.

LA COMTESSE, assise; SUZANNE.

SUZANNE accourt à sa maîtresse.

Remettez-vous, Madame, il est bien loin, il a fait un saut...

LA COMTESSE.

Ah, Suzon! je suis morte.

SCÈNE XIX.

LA COMTESSE, assise; SUZANNE, LE COMTE.

LE COMTE sort du cabinet d'un air confus. Après un court silence.

Il n'y a personne, et pour le coup j'ai tort. — Madame?... Vous jouez fort bien la comédie.

SUZANNE, gaîment.

Et moi, Monseigneur?

LA COMTESSE, son mouchoir sur sa bouche pour se remettre, ne parle pas.

LE COMTE s'approche.*

Quoi! Madame, vous plaisantiez?

LA COMTESSE, se remettant un peu.

Eh! pourquoi non, Monsieur?

---

* Suzanne, la Comtesse, *assise;* le Comte.

Fi donc, vilain, qui me parle dans le nez. (ACTE II, SCÈNE XXI.)

LE COMTE.
Quel affreux badinage! et par quel motif, je vous prie?...
LA COMTESSE.
Vos folies méritent-elles de la pitié?
LE COMTE.
Nommer folies ce qui touche à l'honneur!
LA COMTESSE, assurant son ton par degrés.
Me suis-je unie à vous pour être éternellement dévouée à l'abandon et à la jalousie, que vous seul osez concilier?

LE COMTE.
Ah! Madame, c'est sans ménagement.
SUZANNE.
Madame n'avait qu'à vous laisser appeler les gens.
LE COMTE.
Tu as raison, et c'est à moi de m'humilier... Pardon, je suis d'une confusion!...
SUZANNE.
Avouez, Monseigneur, que vous la méritez un peu!
LE COMTE.
Pourquoi donc ne sortais-tu pas, lorsque je t'appelais? Mauvaise!
SUZANNE.
Je me rhabillais de mon mieux, à grand renfort d'épingles et Madame, qui me le défendait, avait bien ses raisons pour le faire.
LE COMTE.
Au lieu de rappeler mes torts, aide-moi plutôt à l'apaiser.
LA COMTESSE.
Non, Monsieur; un pareil outrage ne se couvre point. Je vais me retirer aux Ursulines; et je vois trop qu'il en est temps.
LE COMTE.
Le pourriez-vous sans quelques regrets?
SUZANNE.
Je suis sûre, moi, que le jour du départ serait la veille des larmes.
LA COMTESSE.
Eh! quand cela serait, Suzon; j'aime mieux le regretter que d'avoir la bassesse de lui pardonner; il m'a trop offensée.
LE COMTE.
Rosine!...
LA COMTESSE.
Je ne la suis plus, cette Rosine que vous avez tant poursuivie! je suis la pauvre Comtesse Almaviva, la triste femme délaissée que vous n'aimez plus.
SUZANNE.
Madame.
LE COMTE, suppliant.
Par pitié!
LA COMTESSE.
Vous n'en aviez aucune pour moi.
LE COMTE.
Mais aussi ce billet... Il m'a tourné le sang!

LA COMTESSE.
Je n'avais pas consenti qu'on l'écrivît.

LE COMTE.
Vous le saviez?

LA COMTESSE.
C'est cet étourdi de Figaro...

LE COMTE.
Il en était?

LA COMTESSE.
... Qui l'a remis à Bazile.

LE COMTE.
Qui m'a dit le tenir d'un paysan. O perfide chanteur! lame à deux tranchants! c'est toi qui paieras pour tout le monde.

LA COMTESSE.
Vous demandez pour vous un pardon que vous refusez aux autres : voilà bien les hommes! Ah! si jamais je consentais à pardonner en faveur de l'erreur où vous a jeté ce billet, j'exigerais que l'amnistie fût générale.

LE COMTE.
Hé bien! de tout mon cœur, Comtesse. Mais comment réparer une faute aussi humiliante?

LA COMTESSE se lève.
Elle l'était pour tous deux.

LE COMTE.
Ah! dites pour moi seul. — Mais je suis encore à concevoir comment les femmes prennent si vite et si juste, l'air et le ton des circonstances. Vous rougissiez, vous pleuriez, votre visage était défait... D'honneur, il l'est encore.

LA COMTESSE, s'efforçant de sourire.
Je rougissais... du ressentiment de vos soupçons. Mais les hommes sont-ils assez délicats pour distinguer l'indignation d'une âme honnête outragée, d'avec la confusion qui naît d'une accusation méritée?

LE COMTE, souriant.
Et ce Page en désordre, en veste et presque nu...

LA COMTESSE, montrant Suzanne.
Vous le voyez devant vous. N'aimez-vous pas mieux l'avoir trouvé que l'autre? En général, vous ne haïssez pas de rencontrer celui-ci.

LE COMTE, riant plus fort.
Et ces prières, ces larmes feintes...

LA COMTESSE.
Vous me faites rire, et j'en ai peu d'envie.

LE COMTE.
Nous croyons valoir quelque chose en politique, et nous ne sommes que des enfants. C'est vous, c'est vous, Madame, que le Roi devrait envoyer en ambassade à Londres! Il faut que votre sexe ait fait une étude bien réfléchie de l'art de se composer pour réussir à ce point!

LA COMTESSE.
C'est toujours vous qui nous y forcez.

SUZANNE.
Laissez-nous prisonniers sur parole, et vous verrez si nous sommes gens d'honneur.

LA COMTESSE.
Brisons là, Monsieur le Comte. J'ai peut-être été trop loin; mais mon indulgence, en un cas aussi grave, doit au moins m'obtenir la vôtre.

LE COMTE.
Mais vous répéterez que vous me pardonnez.

LA COMTESSE.
Est-ce que je l'ai dit, Suzon?

SUZANNE.
Je ne l'ai pas entendu, Madame.

LE COMTE.
Eh bien! que ce mot vous échappe.

LA COMTESSE.
Le méritez-vous donc, ingrat?

LE COMTE.
Oui, par mon repentir.

SUZANNE.
Soupçonner un homme dans le cabinet de Madame!

LE COMTE.
Elle m'en a si sévèrement puni!

SUZANNE.
Ne pas s'en fier à elle, quand elle dit que c'est sa camériste!

LE COMTE.
Rosine, êtes-vous donc implacable?

LA COMTESSE.
Ah, Suzon! que je suis faible! quel exemple je te donne! (Tendant la main au Comte.) On ne croira plus à la colère des femmes.

SUZANNE.
Bon! Madame, avec eux ne faut-il pas toujours en venir là?

LE COMTE baise ardemment la main de sa femme.

SCÈNE XX.

SUZANNE, FIGARO, LA COMTESSE, LE COMTE.

FIGARO, arrivant tout essoufflé.

On disait Madame incommodée. Je suis vite accouru... je vois avec joie qu'il n'en est rien.

LE COMTE, sèchement.

Vous êtes fort attentif!

FIGARO.

Et c'est mon devoir. Mais puisqu'il n'en est rien, Monseigneur, tous vos jeunes vassaux des deux sexes sont en bas avec les violons et les cornemuses, attendant pour m'accompagner l'instant où vous permettrez que je mène ma fiancée...

LE COMTE.

Et qui surveillera la Comtesse au château?

FIGARO.

La veiller! Elle n'est pas malade.

LE COMTE.

Non; mais cet homme absent qui doit l'entretenir?

FIGARO.

Quel homme absent?

LE COMTE.

L'homme du billet que vous avez remis à Bazile.

FIGARO.

Qui dit cela?

LE COMTE.

Quand je ne le saurais pas d'ailleurs, fripon! ta physionomie, qui t'accuse, me prouverait déjà que tu mens.

FIGARO.

S'il en est ainsi, ce n'est pas moi qui mens, c'est ma physionomie.

SUZANNE.

Va, mon pauvre Figaro! n'use pas ton éloquence en défaites; nous avons tout dit.

FIGARO.

Et quoi dit? Vous me traitez comme un Bazile!

SUZANNE.

Que tu avais écrit le billet de tantôt pour faire accroire à Monseigneur, quand il entrerait, que le petit Page était dans ce cabinet où je me suis enfermée.

LE COMTE.

Qu'as-tu à répondre?

LA COMTESSE.

Il n'y a plus rien à cacher, Figaro; le badinage est consommé.

FIGARO, cherchant à deviner.

Le badinage... est consommé?

LE COMTE.

Oui, consommé. Que dis-tu là-dessus?

FIGARO.

Moi! je dis... que je voudrais bien qu'on en pût dire autant de mon mariage; et si vous l'ordonnez...

LE COMTE.

Tu conviens donc enfin du billet?

FIGARO.

Puisque Madame le veut, que Suzanne le veut, que vous le voulez vous-même, il faut bien que je le veuille aussi; mais à votre place, en vérité, Monseigneur, je ne croirais pas un mot de tout ce que nous vous disons.

LE COMTE.

Toujours mentir contre l'évidence! A la fin, cela m'irrite.

LA COMTESSE, en riant.

Eh, ce pauvre garçon! pourquoi voulez-vous, Monsieur, qu'il dise une fois la vérité?

FIGARO, bas à Suzanne.

Je l'avertis de son danger; c'est tout ce qu'un honnête homme peut faire.

SUZANNE, bas.

As-tu vu le petit Page?

FIGARO, bas.

Encore tout froissé.

SUZANNE, bas.

Ah, Pécaïre!

LA COMTESSE.

Allons, Monsieur le Comte, ils brûlent de s'unir : leur impatience est naturelle! Entrons pour la cérémonie.

LE COMTE, à part.

Et Marceline, Marceline... (Haut.) Je voudrais être... au moins vêtu.

LA COMTESSE.

Pour nos gens! Est-ce que je le suis!

SCÈNE XXI.

FIGARO, SUZANNE, LA COMTESSE, LE COMTE, ANTONIO.

ANTONIO, demi-gris, tenant un pot de giroflées écrasées.
Monseigneur! Monseigneur!

LE COMTE.
Que me veux-tu, Antonio?

ANTONIO.
Faites donc une fois griller les croisées qui donnent sur mes couches. On jette toutes sortes de choses par ces fenêtres; et tout à l'heure encore on vient d'en jeter un homme.

LE COMTE.
Par ces fenêtres?

ANTONIO.
Regardez comme on arrange mes giroflées!

SUZANNE, bas, à Figaro.
Alerte, Figaro! alerte.

FIGARO.
Monseigneur, il est gris dès le matin.

ANTONIO.
Vous n'y êtes pas : c'est un petit reste d'hier. Voilà comme on fait des jugements... ténébreux.

LE COMTE, avec feu.
Cet homme! cet homme! où est-il?

ANTONIO.
Où il est?

LE COMTE.
Oui.

ANTONIO.
C'est ce que je dis. Il faut me le trouver, déjà. Je suis votre domestique; il n'y a que moi qui prends soin de votre jardin; il y tombe un homme, et vous sentez... que ma réputation en est effleurée.

SUZANNE, bas, à Figaro.
Détourne, détourne.

FIGARO.
Tu boiras donc toujours?

ANTONIO.
Et si je ne buvais pas, je deviendrais enragé.

LA COMTESSE.

Mais en prendre ainsi sans besoin...

ANTONIO.

Boire sans soif et faire l'amour en tout temps, Madame, il n'y a que ça qui nous distingue des autres bêtes.

LE COMTE, vivement.

Réponds-moi donc, ou je vais te chasser.

ANTONIO.

Est-ce que je m'en irais?

LE COMTE.

Comment donc?

ANTONIO, se touchant le front.

Si vous n'avez pas assez de ça pour garder un bon domestique, je ne suis pas assez bête, moi, pour renvoyer un si bon maître.

LE COMTE le secoue avec colère.

On a, dis-tu, jeté un homme par cette fenêtre?

ANTONIO.

Oui, mon Excellence; tout à l'heure, en veste blanche, et qui s'est enfui, jarni, courant...

LE COMTE, impatienté.

Après?

ANTONIO.

J'ai bien voulu courir après; mais je me suis donné contre la grille une si fière gourde à la main, que je ne peux plus remuer ni pied ni patte de ce doigt-là. (Levant le doigt.)

LE COMTE.

Au moins, tu reconnaîtrais l'homme?

ANTONIO.

Oh, que oui-da!... si je l'avais vu, pourtant!

SUZANNE, bas, à Figaro.

Il ne l'a pas vu.

FIGARO.

Voilà bien du train pour un pot de fleurs! Combien te faut-il, pleurard, avec ta giroflée? Il est inutile de chercher, Monseigneur, c'est moi qui ai sauté.

LE COMTE.

Comment, c'est vous?

ANTONIO.

Combien te faut-il, pleurard? Votre corps a donc bien grandi depuis ce temps-là; car je vous ai trouvé beaucoup plus moindre et plus fluet!

ACTE II, SCÈNE XXI.

Vous pouviez fuir par l'escalier. (ACTE III, SCÈNE V.)

FIGARO.
Certainement; quand on saute, on se pelotonne...
ANTONIO.
M'est avis que c'était plutôt... qui dirait le gringalet de Page.
LE COMTE.
Chérubin, tu veux dire?
FIGARO.
Oui, revenu tout exprès avec son cheval de la porte de Séville, où peut-être il est déjà.

ANTONIO.

O! non, je ne dis pas ça, je ne dis pas ça; je n'ai pas vu sauter de cheval, car je le dirais de même.

LE COMTE.

Quelle patience!

FIGARO.

J'étais dans la chambre des femmes, en veste blanche : il fait un chaud!... J'attendais là ma Suzanette, quand j'ai ouï tout à coup la voix de Monseigneur et le grand bruit qui se faisait : je ne sais quelle crainte m'a saisi à l'occasion de ce billet; et, s'il faut avouer ma bêtise, j'ai sauté sans réflexion sur les couches, où je me suis même un peu foulé le pied droit. (Il frotte son pied.)

ANTONIO.

Puisque c'est vous, il est juste de vous rendre ce brimborion de papier qui a coulé de votre veste en tombant.

LE COMTE se jette dessus.

Donne-le-moi. (Il ouvre le papier et le referme.)

FIGARO, à part.

Je suis pris.

LE COMTE, à Figaro.

La frayeur ne vous aura pas fait oublier ce que contient ce papier, ni comment il se trouvait dans votre poche?

FIGARO, embarrassé, fouille dans ses poches et en tire des papiers.

Non sûrement...; mais c'est que j'en ai tant. Il faut répondre à tout... (Il regarde un des papiers.) Ceci? ah! c'est une lettre de Marceline, en quatre pages. Elle est belle!... Ne serait-ce pas la requête de ce pauvre braconnier en prison?... Non; la voici... J'avais l'état des meubles du petit château, dans l'autre poche...

(LE COMTE rouvre le papier qu'il tient.)

LA COMTESSE, bas, à Suzanne.

Ah dieux, Suzon! c'est le brevet d'officier.

SUZANNE, bas, à Figaro.

Tout est perdu, c'est le brevet.

LE COMTE replie le papier.

Eh bien! l'homme aux expédients, vous ne devinez pas?

ANTONIO, s'approchant de Figaro.*

Monseigneur dit, si vous ne devinez pas?

FIGARO le repousse.

Fi donc! vilain, qui me parle dans le nez!

---

* Antonio, Figaro, Suzanne, la Comtesse, le Comte.

LE COMTE.
Vous ne vous rappelez pas ce que ce peut être?
FIGARO.
A, a, a, ah! *Povero!* ce sera le brevet de ce malheureux enfant, qu'il m'avait remis, et que j'ai oublié de lui rendre. O, o, o, oh! étourdi que je suis! que fera-t-il sans son brevet? Il faut courir...
LE COMTE.
Pourquoi vous l'aurait-il remis?
FIGARO, embarrassé.
Il... désirait qu'on y fît quelque chose.
LE COMTE regarde son papier.
Il n'y manque rien.
LA COMTESSE, bas, à Suzanne.
Le cachet.
SUZANNE, bas à Figaro.
Le cachet manque.
LE COMTE, à Figaro.
Vous ne répondez pas?
FIGARO.
C'est... qu'en effet, il y manque peu de chose. Il dit que c'est l'usage.
LE COMTE.
L'usage! l'usage! l'usage de quoi?
FIGARO.
D'y apposer le sceau de vos armes. Peut-être aussi que cela ne valait pas la peine.
LE COMTE rouvre le papier et le chiffonne de colère.
Allons! il est écrit que je ne saurai rien. (A part.) C'est ce Figaro qui les mène, et je ne m'en vengerais pas! (Il veut sortir avec dépit.)
FIGARO, l'arrêtant.
Vous sortez sans ordonner mon mariage?

SCÈNE XXII.

BAZILE, BARTHOLO, MARCELINE, FIGARO, LE COMTE, GRIPE-SOLEIL, LA COMTESSE, SUZANNE, ANTONIO, Valets du Comte, ses Vassaux.

MARCELINE, au Comte.
Ne l'ordonnez pas, Monseigneur; avant de lui faire grâce, vous nous devez justice. Il a des engagements avec moi.

LE COMTE, à part.

Voilà ma vengeance arrivée.

FIGARO.

Des engagements? De quelle nature? Expliquez-vous.

MARCELINE.

Oui, je m'expliquerai, malhonnête!

(LA COMTESSE s'assied sur une bergère; SUZANNE est derrière elle.)

LE COMTE.

De quoi s'agit-il, Marceline?

MARCELINE.

D'une obligation de mariage.

FIGARO.

Un billet, voilà tout, pour de l'argent prêté.

MARCELINE, au Comte.

Sous condition de m'épouser. Vous êtes un grand Seigneur, le premier juge de la Province.....

LE COMTE.

Présentez-vous au Tribunal; j'y rendrai justice à tout le monde.

BAZILE, montrant Marceline.

En ce cas, votre Grandeur permet que je fasse aussi valoir mes droits sur Marceline?

LE COMTE, à part.

Ah! voilà mon fripon du billet.

FIGARO.

Autre fou de la même espèce!

LE COMTE, en colère, à Bazile.

Vos droits! vos droits! Il vous convient bien de parler devant moi, maître sot!

ANTONIO, frappant dans sa main.

Il ne l'a ma foi pas manqué du premier coup; c'est son nom.

LE COMTE.

Marceline, on suspendra tout jusqu'à l'examen de vos titres, qui se fera publiquement dans la grande salle d'audience. Honnête Bazile! agent fidèle et sûr! allez au Bourg chercher les gens du Siége.

BAZILE.

Pour son affaire?

LE COMTE.

Et vous m'amènerez le paysan du billet.

BAZILE.

Est-ce que je le connais?

LE COMTE.

Vous résistez !

BAZILE.

Je ne suis pas entré au château pour en faire les commissions.

LE COMTE.

Quoi donc ?

BAZILE.

Homme à talent sur l'orgue du Village, je montre le clavecin à Madame, à chanter à ses femmes, la mandoline aux pages ; et mon emploi, surtout, est d'amuser votre compagnie avec ma guitare, quand il vous plaît me l'ordonner.

GRIPE-SOLEIL s'avance.

J'irai bien, Monsigneu, si cela vous plaira.

LE COMTE.

Quel est ton nom, et ton emploi ?

GRIPE-SOLEIL.

Je suis Gripe-Soleil, mon bon Signeu ; le petit pastouriau des chèvres, commandé pour le feu d'artifice. C'est fête aujourd'hui dans le troupiau, et je sais où-ce-qu'est toute l'enragée boutique à procès du pays.

LE COMTE.

Ton zèle me plaît ; vas-y : mais, vous (à Bazile), accompagnez Monsieur en jouant de la guitare, et chantant pour l'amuser en chemin. Il est de ma compagnie.

GRIPE-SOLEIL, joyeux.

Oh ! moi, je suis de la...

(SUZANNE l'apaise de la main, en lui montrant la Comtesse.)

BAZILE, surpris.

Que j'accompagne Gripe-Soleil en jouant !...

LE COMTE.

C'est votre emploi : partez, ou je vous chasse. (Il sort.)

SCÈNE XXIII.

Les Acteurs Précédents, excepté LE COMTE.

BAZILE, à lui-même.

Ah ! je n'irai pas lutter contre le pot de fer, moi qui ne suis...

FIGARO.

Qu'une cruche.

BAZILE, à part.

Au lieu d'aider à leur mariage, je m'en vais assurer le mien avec Marceline. (A Figaro.) Ne conclus rien, crois-moi, que je ne sois de retour. (Il va prendre la guitare sur le fauteuil du fond.)

FIGARO le suit.

Conclure! oh! va, ne crains rien; quand même tu ne reviendrais jamais... Tu n'as pas l'air en train de chanter; veux-tu que je commence?... Allons, gai! haut la-mi-la, pour ma fiancée. (Il se met en marche à reculons, danse en chantant la séguédille suivante. Bazile accompagne, et tout le monde le suit.)

SÉGUÉDILLE : *Air noté.*

Je préfère à richesse
La sagesse
De ma Suzon;
Zon, zon, zon,
Zon, zon, zon,
Zon, zon, zon,
Zon, zon, zon :
Aussi sa gentillesse
Est maîtresse
De ma raison;
Zon, zon, zon,
Zon, zon, zon,
Zon, zon, zon,
Zon, zon, zon.

(Le bruit s'éloigne, on n'entend pas le reste.)

SCÈNE XXIV.

SUZANNE, LA COMTESSE.

LA COMTESSE, dans sa bergère.

Vous voyez, Suzanne, la jolie scène que votre étourdi m'a valu avec son billet.

SUZANNE.

Ah, Madame! quand je suis rentrée du cabinet, si vous aviez vu votre visage! il s'est terni tout à coup; mais ce n'a été qu'un nuage, et, par degrés, vous êtes devenue rouge, rouge, rouge!

LA COMTESSE.

Il a donc sauté par la fenêtre?

SUZANNE.

Sans hésiter, le charmant enfant! léger... comme une abeille.

LA COMTESSE.

Ah, ce fatal jardinier! Tout cela m'a remuée au point... que je ne pouvais rassembler deux idées.

SUZANNE.

Ah, Madame! au contraire; et c'est là que j'ai vu combien l'usage du grand monde donne d'aisance aux Dames comme il faut, pour mentir sans qu'il y paraisse.

LA COMTESSE.

Crois-tu que le Comte en soit la dupe? Et s'il trouvait cet enfant au château.

SUZANNE,

Je vais recommander de le cacher si bien...

LA COMTESSE.

Il faut qu'il parte. Après ce qui vient d'arriver, vous croyez bien que je ne suis pas tentée de l'envoyer au jardin à votre place.

SUZANNE.

Il est certain que je n'irai pas non plus. Voilà donc mon mariage encore une fois...

LA COMTESSE se lève.

Attends... Au lieu d'un autre, ou de toi, si j'y allais moi-même?

SUZANNE.

Vous, Madame?

LA COMTESSE.

Il n'y aurait personne d'exposé... le Comte alors ne pourrait nier... Avoir puni sa jalousie, et lui prouver son infidélité! cela serait... Allons : le bonheur d'un premier hasard m'enhardit à tenter le second. Fais-lui savoir promptement que tu te rendras au jardin; mais surtout que personne...

SUZANNE.

Ah, Figaro!

LA COMTESSE.

Non, non. Il voudrait mettre ici du sien... Mon masque de velours et ma canne; que j'aille y rêver sur la terrasse. (Suzanne entre dans le cabinet de toilette.)

SCÈNE XXV.

LA COMTESSE, seule.

Il est assez effronté, mon petit projet! (Elle se retourne.) Ah, le ruban! mon joli ruban! je t'oubliais! (Elle le prend sur sa bergère et le roule.) Tu ne me quitteras plus... Tu me rappelleras la scène où ce malheureux enfant... Ah! Monsieur le Comte! qu'avez-vous fait?... Et moi! que fais-je en ce moment?

SCÈNE XXVI.

LA COMTESSE, SUZANNE.

(LA COMTESSE met furtivement le ruban dans son sein.)
SUZANNE.
Voici la canne et votre loup.
LA COMTESSE.
Souviens-toi que je t'ai défendu d'en dire un mot à Figaro.
SUZANNE, avec joie.
Madame, il est charmant votre projet. Je viens d'y réfléchir. Il rapproche tout, termine tout, embrasse tout; et, quelque chose qui arrive, mon mariage est maintenant certain. (Elle baise la main de sa maîtresse.) (Elles sortent.)

FIN DU SECOND ACTE.

Pendant l'Entr'acte, des valets arrangent la salle d'audience : on apporte les deux banquettes à dossier des Avocats, que l'on place aux deux côtés du théâtre de façon que le passage soit libre par derrière. On pose une estrade à deux marches dans le milieu du théâtre, vers le fond, sur laquelle on place le fauteuil du Comte. On met la table du Greffier et son tabouret de côté sur le devant, et des siéges pour Brid'oison et d'autres Juges, des deux côtés de l'estrade du Comte.

ACTE III.

Le Théâtre représente une salle du Château, appelée salle du Trône, et servant de salle d'audience, ayant sur le côté une impériale en dais, et, dessous, le portrait du Roi.

SCÈNE PREMIÈRE.

LE COMTE, PEDRILLE, en veste et botté, tenant un paquet cacheté.

LE COMTE, vite.

M'as-tu bien entendu?

PEDRILLE.

Excellence, oui. (Il sort.)

SCÈNE II.

LE COMTE, seul, criant.

Pedrille?

SCÈNE III.

LE COMTE, PEDRILLE revient.

PEDRILLE.

Excellence?

LE COMTE.

On ne t'a pas vu?

PEDRILLE.

Ame qui vive.

LE COMTE.

Prenez le cheval barbe.

PEDRILLE.

Il est à la grille du potager, tout sellé.

LE COMTE.

Ferme, d'un trait jusqu'à Séville.

PEDRILLE.

Il n'y a que trois lieues; elles sont bonnes.

LE COMTE.

En descendant, sachez si le Page est arrivé.

PEDRILLE.

Dans l'hôtel?

LE COMTE.

Oui; surtout depuis quel temps?

PEDRILLE.

J'entends.

LE COMTE.

Remets-lui son brevet, et reviens vite.

PEDRILLE.

Et s'il n'y était pas?

LE COMTE.

Revenez plus vite, et m'en rendez compte : allez.

SCÈNE IV.

LE COMTE, seul, marche en rêvant.

J'ai fait une gaucherie en éloignant Bazile!... La colère n'est bonne à rien. — Ce billet remis par lui, qui m'avertit d'une entreprise sur la Comtesse; la camériste enfermée quand j'arrive; la maîtresse affectée d'une terreur fausse ou vraie; un homme qui saute par la fenêtre, et l'autre après qui avoue... ou qui prétend que c'est lui... Le fil m'échappe! Il y là dedans une obscurité... Des libertés chez mes Vassaux, qu'importe à gens de cette étoffe? Mais la Comtesse! si quelque insolent attentait... Où m'égaré-je? En vérité, quand la tête se monte, l'imagination la mieux réglée devient folle comme un rêve! — Elle s'amusait; ces ris étouffés, cette joie mal éteinte! — Elle se respecte; et mon honneur... Où diable on l'a placé! De l'autre part où suis-je? cette friponne de Suzanne a-t-elle trahi mon secret?... comme il n'est pas encore le sien!... Qui donc m'enchaîne à cette fantaisie? j'ai voulu vingt fois y renoncer... Étrange effet de l'irrésolution! si je la voulais sans débat, je la désirerais mille fois moins. — Ce Figaro se fait bien attendre! il faut le sonder adroitement, (Figaro paraît dans le fond; il s'arrête.) et tâcher, dans la conversation que je vais avoir avec lui, de démêler, d'une manière détournée, s'il est instruit ou non de mon amour pour Suzanne.

SCÈNE V.

LE COMTE, FIGARO.

FIGARO, à part.

Nous y voilà.

LE COMTE.

... S'il en sait par elle un seul mot...

FIGARO, à part.

Je m'en suis douté.

LE COMTE.

... Je lui fais épouser la vieille.

FIGARO, à part.

Les amours de monsieur Bazile?

LE COMTE.

... Et voyons ce que nous ferons de la jeune.

FIGARO, à part.

Ah! ma femme, s'il vous plaît.

LE COMTE se retourne.

Hein? quoi? qu'est-ce que c'est?

FIGARO s'avance.

Moi, qui me rends à vos ordres.

LE COMTE.

Et pourquoi ces mots?

FIGARO.

Je n'ai rien dit.

LE COMTE répète.

Ma femme, s'il vous plaît?

FIGARO.

C'est... la fin d'une réponse que je faisais : *allez le dire à ma femme, s'il vous plaît.*

LE COMTE se promène.

Sa femme!... Je voudrais bien savoir quelle affaire peut arrêter Monsieur, quand je le fais appeler?

FIGARO, feignant d'assurer son habillement.

Je m'étais sali sur ces couches en tombant; je me changeais.

LE COMTE.

Faut-il une heure?

FIGARO.

Il faut le temps.

LE COMTE.

Les domestiques ici... sont plus longs à s'habiller que les maîtres!

FIGARO.

C'est qu'ils n'ont point de valets pour les y aider.

LE COMTE.

... Je n'ai pas trop compris ce qui vous avait forcé tantôt de courir un danger inutile, en vous jetant...

FIGARO.

Un danger! on dirait que je me suis engouffré tout vivant...

LE COMTE.

Essayez de me donner le change en feignant de le prendre, insidieux valet! vous entendez fort bien que ce n'est pas le danger qui m'inquiète, mais le motif.

FIGARO.

Sur un faux avis, vous arrivez furieux, renversant tout, comme le torrent de *la Morena*; vous cherchez un homme, il vous le faut, ou vous allez briser les portes, enfoncer les cloisons! je me trouve là, par hasard, qui sait dans votre emportement si...?

LE COMTE, interrompant.

Vous pouviez fuir par l'escalier.

FIGARO.

Et vous, me prendre au corridor.

LE COMTE, en colère.

Au corridor! (A part.) Je m'emporte, et nuis à ce que je veux savoir.

FIGARO, à part.

Voyons-le venir, et jouons serré.

LE COMTE, radouci.

Ce n'est pas ce que je voulais dire, laissons cela. J'avais... oui, j'avais quelque envie de t'emmener à Londres, courrier de dépêches... mais, toutes réflexions faites...

FIGARO.

Monseigneur a changé d'avis?

LE COMTE.

Premièrement, tu ne sais pas l'anglais.

FIGARO.

Je sais *God-dam*.

LE COMTE.

Je n'entends pas.

FIGARO.

Je dis que je sais *God-dam*.

LE COMTE.

Hé bien?

FIGARO.

Diable! c'est une belle langue que l'anglais; il en faut peu pour aller loin. Avec *God-dam*, en Angleterre, on ne manque de rien nulle part. — Voulez-vous tâter d'un bon poulet gras? entrez dans une taverne, et faites seulement ce geste au garçon : (Il tourne la broche,) *God-dam!* on vous apporte un pied de bœuf salé sans pain. C'est admirable! Aimez-vous à boire un coup d'excellent Bourgogne ou de Clairet? rien que celui-ci : (Il débouche une bouteille,) *God-dam!* on vous sert un pot de bière, en bel étain, la mousse aux bords. Quelle satisfaction! Rencontrez-vous une de ces jolies personnes qui vont trottant menu, les yeux baissés, coudes en arrière, et tortillant un peu des hanches? mettez mignardement tous les doigts unis sur la bouche. Ah! *God-dam!* elle vous sangle un soufflet de crocheteur. Preuve qu'elle entend. Les Anglais, à la vérité, ajoutent par-ci, par-là, quelques autres mots en conversant; mais il est bien aisé de voir que *God-dam* est le fond de la langue; et si Monseigneur n'a pas d'autre motif de me laisser en Espagne...

LE COMTE, à part.

Il veut venir à Londres; elle n'a pas parlé.

FIGARO, à part.

Il croit que je ne sais rien; travaillons-le un peu dans son genre.

LE COMTE.
Quel motif avait la Comtesse pour me jouer un pareil tour?
FIGARO.
Ma foi, Monseigneur, vous le savez mieux que moi.
LE COMTE.
Je la préviens sur tout, et la comble de présents.
FIGARO.
Vous lui donnez, mais vous êtes infidèle. Sait-on gré du superflu, à qui nous prive du nécessaire?
LE COMTE.
... Autrefois tu me disais tout.
FIGARO.
Et maintenant je ne vous cache rien.
LE COMTE.
Combien la Comtesse t'a-t-elle donné pour cette belle association?
FIGARO.
Combien me donnâtes-vous, pour la tirer des mains du Docteur? Tenez, Monseigneur, n'humilions pas l'homme qui nous sert bien, crainte d'en faire un mauvais valet.
LE COMTE.
Pourquoi faut-il qu'il y ait toujours du louche en ce que tu fais?
FIGARO.
C'est qu'on en voit partout quand on cherche des torts.
LE COMTE.
Une réputation détestable!
FIGARO.
Et si je vaux mieux qu'elle? Y a-t-il beaucoup de Seigneurs qui puissent en dire autant?
LE COMTE.
Cent fois je t'ai vu marcher à la fortune, et jamais aller droit.
FIGARO.
Comment voulez-vous? La foule est là: chacun veut courir; on se presse, on pousse, on coudoie, on renverse, arrive qui peut; le reste est écrasé. Aussi c'est fait; pour moi, j'y renonce.
LE COMTE.
A la fortune? (A part.) Voici du neuf.
FIGARO, à part.
A mon tour maintenant. (Haut.) Votre Excellence m'a gratifié de la conciergerie du château; c'est un fort joli sort: à la vérité je ne serai pas le courrier étrenné des nouvelles intéressantes; mais, en revanche, heureux avec ma femme au fond de l'Andalousie...

LE COMTE.
Qui t'empêcherait de l'emmener à Londres?
FIGARO.
Il faudrait la quitter si souvent, que j'aurais bientôt du mariage par-dessus la tête.
LE COMTE.
Avec du caractère et de l'esprit, tu pourrais un jour t'avancer dans les bureaux.
FIGARO.
De l'esprit pour s'avancer? Monseigneur se rit du mien. Médiocre et rampant, et l'on arrive à tout.
LE COMTE.
... Il ne faudrait qu'étudier un peu sous moi la politique.
FIGARO.
Je la sais.
LE COMTE.
Comme l'anglais, le fond de la langue!
FIGARO.
Oui, s'il y avait ici de quoi se vanter. Mais, feindre d'ignorer ce qu'on sait, de savoir tout ce qu'on ignore; d'entendre ce qu'on ne comprend pas, de ne point ouïr ce qu'on entend; surtout de pouvoir au-delà de ses forces; avoir souvent pour grand secret, de cacher qu'il n'y en a point; s'enfermer pour tailler des plumes, et paraître profond, quand on n'est, comme on dit, que vide et creux; jouer bien ou mal un personnage; répandre des espions et pensionner des traîtres; amollir des cachets, intercepter des lettres, et tâcher d'ennoblir la pauvreté des moyens par l'importance des objets : voilà toute la Politique, ou je meure!
LE COMTE.
Eh! c'est l'intrigue que tu définis!
FIGARO.
La politique, l'intrigue, volontiers; mais, comme je les crois un peu germaines, en fasse qui voudra! *J'aime mieux ma mie au gué*, comme dit la chanson du bon Roi.
LE COMTE, à part.
Il veut rester. J'entends... Suzanne m'a trahi.
FIGARO, à part.
Je l'enfile et le paye en sa monnaie.
LE COMTE.
Ainsi tu espères gagner ton procès contre Marceline?

FIGARO.
Me feriez-vous un crime de refuser une vieille fille, quand votre Excellence se permet de nous souffler toutes les jeunes?

LE COMTE, raillant.
Au tribunal, le Magistrat s'oublie, et ne voit plus que l'ordonnance.

FIGARO.
Indulgente aux grands, dure aux petits...

LE COMTE.
Crois-tu donc que je plaisante?

FIGARO.
Eh! qui le sait, Monseigneur? *Tempo e galant' uomo,* dit l'Italien; il dit toujours la vérité : c'est lui qui m'apprendra qui me veut du mal ou du bien.

LE COMTE, à part.
Je vois qu'on lui a tout dit; il épousera la duègne.

FIGARO, à part.
Il a joué au fin avec moi; qu'a-t-il appris?

SCÈNE VI.

LE COMTE, UN LAQUAIS, FIGARO.

LE LAQUAIS, annonçant.
Dom Gusman Brid'oison.

LE COMTE.
Brid'oison?

FIGARO.
Eh! sans doute. C'est le juge ordinaire; le Lieutenant du Siége; votre Prud'homme.

LE COMTE.
Qu'il attende. (Le laquais sort.)

SCÈNE VII.

LE COMTE, FIGARO.

FIGARO reste un moment à regarder le Comte qui rêve.
... Est-ce là ce que Monseigneur voulait?

LE COMTE, revenant à lui.
Moi?... je disais d'arranger ce salon pour l'audience publique.

ACTE III, SCÈNE VII. 469

Mais aussi point de mariage... (ACTE III, SCÈNE IX.)

FIGARO.

Hé, qu'est-ce qu'il manque? le grand fauteuil pour vous, de bonnes chaises aux Prud'hommes, le tabouret du Greffier, deux banquettes aux Avocats, le plancher pour le beau monde, et la canaille derrière. Je vais renvoyer les frotteurs. (Il sort.)

SCÈNE VIII.

LE COMTE, seul.

Le maraud m'embarrassait! En disputant, il prend son avantage, il vous serre, vous enveloppe... Ah! friponne et fripon! vous vous entendez pour me jouer? Soyez amis, soyez amants, soyez ce qu'il vous plaira, j'y consens; mais, parbleu, pour époux...

SCÈNE IX.

SUZANNE, LE COMTE.

SUZANNE, essoufflée.

Monseigneur... pardon, Monseigneur.

LE COMTE, avec humeur.

Qu'est-ce qu'il y a, mademoiselle?

SUZANNE.

Vous êtes en colère!

LE COMTE.

Vous voulez quelque chose apparemment?

SUZANNE, timidement.

C'est que ma maîtresse a ses vapeurs. J'accourais vous prier de nous prêter votre flacon d'éther. Je l'aurais rapporté dans l'instant.

LE COMTE le lui donne.

Non, non, gardez-le pour vous-même. Il ne tardera pas à vous être utile.

SUZANNE.

Est-ce que les femmes de mon état ont des vapeurs, donc? C'est un mal de condition, qu'on ne prend que dans les boudoirs.

LE COMTE.

Une fiancée bien éprise, et qui perd son futur...

SUZANNE.

En payant Marceline avec la dot que vous m'avez promise...

LE COMTE.

Que je vous ai promise, moi?

SUZANNE, baissant les yeux.

Monseigneur, j'avais cru l'entendre.

LE COMTE.
Oui, si vous consentiez à m'entendre vous-même.

SUZANNE, les yeux baissés.
Et n'est-ce pas mon devoir d'écouter son Excellence?

LE COMTE.
Pourquoi donc, cruelle fille, ne me l'avoir pas dit plus **tôt?**

SUZANNE.
Est-il jamais trop tard pour dire la vérité?

LE COMTE.
Tu te rendrais sur la brune au jardin?

SUZANNE.
Est-ce que je ne m'y promène pas tous les soirs?

LE COMTE.
Tu m'as traité ce matin si durement!

SUZANNE.
Ce matin? — Et le Page derrière le fauteuil?

LE COMTE.
Elle a raison, je l'oubliais. Mais pourquoi ce refus obstiné, **quand** Bazile, de ma part...?

SUZANNE.
Quelle nécessité qu'un Bazile...?

LE COMTE.
Elle a toujours raison. Cependant il y a un certain **Figaro à qui** je crains bien que vous n'ayez tout dit!

SUZANNE.
Dame! oui, je lui dis tout-hors ce qu'il faut lui taire.

LE COMTE, en riant.
Ah charmante! Et tu me le promets? Si tu manquais à **ta parole,** entendons-nous, mon cœur : point de rendez-vous, point **de dot,** point de mariage.

SUZANNE, faisant la révérence.
Mais aussi point de mariage, point de droit du Seigneur, **Mon-**seigneur.

LE COMTE.
Où prend-elle ce qu'elle dit? D'honneur j'en raffolerai! **Mais ta** maîtresse attend le flacon...

SUZANNE, riant et rendant le flacon.
Aurais-je pu vous parler sans un prétexte?

LE COMTE veut l'embrasser.
Délicieuse créature!

SUZANNE s'échappe.
Voilà du monde.

LE COMTE, à part.

Elle est à moi. (Il s'enfuit.)

SUZANNE.

Allons vite rendre compte à Madame.

SCÈNE X.

SUZANNE, FIGARO.

FIGARO.

Suzanne, Suzanne! où cours-tu donc si vite en quittant Monseigneur?

SUZANNE.

Plaide à présent, si tu le veux; tu viens de gagner ton procès. (Elle s'enfuit.)

FIGARO la suit.

Ah! mais, dis donc...

SCÈNE XI.

LE COMTE rentre seul.

Tu viens de gagner ton procès! — Je donnais là dans un bon piége! O mes chers insolents! je vous punirai de façon... Un bon arrêt, bien juste... Mais s'il allait payer la duègne...! Avec quoi...? S'il payait... Eeeeh! n'ai-je pas le fier Antonio, dont le noble orgueil dédaigne, en Figaro, un inconnu pour sa nièce? En caressant cette manie... Pourquoi non? Dans le vaste champ de l'intrigue il faut savoir tout cultiver, jusqu'à la vanité d'un sot. (Il appelle.) Anto... (Il voit entrer Marceline, etc. Il sort.)

SCÈNE XII.

BARTHOLO, MARCELINE, BRID'OISON.

MARCELINE, à Brid'oison.

Monsieur, écoutez mon affaire.

BRID'OISON, en robe, et bégayant un peu.

Eh bien! pa-arlons-en verbalement.

BARTHOLO.

C'est une promesse de mariage.

MARCELINE.
Accompagnée d'un prêt d'argent.
BRID'OISON.
J'en-entends, *et cætera*, le reste.
MARCELINE.
Non, monsieur, point d'*et cætera*.
BRID'OISON.
J'en-entends : vous avez la somme?
MARCELINE.
Non, monsieur : c'est moi qui l'ai prêtée.
BRID'OISON.
J'en-entends bien : vou-ous redemandez l'argent?
MARCELINE.
Non, monsieur; je demande qu'il m'épouse.
BRID'OISON.
Eh mais! j'en-entends fort bien; et lui, veu-eut-il vous épouser?
MARCELINE.
Non, monsieur : voilà tout le procès.
BRID'OISON.
Croyez-vous que je ne l'en-entende pas, le procès?
MARCELINE.
Non, monsieur. (A Bartholo.) Où sommes-nous? (A Brid'oison.) Quoi! c'est vous qui nous jugerez?
BRID'OISON.
Est-ce que j'ai a-acheté ma charge pour autre chose?
MARCELINE, en soupirant.
C'est un grand abus que de les vendre!
BRID'OISON.
Oui : l'on-on ferait mieux de nous les donner pour rien. Contre qui plai-aidez-vous?

SCÈNE XIII.

BARTHOLO, MARCELINE, BRID'OISON;
FIGARO rentre en se frottant les mains.

MARCELINE, montrant Figaro.
Monsieur, contre ce malhonnête homme.
FIGARO, très-gaiement, à Marceline.
Je vous gêne peut-être. — Monseigneur revient dans l'instant, monsieur le Conseiller.

BRID'OISON.
J'ai vu ce ga-arçon-là quelque part.
FIGARO.
Chez madame votre femme, à Séville, pour la servir, monsieur le Conseiller.
BRID'OISON.
Dan-ans quel temps?
FIGARO.
Un peu moins d'un an avant la naissance de monsieur votre fils le cadet, qui est un bien joli enfant, je m'en vante.
BRID'OISON.
Oui, c'est le plus jo-oli de tous. On dit que tu-u fais ici des tiennes?
FIGARO.
Monsieur est bien bon. Ce n'est là qu'une misère.
BRID'OISON.
Une promesse de mariage! A-ah! le pauvre benêt!
FIGARO.
Monsieur...
BRID'OISON.
A-t-il vu mon-on Secrétaire, ce bon garçon?
FIGARO.
N'est-ce pas Double-main, le Greffier?
BRID'OISON.
Oui, c'è-est qu'il mange à deux râteliers.
FIGARO.
Manger! je suis garant qu'il dévore. Oh! que oui! je l'ai vu pour l'extrait et pour le supplément d'extrait; comme cela se pratique, au reste.
BRID'OISON.
On-on doit remplir les formes.
FIGARO.
Assurément, monsieur : si le fond des procès appartient aux Plaideurs, on sait bien que la forme est le patrimoine des Tribunaux.
BRID'OISON.
Ce garçon-là n'è-est pas si niais que je l'avais cru d'abord. Hé bien! l'ami, puisque tu en sais tant, nou-ous aurons soin de ton affaire.
FIGARO.
Monsieur, je m'en rapporte à votre équité, quoique vous soyez de notre Justice.

BRID'OISON.
Hein?... Oui, je suis de la-a Justice. Mais si tu dois, et que tu-u ne payes pas?...
FIGARO.
Alors monsieur voit bien que c'est comme si je ne devais pas.
BRID'OISON.
San-ans doute. — Hé! mais qu'est-ce donc qu'il dit?

SCÈNE XIV.

BARTHOLO, MARCELINE,
LE COMTE, BRID'OISON, FIGARO, UN HUISSIER.

L'HUISSIER, précédant le Comte, crie :
Monseigneur, messieurs.
LE COMTE.
En robe, ici, Seigneur Brid'oison! ce n'est qu'une affaire domestique. L'habit de ville était trop bon.
BRID'OISON.
C'è-est vous qui l'êtes, monsieur le Comte. Mais je ne vais jamais san-ans elle, parce que la forme, voyez-vous, la forme! Tel rit d'un juge en habit court, qui-i tremble au seul aspect d'un Procureur en robe. La forme, la-a forme!
LE COMTE, à l'Huissier.
Faites entrer l'audience.
L'HUISSIER va ouvrir en glapissant.
L'audience.

SCÈNE XV.

LES ACTEURS PRÉCÉDENTS, ANTONIO, LES VALETS DU CHATEAU, LES PAYSANS ET PAYSANNES en habits de fête; LE COMTE s'assied sur le grand fauteuil; BRID'OISON sur une chaise à côté; LE GREFFIER sur le tabouret derrière sa table; LES JUGES, LES AVOCATS, sur les banquettes; MARCELINE, à côté de BARTHOLO; FIGARO, sur l'autre banquette; LES PAYSANS ET VALETS debout derrière.

BRID'OISON, à Double-main.
Double-main, a-appelez les causes.
DOUBLE-MAIN lit un papier.
« Noble, très-noble, infiniment noble, *Don Pedro George*,

Hidalgo, Baron de Los altos, y montes fieros, y otros montes : contre *Alonzo Calderon,* jeune Auteur dramatique. » Il est question d'une comédie mort-née, que chacun désavoue, et rejette sur l'autre.

LE COMTE.

Ils ont raison tous deux. Hors de Cour. S'ils font ensemble un autre ouvrage, pour qu'il marque un peu dans le grand monde, ordonné que le noble y mettra son nom, le poëte son talent.

DOUBLE-MAIN lit un autre papier.

« *André Pétrutchio,* laboureur, contre le Receveur de la Province. » Il s'agit d'un forcement arbitraire.

LE COMTE.

L'affaire n'est pas de mon ressort. Je servirai mieux mes vassaux en les protégeant près du Roi. Passez.

DOUBLE-MAIN en prend un troisième. Bartholo et Figaro se lèvent.

« *Barbe, Agar, Raab, Magdelaine, Nicole, Marceline de Verte-Allure,* fille majeure (Marceline se lève et salue), contre *Figaro...* nom de baptême en blanc.

FIGARO.

Anonyme.

BRID'OISON.

A-anonyme! Què-el patron est-ce là?

FIGARO.

C'est le mien.

DOUBLE-MAIN écrit.

Contre anonyme *Figaro.* Qualités?

FIGARO.

Gentilhomme.

LE COMTE.

Vous êtes gentilhomme? (Le Greffier écrit.)

FIGARO.

Si le ciel l'eût voulu, je serais fils d'un Prince.

LE COMTE, au Greffier.

Allez.

L'HUISSIER, glapissant.

Silence, messieurs.

DOUBLE-MAIN lit.

..... Pour cause d'opposition faite au mariage dudit *Figaro,* par ladite *de Verte-Allure.* Le Docteur *Bartholo* plaidant pour la demanderesse, et ledit *Figaro* pour lui-même; si la Cour le permet, contre le vœu de l'usage, et la jurisprudence du Siége. »

FIGARO.

L'usage, maître Double-main, est souvent un abus. Le Client un

Avancez, docteur. (ACTE III, SCÈNE XV.)

peu instruit sait toujours mieux sa cause, que certains Avocats qui, suant à froid, criant à tue-tête et connaissant tout, hors le fait, s'embarrassent aussi peu de ruiner le plaideur, que d'ennuyer l'auditoire et d'endormir Messieurs : plus boursouflés après, que s'ils eussent composé l'*Oratio pro Murena*. Moi, je dirai le fait en peu de mots.

Messieurs...

DOUBLE-MAIN.

En voilà beaucoup d'inutiles, car vous n'êtes pas demandeur, et n'avez que la défense. Avancez, Docteur, et lisez la promesse.

FIGARO.

Oui, promesse!

BARTHOLO, mettant ses lunettes.

Elle est précise.

BRID'OISON.

I-il faut la voir.

DOUBLE-MAIN.

Silence donc, messieurs!

L'HUISSIER, glapissant.

Silence!

BARTHOLO lit.

« *Je soussigné reconnais avoir reçu de Damoiselle, etc...* Marceline *de Verte-Allure, dans le château d'Aguas-Frescas, la somme de deux mille piastres fortes cordonnées ; laquelle somme je lui rendrai à sa réquisition, dans ce château, et je l'épouserai par forme de reconnaissance, etc.* » Signé : *Figaro,* tout court. Mes conclusions sont au payement du billet et à l'exécution de la promesse, avec dépens. (Il plaide.) Messieurs... jamais cause plus intéressante ne fut soumise au jugement de la Cour ; et, depuis Alexandre le Grand, qui promit mariage à la belle Thalestris...

LE COMTE, interrompant.

Avant d'aller plus loin, Avocat, convient-on de la validité du titre?

BRID'OISON, à Figaro.

Qu'oppo... qu'oppo-osez-vous à cette lecture?

FIGARO.

Qu'il y a, Messieurs, malice, erreur ou distraction dans la manière dont on a lu la pièce : car il n'est pas dit dans l'écrit : *laquelle somme je lui rendrai,* ET *je l'épouserai* ; mais, *laquelle somme je lui rendrai,* OU *je l'épouserai ;* ce qui est bien différent.

LE COMTE.

Y a-t-il ET, dans l'acte ; ou bien OU ?

BARTHOLO.

Il y a Et.

FIGARO.

Il y a OU.

BRID'OISON.

Dou-ouble-main, lisez vous-même.

DOUBLE-MAIN, prenant le papier.

Et c'est le plus sûr ; car souvent les Parties déguisent en lisant. (Il lit.) E.e.e. *Damoiselle* e.e.e. *de Verte-Allure* e.e.e. Ha! *laquelle somme je lui rendrai à sa réquisition dans ce château...* ET... OU... ET... OU... Le mot est si mal écrit... il y a un pâté.

BRID'OISON.

Un pâ-âté? je sais ce que c'est!

BARTHOLO, plaidant.

Je soutiens, moi, que c'est la conjonction copulative ET qui lie les membres corrélatifs de la phrase : Je payerai la demoiselle, ET je l'épouserai.

FIGARO, plaidant.

Je soutiens, moi, que c'est la conjonction alternative OU qui sépare lesdits membres : Je payerai la donzelle, OU je l'épouserai. A pédant, pédant et demi. Qu'il s'avise de parler latin, j'y suis grec; je l'extermine.

LE COMTE.

Comment juger pareille question?

BARTHOLO.

Pour la trancher, Messieurs, et ne plus chicaner sur un mot, nous passons qu'il y ait OU.

FIGARO.

J'en demande acte.

BARTHOLO.

Et nous y adhérons. Un si mauvais refuge ne sauvera pas le coupable. Examinons le titre en ce sens. (Il lit.) *Laquelle somme je lui rendrai dans ce château* où *je l'épouserai.* C'est ainsi qu'on dirait, Messieurs : *Vous vous ferez saigner dans ce lit* où *vous resterez chaudement,* c'est dans lequel. *Il prendra deux gros de rhubarbe* où *vous mêlerez un peu de tamarin :* dans lesquels on mêlera. Ainsi *château* où *je l'épouserai,* Messieurs, c'est *château dans lequel...*

FIGARO.

Point du tout; la phrase est dans le sens de celle-ci : ou *la maladie vous tuera,* ou *ce sera le Médecin;* ou bien *le Médecin;* c'est incontestable. Autre exemple : ou *vous n'écrirez rien qui plaise,* ou *les sots vous dénigreront;* ou bien les *sots;* le sens est clair; car, audit cas, *sots ou méchants,* sont le substantif qui gouverne. Maître Bartholo croit-il donc que j'aie oublié ma syntaxe? Ainsi, je la payerai dans ce château, *virgule, ou* je l'épouserai...

BARTHOLO, vite.

Sans virgule.

FIGARO, vite.

Elle y est. C'est, *virgule,* Messieurs, ou bien je l'épouserai.

BARTHOLO, regardant le papier, vite.

Sans virgule, Messieurs.

FIGARO, vite.

Elle y était, Messieurs. D'ailleurs, l'homme qui épouse est-il tenu de rembourser?

BARTHOLO, vite.

Oui : nous nous marions séparés de biens.

FIGARO, vite.

Et nous de corps, dès que mariage n'est pas quittance. (Les Juges se lèvent et opinent tout bas.)

BARTHOLO.

Plaisant acquittement!

DOUBLE-MAIN.

Silence! messieurs.

L'HUISSIER, glapissant.

Silence!

BARTHOLO.

Un pareil fripon appelle cela payer ses dettes!

FIGARO.

Est-ce votre cause, Avocat, que vous plaidez?

BARTHOLO.

Je défends cette Demoiselle.

FIGARO.

Continuez à déraisonner; mais cessez d'injurier. Lorsque, craignant l'emportement des Plaideurs, les Tribunaux ont toléré qu'on appelât des tiers, ils n'ont pas entendu que ces défenseurs modérés deviendraient impunément des insolents privilégiés. C'est dégrader le plus noble institut. (Les Juges continuent d'opiner bas.)

ANTONIO, à Marceline, montrant les Juges.

Qu'ont-ils tant à balbucifier?

MARCELINE.

On a corrompu le grand Juge; il corrompt l'autre, et je perds mon procès.

BARTHOLO, bas, d'un ton sombre.

J'en ai peur.

FIGARO, gaiement.

Courage, Marceline!

DOUBLE-MAIN se lève; à Marceline.

Ah! c'est trop fort! je vous dénonce; et, pour l'honneur du Tribunal, je demande qu'avant faire droit sur l'autre affaire, il soit prononcé sur celle-ci.

LE COMTE s'assied.

Non, Greffier, je ne prononcerai point sur mon injure personnelle: un Juge Espagnol n'aura point à rougir d'un excès digne au plus des tribunaux asiatiques; c'est assez des autres abus. J'en vais corriger un second en vous motivant mon arrêt: tout Juge qui s'y refuse est un grand ennemi des lois. Que peut requérir la demanderesse? mariage à défaut de payement; les deux ensemble impliqueraient.

DOUBLE-MAIN.

Silence, messieurs!

L'HUISSIER, glapissant.

Silence!

LE COMTE.

Que nous répond le défendeur? qu'il veut garder sa personne; à lui permis.

FIGARO, avec joie.

J'ai gagné!

LE COMTE.

Mais comme le texte dit : *laquelle somme je payerai à la première réquisition, ou bien j'épouserai, etc.;* la Cour condamne le défendeur à payer deux mille piastres fortes à la demanderesse, ou bien à l'épouser dans le jour. (Il se lève.)

FIGARO, stupéfait.

J'ai perdu.

ANTONIO, avec joie.

Superbe arrêt!

FIGARO.

En quoi superbe?

ANTONIO.

En ce que tu n'es plus mon neveu. Grand merci, Monseigneur.

L'HUISSIER, glapissant.

Passez, messieurs. (Le peuple sort.)

ANTONIO.

Je m'en vas tout conter à ma nièce. (Il sort.)

SCÈNE XVI.

LE COMTE, allant de côté et d'autre; MARCELINE, BARTHOLO, FIGARO, BRID'OISON.

MARCELINE s'assied.

Ah! je respire!

FIGARO.

Et moi, j'étouffe.

LE COMTE, à part.

Au moins je suis vengé, cela soulage.

FIGARO, à part.

Et ce Bazile qui devait s'opposer au mariage de Marceline;

voyez comme il revient! — (Au Comte qui sort.) Monseigneur, vous nous quittez?
LE COMTE.
Tout est jugé.
FIGARO, à Brid'oison.
C'est ce gros enflé de Conseiller...
BRID'OISON.
Moi, gro-os enflé!
FIGARO.
Sans doute. Et je ne l'épouserai pas : je suis Gentilhomme une fois. (Le Comte s'arrête.)
BARTHOLO.
Vous l'épouserez.
FIGARO.
Sans l'aveu de mes nobles parents?
BARTHOLO.
Nommez-les, montrez-les.
FIGARO.
Qu'on me donne un peu de temps : je suis bien près de les revoir; il y a quinze ans que je les cherche.
BARTHOLO.
Le fat! c'est quelque enfant trouvé!
FIGARO.
Enfant perdu, Docteur, ou plutôt enfant volé.
LE COMTE revient.
Volé, perdu, la preuve? Il crierait qu'on lui fait injure!
FIGARO.
Monseigneur, quand les langes à dentelles, tapis brodés et joyaux d'or trouvés sur moi par les brigands n'indiqueraient pas ma haute naissance, la précaution qu'on avait prise de me faire des marques distinctives témoignerait assez combien j'étais un fils précieux ; et cet hiéroglyphe à mon bras... (Il veut se dépouiller le bras droit.)
MARCELINE, se levant vivement.
Une spatule à ton bras droit?
FIGARO.
D'où savez-vous que je dois l'avoir?
MARCELINE.
Dieux! c'est lui!
FIGARO.
Oui, c'est moi.
BARTHOLO, à Marceline.
Et qui? lui?

MARCELINE, vivement.

C'est Emmanuel !

BARTHOLO, à Figaro.

Tu fus enlevé par des Bohémiens?

FIGARO, exalté.

Tout près d'un château. Bon Docteur, si vous me rendez à ma noble famille, mettez un prix à ce service ; des monceaux d'or n'arrêteront pas mes illustres parents.

BARTHOLO, montrant Marceline.

Voilà ta mère.

FIGARO.

... Nourrice?

BARTHOLO.

Ta propre mère.

LE COMTE.

Sa mère !

FIGARO.

Expliquez-vous.

MARCELINE, montrant Bartholo.

Voilà ton père.

FIGARO, désolé.

O o oh ! aïe de moi !

MARCELINE.

Est-ce que la nature ne te l'a pas dit mille fois?

FIGARO.

Jamais.

LE COMTE, à part.

Sa mère !

BRID'OISON.

C'est clair, i-il ne l'épousera pas.

☞ BARTHOLO.

Ni moi non plus.

MARCELINE.

Ni vous ! Et votre fils? Vous m'aviez juré...

BARTHOLO.

J'étais fou. Si pareils souvenirs engageaient, on serait tenu d'épouser tout le monde.

BRID'OISON.

E-et si l'on y regardait de si près, per-ersonne n'épouserait personne.

☞ Ce qui suit, enfermé entre ces deux index, a été retranché par les Comédiens Français aux représentations de Paris. (Note de Beaumarchais.)

BARTHOLO.
Des fautes si connues! une jeunesse déplorable!

MARCELINE, s'échauffant par degrés.
Oui, déplorable, et plus qu'on ne croit! je n'entends pas nier mes fautes, ce jour les a trop bien prouvées! mais qu'il est dur de les expier après trente ans d'une vie modeste! J'étais née, moi, pour être sage, et je la suis devenue sitôt qu'on m'a permis d'user de ma raison. Mais dans l'âge des illusions, de l'inexpérience et des besoins, où les séducteurs nous assiégent pendant que la misère nous poignarde, que peut opposer une enfant à tant d'ennemis rassemblés? Tel nous juge ici sévèrement, qui, peut-être, en sa vie a perdu dix infortunées!

FIGARO.
Les plus coupables sont les moins généreux; c'est la règle.

MARCELINE, vivement.
Hommes plus qu'ingrats, qui flétrissez par le mépris les jouets de vos passions, vos victimes! c'est vous qu'il faut punir des erreurs de notre jeunesse; vous et vos magistrats, si vains du droit de nous juger, et qui nous laissent enlever, par leur coupable négligence, tout honnête moyen de subsister. Est-il un seul état pour les malheureuses filles? Elles avaient un droit naturel à toute la parure des femmes : on y laisse former mille ouvriers de l'autre sexe.

FIGARO, en colère.
Ils font broder jusqu'aux soldats!

MARCELINE, exaltée.
Dans les rangs même plus élevés, les femmes n'obtiennent de vous qu'une considération dérisoire; leurrées de respects apparents, dans une servitude réelle; traitées en mineures pour nos biens, punies en majeures pour nos fautes! Ah! sous tous les aspects, votre conduite avec nous fait horreur, ou pitié!

FIGARO.
Elle a raison!

LE COMTE, à part.
Que trop raison!

BRID'OISON.
Elle a, mon-on Dieu, raison.

MARCELINE.
Mais que nous font, mon fils, les refus d'un homme injuste? Ne regarde pas d'où tu viens, vois où tu vas; cela seul importe à chacun. Dans quelques mois ta fiancée ne dépendra plus que d'elle-même; elle t'acceptera, j'en réponds. Vis entre une épouse, une mère tendre qui te chériront à qui mieux mieux. Sois indulgent

ACTE III, SCÈNE XVI. 185

... Et vous, ma mère, embrassez-moi. (ACTE III, SCÈNE XVI.)

pour elles, heureux pour toi, mon fils; gai, libre et bon pour tout le monde; il ne manquera rien à ta mère.

FIGARO.

Tu parles d'or, maman, et je me tiens à ton avis. Qu'on est sot, en effet! Il y a des mille mille ans que le monde roule, et, dans cet océan de durée où j'ai par hasard attrapé quelques chétifs trente ans qui ne reviendront plus, j'irais me tourmenter pour savoir à qui je les dois! Tant pis pour qui s'en inquiète. Passer ainsi la vie

24

à chamailler, c'est peser sur le collier sans relâche, comme les malheureux chevaux de la remonte des fleuves, qui ne reposent pas même quand ils s'arrêtent, et qui tirent toujours quoiqu'ils cessent de marcher. Nous attendrons.

LE COMTE.

Sot événement qui me dérange!

BRID'OISON, à Figaro.

Et la noblesse, et le château? Vous impo-osez à la justice!

FIGARO.

Elle allait me faire faire une belle sottise, la justice! après que j'ai manqué, pour ces maudits cent écus, d'assommer vingt fois Monsieur, qui se trouve aujourd'hui mon père! Mais, puisque le ciel a sauvé ma vertu de ces dangers, mon père, agréez mes excuses... Et vous, ma mère, embrassez-moi... le plus maternellement que vous pourrez. (Marceline lui saute au cou.)

SCÈNE XVII.

BARTHOLO, FIGARO, MARCELINE, BRID'OISON, SUZANNE, ANTONIO, LE COMTE.

SUZANNE, accourant, une bourse à la main.

Monseigneur, arrêtez! qu'on ne les marie pas : je viens payer Madame avec la dot que ma maîtresse me donne.

LE COMTE, à part.

Au diable la maîtresse! Il semble que tout conspire... (Il sort.)

SCÈNE XVIII.

BARTHOLO, ANTONIO, SUZANNE, FIGARO, MARCELINE, BRID'OISON.

ANTONIO, voyant Figaro embrasser sa mère, dit à Suzanne.

Ah oui, payer! Tiens, tiens.

SUZANNE se retourne.

J'en vois assez; sortons, mon oncle.

FIGARO, l'arrêtant.

Non, s'il vous plaît. Que vois-tu donc?

SUZANNE.

Ma bêtise et ta lâcheté.

FIGARO.

Pas plus de l'une que de l'autre.

SUZANNE, en colère.

Et que tu l'épouses à gré, puisque tu la caresses.

FIGARO, gaîment.

Je la caresse, mais je ne l'épouse pas. (Suzanne veut sortir, Figaro la retient.)

SUZANNE lui donne un soufflet.

Vous êtes bien insolent d'oser me retenir!

FIGARO, à la compagnie.

C'est-il ça de l'amour? Avant de nous quitter, je t'en supplie, envisage bien cette chère femme-là.

SUZANNE.

Je la regarde.

FIGARO.

Et tu la trouves?...

SUZANNE.

Affreuse.

FIGARO.

Et vive la jalousie! elle ne vous marchande pas.

MARCELINE, les bras ouverts.

Embrasse ta mère, ma jolie Suzanette. Le méchant qui te tourmente est mon fils.

SUZANNE court à elle.

Vous, sa mère? (Elles restent dans les bras l'une de l'autre.)

ANTONIO.

C'est donc de tout à l'heure?

FIGARO.

... Que je le sais.

MARCELINE, exaltée.

Non, mon cœur entraîné vers lui ne se trompait que de motif : c'était le sang qui me parlait.

FIGARO.

Et moi le bon sens, ma mère, qui me servait d'instinct quand je vous refusais; car j'étais loin de vous haïr; témoin l'argent...

MARCELINE lui remet un papier.

Il est à toi : reprends ton billet, c'est ta dot.

SUZANNE lui jette la bourse.

Prends encore celle-ci.

FIGARO.

Grand merci!

MARCELINE, exaltée.

Fille assez malheureuse, j'allais devenir la plus misérable des femmes, et je suis la plus fortunée des mères! Embrassez-moi, mes deux enfants; j'unis en vous toutes mes tendresses. Heureuse autant que je puis l'être, ah! mes enfants, combien je vais aimer!

FIGARO, attendri, avec vivacité.

Arrête donc, chère mère! arrête donc! voudrais-tu voir se fondre en eau mes yeux noyés des premières larmes que je connaisse? Elles sont de joie, au moins! Mais quelle stupidité! j'ai manqué d'en être honteux : je les sentais couler entre mes doigts : regarde, (Il montre ses doigts écartés.) et je les retenais bêtement! Va te promener, la honte! je veux rire et pleurer en même temps. On ne sent pas deux fois ce que j'éprouve. (Il embrasse sa mère d'un côté, Suzanne de l'autre.)

MARCELINE*.

O mon ami!

SUZANNE.

Mon cher ami!

BRID'OISON, s'essuyant les yeux d'un mouchoir.

Eh bien! moi, je suis donc bê-ête aussi!

FIGARO, exalté.

Chagrin, c'est maintenant que je puis te défier : atteins-moi, si tu l'oses, entre ces deux femmes chéries!

ANTONIO, à Figaro.

Pas tant de cajoleries, s'il vous plaît. En fait de mariage dans les familles, celui des parents va devant, savez. Les vôtres se baillent-ils la main?

BARTHOLO.

Ma main! puisse-t-elle se dessécher et tomber, si jamais je la donne à la mère d'un tel drôle!

ANTONIO, à Bartholo.

Vous n'êtes donc qu'un père marâtre? (A Figaro.) En ce cas, not' galant, plus de parole.

SUZANNE.

Ah, mon oncle!...

ANTONIO.

Irai-je donner l'enfant de not' sœur à sti qui n'est l'enfant de personne?

---

* Bartholo, Antonio, Suzanne, Figaro, Marceline, Brid'oison.

BRID'OISON.

Est-ce que cela-a se peut, imbécile? On-on est toujours l'enfant de quelqu'un.

ANTONIO.

Tarare!... il ne l'aura jamais. (Il sort.)

SCÈNE XIX.

BARTHOLO, SUZANNE, FIGARO, MARCELINE, BRID'OISON.

BARTHOLO, à Figaro.

Et cherche à présent qui t'adopte. (Il veut sortir.)

MARCELINE, courant prendre Bartholo à bras-le-corps, le ramène.

Arrêtez, Docteur, ne sortez pas.

FIGARO, à part.

Non, tous les sots d'Andalousie sont, je crois, déchaînés contre mon pauvre mariage!

SUZANNE, à Bartholo*.

Bon petit Papa, c'est votre fils.

MARCELINE, à Bartholo.

De l'esprit, des talents, de la figure.

FIGARO, à Bartholo.

Et qui ne vous a pas coûté une obole.

BARTHOLO.

Et les cent écus qu'il m'a pris?

MARCELINE, le caressant.

Nous aurons tant de soin de vous, Papa!

SUZANNE, le caressant.

Nous vous aimerons tant, petit Papa!

BARTHOLO, attendri.

Papa! bon Papa! petit Papa! voilà que je suis plus bête encore que Monsieur, moi. (Montrant Brid'oison.) Je me laisse aller comme un enfant. (Marceline et Suzanne l'embrassent.) Oh! non, je n'ai pas dit oui. (Il se retourne.) Qu'est donc devenu Monseigneur?

* Suzanne, Bartholo, Marceline, Figaro, Brid'oison.

FIGARO.

Courons le joindre; arrachons-lui son dernier mot. S'il machinait quelque autre intrigue, il faudrait tout recommencer.

TOUS ENSEMBLE.

Courons, courons. (Ils entraînent Bartholo dehors.)

SCÈNE XX.

BRID'OISON, seul.

Plus bê-ête encore que Monsieur! On peut se dire à soi-même ces-es sortes de choses-là, mais... I-ils ne sont pas polis du tout dan-ans cet endroit-ci. (Il sort.)

FIN DU TROISIÈME ACTE.

ACTE IV.

Le Théâtre représente une galerie ornée de candélabres, de lustres allumés, de fleurs, de guirlandes, en un mot, préparée pour donner une fête. Sur le devant, à droite, est une table avec une écritoire ; un fauteuil derrière.

SCÈNE PREMIÈRE.

FIGARO, SUZANNE.

FIGARO, la tenant à bras-le-corps.

Hé bien ! amour, es-tu contente ? Elle a converti son Docteur, cette fine langue dorée de ma mère ! Malgré sa répugnance il l'épouse, et ton bourru d'oncle est bridé ; il n'y a que Monseigneur qui rage, car enfin notre hymen va devenir le prix du leur. Ris donc un peu de ce bon résultat.

SUZANNE.

As-tu rien vu de plus étrange ?

FIGARO.

Ou plutôt d'aussi gai. Nous ne voulions qu'une dot arrachée à l'Excellence ; en voilà deux dans nos mains, qui ne sortent pas des siennes. Une rivale acharnée te poursuivait ; j'étais tourmenté par une furie ; tout cela s'est changé, pour nous, dans *la plus bonne* des mères. Hier j'étais comme seul au monde, et voilà que j'ai tous mes parents; pas si magnifiques, il est vrai, que je me les étais galonnés, mais assez bien pour nous, qui n'avons pas la vanité des riches.

SUZANNE.

Aucune des choses que tu avais disposées, que nous attendions, mon ami, n'est pourtant arrivée!

FIGARO.

Le hasard a mieux fait que nous tous, ma petite. Ainsi va le monde : on travaille, on projette, on arrange d'un côté; la fortune accomplit de l'autre : et, depuis l'affamé conquérant qui voudrait avaler la Terre, jusqu'au paisible aveugle qui se laisse mener par son chien, tous sont le jouet de ses caprices; encore l'aveugle du chien est-il souvent mieux conduit, moins trompé dans ses vues, que l'autre aveugle avec son entourage. — Pour cet aimable aveugle qu'on nomme Amour... (Il la reprend tendrement à bras-le-corps.)

SUZANNE.

Ah! c'est le seul qui m'intéresse!

FIGARO.

Permets donc que, prenant l'emploi de la folie, je sois le bon chien qui le mène à ta jolie mignonne porte, et nous voilà logés pour la vie.

SUZANNE, riant.

L'Amour et toi?

FIGARO.

Moi et l'Amour.

SUZANNE.

Et vous ne chercherez pas d'autre gîte?

FIGARO.

Si tu m'y prends, je veux bien que mille millions de galants...

SUZANNE.

Tu vas exagérer : dis ta bonne vérité.

FIGARO.

Ma vérité la plus vraie!

SUZANNE.

Fi donc, vilain! en a-t-on plusieurs?

FIGARO.

Oh! que oui. Depuis qu'on a remarqué qu'avec le temps vieilles folies deviennent sagesse, et qu'anciens petits mensonges assez mal plantés ont produit de grosses, grosses vérités, on en a de mille espèces. Et celles qu'on sait, sans oser les divulguer; car toute vérité n'est pas bonne à dire : et celles qu'on vante, sans y

ACTE IV, SCÈNE I.

Nous vous aimerons tant, petit Papa. (ACTE III, SCÈNE XIX.)

ajouter foi; car toute vérité n'est pas bonne à croire : et les serments passionnés, les menaces des mères, les protestations des buveurs, les promesses des gens en place, le dernier mot de nos marchands; cela ne finit pas. Il n'y a que mon amour pour Suzon qui soit une vérité de bon aloi.

SUZANNE.

J'aime ta joie, parce qu'elle est folle : elle annonce que tu es heureux. Parlons du rendez-vous du Comte.

FIGARO.

Ou plutôt n'en parlons jamais : il a failli me coûter Suzanne.

SUZANNE.

Tu ne veux donc plus qu'il ait lieu?

FIGARO.

Si vous m'aimez, Suzon, votre parole d'honneur sur ce point : qu'il s'y morfonde; et c'est sa punition.

SUZANNE.

Il m'en a plus coûté de l'accorder, que je n'ai de peine à le rompre; il n'en sera plus question.

FIGARO.

Ta bonne vérité?

SUZANNE.

Je ne suis pas comme vous autres savants, moi; je n'en ai qu'une.

FIGARO.

Et tu m'aimeras un peu?

SUZANNE.

Beaucoup.

FIGARO.

Ce n'est guère.

SUZANNE.

Et comment?

FIGARO.

En fait d'amour, vois-tu, trop n'est pas même assez.

SUZANNE.

Je n'entends pas toutes ces finesses; mais je n'aimerai que mon mari.

FIGARO.

Tiens parole, et tu feras une belle exception à l'usage. (Il veut l'embrasser.)

SCÈNE II.

FIGARO, SUZANNE, LA COMTESSE.

LA COMTESSE.

Ah! j'avais raison de le dire : en quelque endroit qu'ils soient, croyez qu'ils sont ensemble. Allons donc Figaro, c'est voler l'avenir, le mariage et vous-même, que d'usurper un tête-à-tête. On vous attend, on s'impatiente.

FIGARO.

Il est vrai, Madame, je m'oublie. Je vais leur montrer mon excuse. (Il veut emmener Suzanne.)

LA COMTESSE la retient.

Elle vous suit.

SCÈNE III.

SUZANNE, LA COMTESSE.

LA COMTESSE.
As-tu ce qu'il nous faut pour troquer de vêtement?

SUZANNE.
Il ne faut rien, Madame; le rendez-vous ne tiendra pas.

LA COMTESSE.
Ah! vous changez d'avis?

SUZANNE.
C'est Figaro.

LA COMTESSE.
Vous me trompez.

SUZANNE.
Bonté divine!

LA COMTESSE.
Figaro n'est pas homme à laisser échapper une dot.

SUZANNE.
Madame! eh que croyez-vous donc?

LA COMTESSE.
Qu'enfin, d'accord avec le Comte, il vous fâche à présent de m'avoir confié ses projets. Je vous sais par cœur. Laissez-moi. (Elle veut sortir.)

SUZANNE se jette à genoux.
Au nom du Ciel, espoir de tous! vous ne savez pas, Madame, le mal que vous faites à Suzanne! Après vos bontés continuelles et la dot que vous me donnez!...

LA COMTESSE la relève.
Hé mais... je ne sais ce que je dis! En me cédant ta place au jardin, tu n'y vas pas, mon cœur; tu tiens parole à ton mari, tu m'aides à ramener le mien.

SUZANNE.
Comme vous m'avez affligée!

LA COMTESSE.
C'est que je ne suis qu'une étourdie. (Elle la baise au front.) Où est ton rendez-vous?

SUZANNE lui baise la main.
Le mot de jardin m'a seul frappée.

LA COMTESSE, montrant la table.
Prends cette plume, et fixons un endroit.

SUZANNE.

Lui écrire !

LA COMTESSE.

Il le faut.

SUZANNE.

Madame! au moins c'est vous...

LA COMTESSE.

Je mets tout sur mon compte. (Suzanne s'assied, la Comtesse dicte.) *Chanson nouvelle sur l'air :... Qu'il fera beau, ce soir, sous les grands Marronniers... Qu'il fera beau ce soir...*

SUZANNE écrit.

Sous les grands Marronniers... Après?

LA COMTESSE.

Crains-tu qu'il ne t'entende pas?

SUZANNE relit.

C'est juste. (Elle plie le billet.) Avec quoi cacheter?

LA COMTESSE.

Une épingle; dépêche : Elle servira de réponse. Écris sur le revers : *Renvoyez-moi le cachet.*

SUZANNE écrit en riant.

Ah! *le cachet!*... celui-ci, Madame, est plus gai que celui du brevet.

LA COMTESSE, avec un souvenir douloureux.

Ah!

SUZANNE cherche sur elle.

Je n'ai pas d'épingle, à présent!

LA COMTESSE détache sa lévite.

Prends celle-ci. (Le ruban du Page tombe de son sein à terre.) Ah! mon ruban!

SUZANNE le ramasse.

C'est celui du petit voleur! Vous avez eu la cruauté?...

LA COMTESSE.

Fallait-il le laisser à son bras? C'eût été joli! Donnez donc!

SUZANNE.

Madame ne le portera plus, taché du sang de ce jeune homme.

LA COMTESSE le reprend.

Excellent pour Fanchette... Le premier bouquet qu'elle m'apportera.

SCÈNE IV.

Une jeune BERGÈRE, CHÉRUBIN en fille,
FANCHETTE et beaucoup de jeunes filles habillées comme elle,
et tenant des bouquets; LA COMTESSE, SUZANNE.

FANCHETTE.

Madame, ce sont les filles du bourg qui viennent vous présenter des fleurs.

LA COMTESSE, serrant vite son ruban.

Elles sont charmantes. Je me reproche, mes belles petites, de ne pas vous connaître toutes. (Montrant Chérubin.) Quelle est cette aimable enfant qui a l'air si modeste?

UNE BERGÈRE.

C'est une cousine à moi, Madame, qui n'est ici que pour la noce.

LA COMTESSE.

Elle est jolie. Ne pouvant porter vingt bouquets, faisons honneur à l'étrangère. (Elle prend le bouquet de Chérubin et le baise au front.) Elle en rougit! (A Suzanne.) Ne trouves-tu pas, Suzon,... qu'elle ressemble à quelqu'un?

SUZANNE.

A s'y méprendre, en vérité.

CHÉRUBIN, à part, les mains sur son cœur.

Ah! ce baiser-là m'a été bien loin!

SCÈNE V.

Les jeunes FILLES, CHÉRUBIN, au milieu d'elles; FANCHETTE,
ANTONIO, LE COMTE, LA COMTESSE, SUZANNE.

ANTONIO.

Moi, je vous dis, Monseigneur, qu'il y est : elles l'ont habillé chez ma fille; toutes ses hardes y sont encore, et voilà son chapeau d'ordonnance que j'ai retiré du paquet. (Il s'avance, et, regardant toutes les filles, il reconnaît Chérubin, lui enlève son bonnet de femme, ce qui fait retomber ses longs cheveux en cadenette. Il lui met sur la tête le chapeau d'ordonnance, et dit :)
Eh, parguenne! v'là notre officier!

LA COMTESSE recule.

Ah ciel!

SUZANNE.

Ce friponneau!

ANTONIO.

Quand je disais là haut que c'était lui!...

LE COMTE, en colère.

Eh bien, Madame?

LA COMTESSE.

Hé bien, Monsieur! vous me voyez plus surprise que vous, et, pour le moins, aussi fâchée.

LE COMTE.

Oui; mais tantôt, ce matin?

LA COMTESSE.

Je serais coupable, en effet, si je dissimulais encore. Il était descendu chez moi. Nous entamions le badinage que ces enfants viennent d'achever; vous nous avez surprises l'habillant : votre premier mouvement est si vif! il s'est sauvé, je me suis troublée; l'effroi général a fait le reste.

LE COMTE, avec dépit, à Chérubin.

Pourquoi n'êtes-vous pas parti?

CHÉRUBIN, ôtant son chapeau brusquement.

Monseigneur...

LE COMTE.

Je punirai ta désobéissance.

FANCHETTE, étourdiment.

Ah, Monseigneur, entendez-moi! Toutes les fois que vous venez m'embrasser, vous savez bien que vous dites toujours : *Si tu veux m'aimer, petite Fanchette, je te donnerai ce que tu voudras.*

LE COMTE, rougissant.

Moi! j'ai dit cela?

FANCHETTE.

Oui, Monseigneur. Au lieu de punir Chérubin, donnez-le-moi en mariage, et je vous aimerai à la folie.

LE COMTE, à part.

Être ensorcelé par un Page!

LA COMTESSE.

Hé bien! Monsieur, à votre tour! L'aveu de cette enfant, aussi naïf que le mien, atteste enfin deux vérités : que c'est toujours sans le vouloir, si je vous cause des inquiétudes, pendant que vous épuisez tout, pour augmenter et justifier les miennes.

ANTONIO.

Vous aussi, Monseigneur? Dame! je vous la redresserai comme feu sa mère, qui est morte... Ce n'est pas pour la conséquence; mais c'est que Madame sait bien que les petites filles, quand elles sont grandes...

LE COMTE, déconcerté, à part.

Il y a un mauvais génie qui tourne tout ici contre moi!

SCÈNE VI.

Les jeunes FILLES, CHÉRUBIN, ANTONIO, FIGARO, LE COMTE, LA COMTESSE, SUZANNE.

FIGARO.

Monseigneur, si vous retenez nos filles, on ne pourra commencer ni la fête, ni la danse.

LE COMTE.

Vous danser! vous n'y pensez pas. Après votre chute de ce matin, qui vous a foulé le pied droit!

FIGARO, remuant la jambe.

Je souffre encore un peu; ce n'est rien. (Aux jeunes filles.) Allons mes belles, allons.

LE COMTE le retourne.

Vous avez été fort heureux que ces couches ne fussent que du terreau bien doux!

FIGARO.

Très-heureux, sans doute, autrement...

ANTONIO le retourne.

Puis il s'est pelotonné en tombant jusqu'en bas.

FIGARO.

Un plus adroit, n'est-ce pas, serait resté en l'air? (Aux jeunes filles.) Venez-vous, Mesdemoiselles?

ANTONIO le retourne.

Et pendant ce temps, le petit Page galopait sur son cheval à Séville?

FIGARO.

Galopait, ou marchait au pas...

LE COMTE le retourne.

Et vous aviez son brevet dans la poche?

FIGARO, un peu étonné.

Assurément; mais quelle enquête? (Aux jeunes filles.) Allons donc jeunes filles.

ANTONIO, attirant Chérubin par le bras.

En voici une qui prétend que mon neveu futur n'est qu'un menteur.

FIGARO, surpris.

Chérubin!... (A part.) Peste du petit fat!

ANTONIO.

Y es-tu maintenant?

FIGARO, cherchant.

J'y suis... j'y suis... Hé! qu'est-ce qu'il chante?

LE COMTE, sèchement.

Il ne chante pas; il dit que c'est lui qui a sauté sur les giroflées.

FIGARO, rêvant.

Ah! s'il le dit... cela se peut! Je ne dispute pas de ce que j'ignore.

LE COMTE.

Ainsi vous et lui?...

FIGARO.

Pourquoi non? La rage de sauter peut gagner; voyez les moutons de Panurge: et quand vous êtes en colère, il n'y a personne qui n'aime mieux risquer...

LE COMTE.

Comment? deux à la fois!...

FIGARO.

On aurait sauté deux douzaines. Et qu'est-ce que cela fait, Monseigneur, dès qu'il n'y a personne de blessé? (Aux jeunes filles.) Ah çà, voulez-vous venir, ou non?

LE COMTE, outré.

Jouons-nous une comédie? (On entend un prélude de fanfare.)

FIGARO.

Voilà le signal de la marche. A vos postes, les belles, à vos postes! Allons, Suzanne, donne-moi le bras. (Tous s'enfuient; Chérubin reste seul la tête baissée.)

ACTE IV, SCÈNE VII.   201

M'ennuyer! j'emporte à mon front... (ACTE IV, SCÈNE VII.)

SCÈNE VII.

CHÉRUBIN, LE COMTE, LA COMTESSE.

LE COMTE, regardant aller Figaro.

En voit-on de plus audacieux? (Au Page.) Pour vous, Monsieur le sournois, qui faites le honteux; allez vous r'habiller bien vite; et que je ne vous rencontre nulle part de la soirée.

LA COMTESSE.
Il va bien s'ennuyer.

CHÉRUBIN étourdiment.
M'ennuyer! j'emporte à mon front du bonheur pour plus de cent années de prison. (Il met son chapeau et s'enfuit.)

SCÈNE VIII.

LE COMTE, LA COMTESSE.

LA COMTESSE s'évente fortement sans parler.
LE COMTE.
Qu'a-t-il au front de si heureux?

LA COMTESSE, avec embarras.
Son... premier chapeau d'officier, sans doute : aux enfants tout sert de hochet. (Elle veut sortir.)

LE COMTE.
Vous ne nous restez pas, Comtesse?

LA COMTESSE.
Vous savez que je ne me porte pas bien.

LE COMTE.
Un instant pour votre protégée, ou je vous croirais en colère.

LA COMTESSE.
Voici les deux noces, asseyons-nous donc pour les recevoir.

LE COMTE, à part.
La noce! il faut souffrir ce qu'on ne peut empêcher. (Le Comte et la Comtesse s'assoient vers un des côtés de la galerie.)

SCÈNE IX.

LE COMTE, LA COMTESSE, assis,
l'on joue les folies d'Espagne d'un mouvement de marche. (Symphonie notée.)

MARCHE.

LES GARDES-CHASSE, fusil sur l'épaule.
L'ALGUAZIL. LES PRUD'HOMMES. BRID'OISON.
LES PAYSANS ET LES PAYSANNES en habits de fête.
DEUX JEUNES FILLES portant la toque virginale à plumes blanches.
DEUX AUTRES, le voile blanc.

Deux autres, les gants et le bouquet de côté.

Antonio donne la main à Suzanne, comme étant celui qui la marie à Figaro.

D'autres jeunes filles portent une autre toque, un autre voile, un autre bouquet blanc, semblables aux premiers, pour Marceline.

Figaro donne la main à Marceline, comme celui qui doit la remettre au Docteur, lequel ferme la marche, un gros bouquet au côté. Les jeunes filles, en passant devant le Comte, remettent à ses valets tous les ajustements destinés à Suzanne et à Marceline.

Les Paysans et les Paysannes s'étant rangés sur deux colonnes à chaque côté du salon, on danse une reprise du fandango *(Air noté.)* avec des castagnettes; puis on joue la ritournelle du duo, pendant laquelle Antonio conduit Suzanne au Comte; elle se met à genoux devant lui.

Pendant que le Comte lui pose la toque, le voile et lui donne le bouquet, deux jeunes filles chantent le duo suivant. *(Air noté.)*

> Jeune Épouse, chantez les bienfaits et la gloire
> D'un Maître qui renonce aux droits qu'il eut sur vous,
> Préférant au plaisir la plus noble victoire,
> Il vous rend chaste et pure aux mains de votre époux.

Suzanne est à genoux, et, pendant les derniers vers du duo, elle tire le Comte par son manteau et lui montre le billet qu'elle tient; puis elle porte la main qu'elle a du côté des spectateurs, à sa tête, où le Comte a l'air d'ajuster la toque; elle lui donne le billet.

Le Comte le met furtivement dans son sein; on achève de chanter le duo; la Fiancée se relève, et lui fait une grande révérence.

Figaro vient la recevoir des mains du Comte et se retire avec elle, à l'autre côté du salon, près de Marceline.

(On danse une autre reprise du fandango, pendant ce temps.)

Le Comte, pressé de lire ce qu'il a reçu, s'avance au bord du théâtre et tire le papier de son sein; mais en le sortant il fait le geste d'un homme qui s'est cruellement piqué le doigt; il le secoue, le presse, le suce, et, regardant le papier cacheté d'une épingle, il dit:

LE COMTE.

(Pendant qu'il parle, ainsi que Figaro, l'orchestre joue pianissimo.)

Diantre soit des femmes, qui fourrent des épingles partout! (Il la jette à terre, puis il lit le billet et le baise.)

FIGARO, qui a tout vu, dit à sa mère et à Suzanne:

C'est un billet doux, qu'une fillette aura glissé dans sa main en passant. Il était cacheté d'une épingle, qui l'a outrageusement piqué.

La danse reprend: le Comte qui a lu le billet le retourne, il y voit l'invitation de renvoyer le cachet pour réponse. Il cherche à terre, et retrouve enfin l'épingle qu'il attache à sa manche.

FIGARO, à Suzanne et Marceline.

D'un objet aimé tout est cher. Le voilà qui ramasse l'épingle. Ah, c'est une drôle de tête!

Pendant ce temps, Suzanne a des signes d'intelligence avec la Comtesse. La danse finit, la ritournelle du duo recommence.

FIGARO conduit MARCELINE au COMTE, ainsi qu'on a conduit SUZANNE; à l'instant où le Comte prend la toque, et où l'on va chanter le duo, on est interrompu par les cris suivants:

L'HUISSIER, criant à la porte.

Arrêtez donc, Messieurs, vous ne pouvez entrer tous... Ici les gardes, les gardes. (Les gardes vont vite à cette porte.)

LE COMTE, se levant.

Qu'est-ce qu'il y a?

L'HUISSIER.

Monseigneur, c'est Monsieur Bazile entouré d'un village entier, parce qu'il chante en marchant.

LE COMTE.

Qu'il entre seul.

LA COMTESSE.

Ordonnez-moi de me retirer.

LE COMTE.

Je n'oublie pas votre complaisance.

LA COMTESSE.

Suzanne?... elle reviendra. (A part à Suzanne.) Allons changer d'habits. (Elle sort avec Suzanne.)

MARCELINE.

Il n'arrive jamais que pour nuire.

FIGARO.

Ah! je m'en vais vous le faire déchanter!

SCÈNE X.

TOUS LES ACTEURS PRÉCÉDENTS, excepté la Comtesse et Suzanne; BAZILE, tenant sa guitare; GRIPE-SOLEIL.

BAZILE, entre en chantant sur l'air du Vaudeville de la fin. (Air noté.)

« Cœurs sensibles, cœurs fidèles,
« Qui blâmez l'amour léger,
« Cessez vos plaintes cruelles:
« Est-ce un crime de changer?

« Si l'amour porte des ailes,
« N'est-ce pas pour voltiger?
« N'est-ce pas pour voltiger?
« N'est-ce pas pour voltiger? »

FIGARO s'avance à lui.

Oui, c'est pour cela justement qu'il a des ailes au dos; notre ami, qu'entendez-vous par cette musique?

BAZILE, montrant Gripe-Soleil.

Qu'après avoir prouvé mon obéissance à Monseigneur, en amusant Monsieur, qui est de la compagnie, je pourrai à mon tour réclamer sa justice.

GRIPE-SOLEIL.

Bah! Monsigneu! il ne m'a pas amusé du tout : avec leux guenilles d'ariettes...

LE COMTE.

Enfin que demandez-vous, Bazile?

BAZILE.

Ce qui m'appartient, Monseigneur, la main de Marceline; et je viens m'opposer...

FIGARO s'approche.

Y á-t-il longtemps que Monsieur n'a vu la figure d'un fou?

BAZILE.

Monsieur, en ce moment même.

FIGARO.

Puisque mes yeux vous servent si bien de miroir, étudiez-y l'effet de ma prédiction. Si vous faites mine seulement d'approximer Madame...

BARTHOLO, en riant.

Eh pourquoi? laisse-le parler.

BRID'OISON s'avance entre deux.

Fau-aut-il que deux amis?...

FIGARO.

Nous amis!

BAZILE.

Quelle erreur!

FIGARO, vite.

Parce qu'il fait de plats airs de chapelle?

BAZILE, vite.

Et lui, des vers comme un Journal?

FIGARO, vite.

Un musicien de guinguette!

BAZILE, vite.

Un postillon de gazette!

FIGARO, vite.

Cuistre d'oratorio!

BAZILE, vite.

Jockey diplomatique!

LE COMTE, assis.

Insolents tous les deux!

BAZILE.

Il me manque en toute occasion.

FIGARO.

C'est bien dit, si cela se pouvait!

BAZILE.

Disant partout que je ne suis qu'un sot.

FIGARO.

Vous me prenez donc pour un écho?

BAZILE.

Tandis qu'il n'est pas un chanteur que mon talent n'ait fait briller.

FIGARO.

Brailler.

BAZILE.

Il le répète!

FIGARO.

Et pourquoi non, si cela est vrai? es-tu un Prince, pour qu'on te flagorne? souffre la vérité, Coquin, puisque tu n'as pas de quoi gratifier un menteur; ou si tu la crains de notre part, pourquoi viens-tu troubler nos noces?

BAZILE, à Marceline.

M'avez-vous promis, oui ou non, si dans quatre ans vous n'étiez pas pourvue, de me donner la préférence?

MARCELINE.

A quelle condition l'ai-je promis?

BAZILE.

Que si vous retrouviez un certain fils perdu, je l'adopterais par complaisance.

TOUS ENSEMBLE.

Il est trouvé.

BAZILE.

Qu'à cela ne tienne!

TOUS ENSEMBLE, montrant Figaro.

Et le voici.

BAZILE, reculant de frayeur.

J'ai vu le diable!

BRID'OISON, à Bazile.

Et vou-ous renoncez à sa chère mère!

BAZILE.

Qu'y aurait-il de plus fâcheux que d'être cru le père d'un garnement?

FIGARO.

D'en être cru le fils; tu te moques de moi!

BAZILE, montrant Figaro.

Dès que Monsieur est de quelque chose ici, je déclare, moi, que je n'y suis plus de rien. (Il sort.)

SCÈNE XI.

LES ACTEURS PRÉCÉDENTS, excepté BAZILE.

BARTHOLO, riant.

Ah! ah! ah! ah!

FIGARO, sautant de joie.

Donc à la fin j'aurai ma femme!

LE COMTE, à part.

Moi, ma maîtresse! (Il se lève.)

BRID'OISON, à Marceline.

Et tou-out le monde est satisfait.

LE COMTE.

Qu'on dresse les deux contrats; j'y signerai.

TOUS ENSEMBLE.

Vivat! (Ils sortent.)

LE COMTE.

J'ai besoin d'une heure de retraite. (Il veut sortir avec les autres.)

SCÈNE XII.

GRIPE-SOLEIL, FIGARO, MARCELINE, LE COMTE.

GRIPE-SOLEIL, à Figaro.

Et moi je vas aider à ranger le feu d'artifice sous les grands marronniers, comme on l'a dit.

LE COMTE revient en courant.

Quel sot a donné un tel ordre?

FIGARO.

Où est le mal?

LE COMTE, vivement.

Et la Comtesse qui est incommodée, d'où le verra-t-elle l'artifice? c'est sur la terrasse qu'il le faut, vis-à-vis son appartement.

FIGARO.

Tu l'entends, Gripe-Soleil? la terrasse.

LE COMTE.

Sous les grands marronniers! belle idée! (En s'en allant, à part.) Ils allaient incendier mon rendez-vous!

SCÈNE XIII.

FIGARO, MARCELINE.

FIGARO.

Quel excès d'attention, pour sa femme! (Il veut sortir.)

MARCELINE l'arrête.

Deux mots, mon fils. Je veux m'acquitter avec toi : un sentiment mal dirigé m'avait rendue injuste envers ta charmante femme : je la supposais d'accord avec le Comte, quoique j'eusse appris de Bazile qu'elle l'avait toujours rebuté.

FIGARO.

Vous connaissiez mal votre fils, de le croire ébranlé par ces impulsions féminines. Je puis défier la plus rusée de m'en faire accroire.

MARCELINE.

Il est toujours heureux de le penser, mon fils; la jalousie...

FIGARO.

... N'est qu'un sot enfant de l'orgueil, ou c'est la maladie d'un fou. Oh! j'ai là-dessus, ma mère, une philosophie... imperturbable; et si Suzanne doit me tromper un jour, je le lui pardonne d'avance; elle aura longtemps travaillé... (Il se retourne et aperçoit Fanchette qui cherche de côté et d'autre.)

ACTE IV, SCÈNE XIV.

Dès que Monsieur est de quelque chose ici... (ACTE IV, SCÈNE X.)

SCÈNE XIV.

FIGARO, FANCHETTE, MARCELINE.

FIGARO.
Eeeh!... ma petite cousine qui nous écoute!
FANCHETTE.
Oh! pour ça non : on dit que c'est malhonnête.

FIGARO.

Il est vrai; mais comme cela est utile, on fait aller souvent l'un pour l'autre.

FANCHETTE.

Je regardais si quelqu'un était là.

FIGARO.

Déjà dissimulée, friponne! vous savez bien qu'il n'y peut être.

FANCHETTE.

Et qui donc?

FIGARO.

Chérubin.

FANCHETTE.

Ce n'est pas lui que je cherche, car je sais fort bien où il est : c'est ma cousine Suzanne.

FIGARO.

Et que lui veut ma petite cousine?

FANCHETTE.

A vous, petit cousin, je le dirai. — C'est... ce n'est qu'une épingle que je veux lui remettre.

FIGARO, vivement.

Une épingle! une épingle!... et de quelle part, coquine? à votre âge, vous faites déjà un met... (Il se reprend et dit d'un ton doux.) Vous faites déjà très-bien tout ce que vous entreprenez, Fanchette; et ma jolie cousine est si obligeante...

FANCHETTE.

A qui en a-t-il donc de se fâcher? je m'en vais.

FIGARO, l'arrêtant.

Non, non, je badine; tiens, ta petite épingle est celle que Monseigneur t'a dit de remettre à Suzanne, et qui servait à cacheter un petit papier, qu'il tenait; tu vois que je suis au fait.

FANCHETTE.

Pourquoi donc le demander, quand vous le savez si bien?

FIGARO, cherchant.

C'est qu'il est assez gai de savoir comment Monseigneur s'y est pris pour t'en donner la commission.

FANCHETTE, naïvement.

Pas autrement que vous le dites : *tiens, petite Fanchette, rends cette épingle à ta belle cousine, et dis-lui seulement que c'est le cachet des grands marronniers.*

FIGARO.

Des grands?...

FANCHETTE.

Marronniers. Il est vrai qu'il a ajouté : *prends garde que personne ne te voye...*

FIGARO.

Il faut obéir, ma cousine : heureusement personne ne vous a vue. Faites donc joliment votre commission, et n'en dites pas plus à Suzanne que Monseigneur n'a ordonné.

FANCHETTE.

Et pourquoi lui en dirais-je? il me prend pour un enfant, mon cousin. (Elle sort en sautant.)

SCÈNE XV.

FIGARO, MARCELINE.

FIGARO.

Hé bien, ma mère?

MARCELINE.

Hé bien, mon fils.

FIGARO, comme étouffé.

Pour celui-ci!... il y a réellement des choses!...

MARCELINE.

Il y a des choses! hé qu'est-ce qu'il y a?

FIGARO, les mains sur sa poitrine.

Ce que je viens d'entendre, ma mère, je l'ai là comme un plomb.

MARCELINE, riant.

Ce cœur plein d'assurance n'était donc qu'un ballon gonflé? une épingle a tout fait partir!

FIGARO furieux.

Mais cette épingle, ma mère, est celle qu'il a ramassée!...

MARCELINE, rappelant ce qu'il a dit.

La jalousie! oh j'ai là-dessus, ma mère, une philosophie... imperturbable; et si Suzanne m'attrape un jour, je le lui pardonne...

FIGARO, vivement.

Oh, ma mère! on parle comme on sent : mettez le plus glacé des Juges à plaider dans sa propre cause, et voyez-le expliquer la loi! — Je ne m'étonne plus s'il avait tant d'humeur sur ce feu! — Pour la mignonne aux fines épingles, elle n'en est pas où elle le croit, ma mère, avec ses marronniers! si mon mariage est assez fait pour légitimer ma colère; en revanche, il ne l'est pas assez pour que je n'en puisse épouser une autre, et l'abandonner...

MARCELINE.

Bien conclu! abîmons tout sur un soupçon. Qui t'a prouvé, dis-moi, que c'est toi qu'elle joue, et non le Comte? L'as-tu étudiée de nouveau, pour la condamner sans appel? sais-tu si elle se rendra sous les arbres, à quelle intention elle y va, ce qu'elle y dira, ce qu'elle y fera? Je te croyais plus fort en jugement!

FIGARO, lui baisant la main avec respect.

Elle a raison, ma mère, elle a raison, raison, toujours raison! mais accordons, maman, quelque chose à la nature : on en vaut mieux après. Examinons en effet avant d'accuser et d'agir. Je sais où est le rendez-vous. Adieu, ma mère. (Il sort.)

SCÈNE XVI.

MARCELINE, seule.

Adieu : et moi aussi, je le sais. Après l'avoir arrêté, veillons sur les voies de Suzanne; ou plutôt avertissons-la; elle est si jolie créature! Ah! quand l'intérêt personnel ne nous arme pas les unes contre les autres, nous sommes toutes portées à soutenir notre pauvre sexe opprimé contre ce fier, ce terrible... (en riant) et pourtant un peu nigaud de sexe masculin. (Elle sort.)

FIN DU QUATRIÈME ACTE.

ACTE V.

Le théâtre représente une salle de marronniers, dans un parc; deux pavillons, kiosques, ou temples de jardin, sont à droite et à gauche; le fond est une clairière ornée, un siége de gazon sur le devant. Le théâtre est obscur.

SCÈNE PREMIÈRE.

FANCHETTE seule, tenant d'une main deux biscuits et une orange; et de l'autre une lanterne de papier, allumée.

Dans le pavillon à gauche, a-t-il dit. C'est celui-ci. — S'il allait ne pas venir à présent; mon petit rôle... Ces vilaines gens de l'office qui ne voulaient pas seulement me donner une orange et deux biscuits! — Pour qui, Mademoiselle? — Eh bien, Monsieur, c'est pour quelqu'un. — Oh! nous savons. — Et quand ça serait : parce que Monseigneur ne veut pas le voir, faut-il qu'il meure de faim? — Tout ça pourtant m'a coûté un fier baiser, sur la joue!... que sait-on? il me le rendra peut-être! (Elle voit Figaro qui vient l'examiner; elle fait un cri.) Ah!... (Elle s'enfuit; et elle entre dans le pavillon à sa gauche.)

SCÈNE II.

FIGARO, un grand manteau sur les épaules, un large chapeau rabattu; BAZILE, ANTONIO, BARTHOLO, BRID'OISON, GRIPE-SOLEIL, Troupe de Valets et de Travailleurs.

FIGARO, d'abord seul.

C'est Fanchette! (Il parcourt des yeux les autres à mesure qu'ils arrivent, et dit d'un ton farouche:) bonjour, Messieurs; bonsoir : êtes-vous tous ici?

BAZILE.

Ceux que tu as pressés d'y venir.

FIGARO.

Quelle heure est-il bien à peu près?

ANTONIO regarde en l'air.

La lune devrait être levée.

BARTHOLO.

Eh quels noirs apprêts fais-tu donc? Il a l'air d'un conspirateur!

FIGARO, s'agitant.

N'est-ce pas pour une noce, je vous prie, que vous êtes rassemblés au château?

BRID'OISON.

Cè-ertainement.

ANTONIO.

Nous allions là-bas, dans le parc, attendre un signal pour ta fête.

FIGARO.

Vous n'irez pas plus loin, Messieurs; c'est ici, sous ces marronniers, que nous devons tous célébrer l'honnête fiancée que j'épouse, et le loyal Seigneur qui se l'est destinée.

BAZILE, se rappelant la journée.

Ah! vraiment je sais ce que c'est. Retirons-nous, si vous m'en croyez : il est question d'un rendez-vous : je vous conterai cela près d'ici.

BRID'OISON, à Figaro.

Nou-ous reviendrons.

FIGARO.

Quand vous m'entendrez appeler, ne manquez pas d'accourir tous, et dites du mal de Figaro, s'il ne vous fait voir une belle chose.

BARTHOLO.

Souviens-toi qu'un homme sage ne se fait point d'affaire avec les grands.

FIGARO.

Je m'en souviens.

BARTHOLO.

Qu'ils ont quinze et bisque sur nous, par leur état.

FIGARO.

Sans leur industrie, que vous oubliez. Mais souvenez-vous aussi que l'homme qu'on fait timide est dans la dépendance de tous les fripons.

BARTHOLO.

Fort bien.

FIGARO.

Et que j'ai nom *de Verte-Allure,* du chef honoré de ma mère.

BARTHOLO.

Il a le diable au corps.

BRID'OISON.

I-il l'a.

BAZILE, à part.

Le Comte et sa Suzanne se sont arrangés sans moi? Je ne suis pas fâché de l'algarade.

FIGARO, aux valets.

Pour vous autres, coquins, à qui j'ai donné l'ordre; illuminez-moi ces entours; ou, par la mort que je voudrais tenir aux dents, si j'en saisis un par le bras... (Il secoue le bras de Gripe-Soleil.)

GRIPE-SOLEIL s'en va en criant et pleurant.

A, a, o, oh! Damné brutal!

BAZILE, en s'en allant.

Le ciel vous tienne en joie, Monsieur du marié! (Ils sortent.)

SCÈNE III.

FIGARO seul, se promenant dans l'obscurité, dit du ton le plus sombre :

O femme! femme! femme! créature faible et décevante!... nul animal créé ne peut manquer à son instinct ; le tien est-il donc de tromper?... Après m'avoir obstinément refusé quand je l'en pressais devant sa maîtresse; à l'instant qu'elle me donne sa parole, au milieu même de la cérémonie... Il riait en lisant, le perfide! et moi comme un benêt... non, Monsieur le Comte, vous ne l'aurez pas... vous ne l'aurez pas. Parce que vous êtes un grand Seigneur, vous vous croyez un grand génie!... noblesse, fortune, un rang, des places; tout cela rend si fier! qu'avez-vous fait pour tant de biens? vous vous êtes donné la peine de naître, et rien de plus : du reste homme assez ordinaire! tandis que moi, morbieu! perdu dans la foule obscure, il m'a fallu déployer plus de science et de calculs pour subsister seulement qu'on n'en a mis depuis cent ans à gouverner toutes les Espagnes; et vous voulez jouter... On vient... c'est elle... ce n'est personne. — La nuit est noire en diable, et me voilà faisant le sot métier de mari, quoique je ne le sois qu'à moitié! (Il s'assied sur un banc.) Est-il rien de plus bizarre que ma destinée! fils de je ne sais pas qui; volé par des bandits! élevé dans leurs mœurs, je m'en dégoûte et veux courir une carrière honnête; et partout je suis repoussé! J'apprends la Chimie, la Pharmacie, la Chirurgie; et tout le crédit d'un grand Seigneur peut à peine me mettre à la main une lancette vétérinaire. — Las d'attrister des bêtes malades et pour faire un métier contraire, je me jette à corps perdu dans le Théâtre; me fussé-je mis une pierre au cou! Je broche une comédie, dans les mœurs du sérail; Auteur espagnol, je crois pouvoir y fronder Mahomet, sans scrupule : à l'instant, un Envoyé... de je ne sais où, se plaint que j'offense dans mes vers, la Sublime-Porte, la Perse, une partie de la Presqu'île de l'Inde, toute l'Égypte, les Royaumes de Barca, de Tripoli, de Tunis, d'Alger et de Maroc : et voilà ma comédie flambée, pour plaire aux Princes mahométans, dont pas un, je crois, ne sait lire, et qui nous meurtrissent l'omoplate, en nous disant : *chiens de Chrétiens!* — Ne pouvant avilir l'esprit, on se venge en le maltraitant. — Mes joues creusaient; mon terme était échu : je voyais de loin arriver l'affreux recors, la plume fichée dans sa perruque; en frémissant je m'évertue. Il s'élève une question sur la nature des richesses; et comme il n'est pas nécessaire de tenir les choses, pour en raisonner; n'ayant pas un sol, j'écris sur la valeur de l'argent et sur son produit net : sitôt je vois, du fond d'un fiacre, baisser pour moi le pont d'un château fort, à l'entrée duquel je laissai l'espérance et la liberté. (Il se lève.) Que je voudrais bien tenir un de ces Puissants de quatre jours, si légers sur le mal qu'ils ordonnent; quand une bonne disgrâce a cuvé son orgueil! je lui dirais... que les sottises imprimées n'ont d'importance qu'aux lieux où l'on en gêne le cours; que sans la liberté de blâmer, il n'est point d'éloge flatteur, et qu'il n'y a que les petits hommes qui redoutent les petits écrits. — (Il se rassied.) Las de nourrir un obscur pension-

Allez-vous-en. (ACTE V, SCÈNE VI.)

naire, on me met un jour dans la rue; et comme il faut dîner, quoiqu'on ne soit plus en prison, je taille encore ma plume, et demande à chacun de quoi il est question : on me dit que, pendant ma retraite économique, il s'est établi dans Madrid un système de liberté sur la vente des productions, qui s'étend même à celle de la presse; et que, pourvu que je ne parle en mes écrits, ni de l'autorité, ni du culte, ni de la politique, ni de la morale, ni des gens en place, ni des corps en crédit, ni de l'Opéra, ni des autres spectacles, ni de personne qui tienne à quelque chose, je puis tout imprimer librement, sous l'inspection de deux ou trois Censeurs. Pour profiter de cette douce liberté, j'annonce un écrit périodique, et, croyant n'aller sur les brisées d'aucun autre, je le nomme *Journal inutile*. Pou-ou! je vois s'élever contre moi mille pauvres diables à la feuille; on me supprime; et me voilà derechef sans emploi! — Le désespoir m'allait saisir; on pense à moi pour une place, mais par malheur j'y étais propre : il fallait un calculateur, ce fut un danseur qui l'obtint. Il ne me restait plus qu'à voler; je me fais Banquier de Pharaon : alors, bonnes gens! je soupe en ville, et les personnes dites *comme il faut* m'ouvrent poliment leur maison, en retenant pour elles les trois quarts du profit. J'aurais bien pu me remonter; je commençais même à comprendre que, pour gagner du bien, le savoir-faire vaut mieux que le savoir. Mais comme chacun pillait autour de moi, en exigeant que je fusse honnête; il fallut bien périr encore. Pour le coup je quittai le monde, et vingt brasses d'eau m'en allaient séparer, lorsqu'un Dieu bienfaisant m'appelle à mon premier état. Je reprends ma trousse et mon cuir anglais; puis laissant la fumée aux sots qui s'en nourrissent, et la honte au milieu du chemin, comme trop lourde à un piéton, je vais rasant de ville en ville, et je vis ainsi sans souci. Un grand Seigneur passe à Séville; il me reconnaît, je le marie; et, pour prix d'avoir eu par mes soins son épouse, il veut intercepter la mienne! intrigue, orage à ce sujet. Prêt à tomber dans un abîme, au moment d'épouser ma mère, mes parents m'arrivent à la file! (Il se lève en s'échauffant.) On se débat; c'est vous, c'est lui, c'est moi, c'est toi; non ce n'est pas nous; hé mais qui donc? (Il retombe assis.) O bizarre suite d'événements! Comment cela m'est-il arrivé? Pourquoi ces choses et non pas d'autres? Qui les a fixées sur ma tête? Forcé de parcourir la route où je suis entré sans le savoir, comme j'en sortirai sans le vouloir, je l'ai jonchée d'autant de fleurs que ma gaieté me l'a permis; encore je dis ma gaieté, sans savoir si elle est à moi plus que le reste, ni même quel est ce *Moi* dont je m'occupe : un assemblage informe de parties inconnues; puis un chétif être imbécile; un petit animal folâtre; un jeune homme ardent au plaisir; ayant tous les goûts pour jouir; faisant tous les métiers pour vivre; maître ici, valet là, selon qu'il plaît à la fortune; ambitieux par vanité; laborieux par nécessité; mais paresseux... avec délices! orateur selon le danger; poëte par délassement; musicien par occasion; amoureux par folles bouffées; j'ai tout vu, tout fait, tout usé. Puis l'illusion s'est détruite, et trop désabusé... Désabusé!... Suzon, Suzon, Suzon! que tu me donnes de tourments!... J'entends marcher... on vient. Voici l'instant de la crise. (Il se retire près de la première coulisse à sa droite.)

SCÈNE IV.

FIGARO, LA COMTESSE, avec les habits de Suzon, **SUZANNE** avec ceux de la Comtesse, **MARCELINE.**

SUZANNE, bas à la Comtesse.

Oui, Marceline m'a dit que Figaro y serait.

MARCELINE.

Il y est aussi; baisse la voix.

SUZANNE.

Ainsi l'un nous écoute, et l'autre va venir me chercher; commençons.

MARCELINE.

Pour n'en pas perdre un mot, je vais me cacher dans le pavillon. (Elle entre dans le pavillon où est entrée Fanchette.)

SCÈNE V.

FIGARO, LA COMTESSE, SUZANNE.

SUZANNE, haut.

Madame tremble! est-ce qu'elle aurait froid?

LA COMTESSE, haut.

La soirée est humide, je vais me retirer.

SUZANNE, haut.

Si Madame n'avait pas besoin de moi, je prendrais l'air un moment, sous ces arbres.

LA COMTESSE, haut.

C'est le serein que tu prendras.

SUZANNE, haut.

J'y suis toute faite.

FIGARO, à part.

Ah oui, le serein! (Suzanne se retire près de la coulisse, du côté opposé à Figaro.)

SCÈNE VI.

FIGARO, CHÉRUBIN, LE COMTE, LA COMTESSE, SUZANNE.

Figaro et Suzanne retirés de chaque côté sur le devant.

CHÉRUBIN *en habit d'officier arrive en chantant gaiement la reprise de l'air de la romance.*

La, la, la, etc.

    J'avais une marraine
    Que toujours adorai.

LA COMTESSE, à part.

Le petit Page!

CHÉRUBIN *s'arrête.*

On se promène ici; gagnons vite mon asile, où la petite Fanchette... C'est une femme!

LA COMTESSE *écoute.*

Ah grands Dieux!

CHÉRUBIN *se baisse en regardant de loin.*

Me trompai-je? à cette coiffure en plumes qui se dessine au loin dans le crépuscule, il me semble que c'est Suzon.

LA COMTESSE, à part.

Si le Comte arrivait!...

LE COMTE *paraît dans le fond.*

CHÉRUBIN *s'approche et prend la main de la Comtesse, qui se défend.*

Oui, c'est la charmante fille qu'on nomme Suzanne; eh pourrais-je m'y méprendre à la douceur de cette main; à ce petit tremblement qui l'a saisie; surtout au battement de mon cœur! *(Il veut y appuyer le dos de la main de la Comtesse, elle la retire.)*

LA COMTESSE, bas.

Allez-vous-en.

CHÉRUBIN.

Si la compassion t'avait conduite exprès dans cet endroit du parc, où je suis caché depuis tantôt?

LA COMTESSE.

Figaro va venir.

LE COMTE, *s'avançant, dit à part.*

N'est-ce pas Suzanne que j'aperçois?

CHÉRUBIN, *à la Comtesse.*

Je ne crains point du tout Figaro, car ce n'est pas lui que tu attends.

ACTE V, SCÈNE VI.

LA COMTESSE.

Qui donc?

LE COMTE, à part.

Elle est avec quelqu'un.

CHÉRUBIN.

C'est Monseigneur, friponne, qui t'a demandé ce rendez-vous ce matin, quand j'étais derrière le fauteuil.

LE COMTE, à part, avec fureur.

C'est encore le Page infernal!

FIGARO, à part.

On dit qu'il ne faut pas écouter!

SUZANNE, à part.

Petit bavard!

LA COMTESSE, au Page.

Obligez-moi de vous retirer.

CHÉRUBIN.

Ce ne sera pas au moins sans avoir reçu le prix de mon obéissance.

LA COMTESSE effrayée.

Vous prétendez?...

CHÉRUBIN, avec feu.

D'abord vingt baisers pour ton compte, et puis cent pour ta belle maîtresse.

LA COMTESSE.

Vous oseriez?

CHÉRUBIN.

Oh que oui, j'oserai; tu prends sa place auprès de Monseigneur, moi celle du Comte auprès de toi : le plus attrapé, c'est Figaro.

FIGARO, à part.

Ce brigandeau!

SUZANNE, à part.

Hardi comme un Page.

CHÉRUBIN veut embrasser la Comtesse.
LE COMTE se met entre deux et reçoit le baiser.

LA COMTESSE, se retirant.

Ah ciel!

FIGARO, à part, entendant le baiser.

J'épousais une jolie mignonne! (Il écoute.)

CHÉRUBIN tâtant les habits du Comte.

(A part.) C'est Monseigneur. (Il s'enfuit dans le pavillon où sont entrées Fanchette et Marceline.)

SCÈNE VII.

FIGARO, LE COMTE, LA COMTESSE, SUZANNE.

FIGARO s'approche.

Je vais...

LE COMTE, croyant parler au Page.

Puisque vous ne redoublez pas le baiser. (Il croit lui donner un soufflet.

FIGARO, qui est à portée, le reçoit.

Ah!

LE COMTE.

... Voilà toujours le premier payé.

FIGARO, à part, s'éloigne en se frottant la joue.

Tout n'est pas gain non plus en écoutant.

SUZANNE, riant tout haut, de l'autre côté.

Ah, ah, ah, ah!

LE COMTE, à la Comtesse qu'il prend pour Suzanne.

Entend-on quelque chose à ce Page! il reçoit le plus rude soufflet, et s'enfuit en éclatant de rire.

FIGARO, à part.

S'il s'affligeait de celui-ci!...

LE COMTE.

Comment! je ne pourrai faire un pas... (à la Comtesse) mais laissons cette bizarrerie; elle empoisonnerait le plaisir que j'ai de te trouver dans cette salle.

LA COMTESSE, imitant le parler de Suzanne.

L'espériez-vous?

LE COMTE.

Après ton ingénieux billet! (Il lui prend la main.) Tu trembles?

LA COMTESSE.

J'ai eu peur.

LE COMTE.

Ce n'est pas pour te priver du baiser que je l'ai pris. (Il la baise au front.)

LA COMTESSE.

Des libertés!

FIGARO, à part.

Coquine!

SUZANNE, à part.

Charmante!

LE COMTE prend la main de sa femme.

Mais quelle peau fine et douce, et qu'il s'en faut que la Comtesse ait la main aussi belle!

LA COMTESSE, à part.

Oh! la prévention!

LE COMTE.

A-t-elle ce bras ferme et rondelet? ces jolis doigts pleins de grâce et d'espièglerie?

LA COMTESSE, de la voix de Suzanne.

Ainsi l'amour?...

LE COMTE.

L'amour... n'est que le roman du cœur : c'est le plaisir qui en est l'histoire; il m'amène à tes genoux.

LA COMTESSE.

Vous ne l'aimez plus?

LE COMTE.

Je l'aime beaucoup; mais trois ans d'union rendent l'hymen si respectable!

LA COMTESSE.

Que vouliez-vous en elle?

LE COMTE, la caressant.

Ce que je trouve en toi, ma Beauté...

LA COMTESSE.

Mais dites donc.

LE COMTE.

... Je ne sais : moins d'uniformité peut-être; plus de piquant dans les manières; un je ne sais quoi, qui fait le charme; quelquefois un refus, que sais-je? Nos femmes croient tout accomplir en nous aimant : cela dit une fois, elles nous aiment, nous aiment! (quand elles nous aiment.) Et sont si complaisantes et si constamment obligeantes, et toujours, et sans relâche, qu'on est tout surpris, un beau soir, de trouver la satiété, où l'on recherchait le bonheur.

LA COMTESSE, à part.

Ah! quelle leçon!

LE COMTE.

En vérité, Suzon, j'ai pensé mille fois que si nous poursuivons ailleurs ce plaisir qui nous fuit chez elles, c'est qu'elles n'étudient pas assez l'art de soutenir notre goût, de se renouveler à l'amour, de ranimer, pour ainsi dire, le charme de leur possession, par celui de la variété.

LA COMTESSE, piquée.

Donc elles doivent tout?...

LE COMTE riant.

Et l'homme rien? changerons-nous la marche de la nature? notre tâche à nous fut de les obtenir : la leur...

LA COMTESSE.

La leur?...

LE COMTE.

Est de nous retenir : on l'oublie trop.

LA COMTESSE.

Ce ne sera pas moi.

LE COMTE.

Ni moi.

FIGARO, à part.

Ni moi.

SUZANNE, à part.

Ni moi.

LE COMTE prend la main de sa femme.

Il y a de l'écho ici; parlons plus bas. Tu n'as nul besoin d'y songer, toi que l'amour a faite, et si vive et si jolie! avec un grain de caprice tu feras la plus agaçante maîtresse! (Il la baise au front.) Ma Suzanne, un Castillan n'a que sa parole. Voici tout l'or promis pour le rachat du droit que je n'ai plus sur le délicieux moment que tu m'accordes. Mais comme la grâce que tu daignes y mettre est sans prix, j'y joindrai ce brillant, que tu porteras pour l'amour de moi.

LA COMTESSE, une révérence.

Suzanne accepte tout.

FIGARO, à part.

On n'est pas plus coquine que cela.

SUZANNE, à part.

Voilà du bon bien qui nous arrive.

LE COMTE, à part.

Elle est intéressée; tant mieux.

LA COMTESSE regarde au fond.

Je vois des flambeaux.

LE COMTE.

Ce sont les apprêts de ta noce : entrons-nous un moment dans l'un de ces pavillons, pour les laisser passer?

LA COMTESSE.

Sans lumière?

LE COMTE l'entraîne doucement.

A quoi bon? nous n'avons rien à lire.

ACTE V, SCÈNE VII. 225

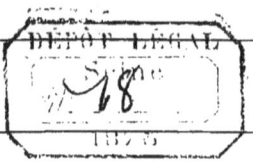

Approche de moi et crie bien fort. (ACTE V, SCÈNE XI.)

FIGARO, à part.

Elle y va, ma foi! je m'en doutais. (Il s'avance.)

LE COMTE grossit sa voix en se retournant.

Qui passe ici?

FIGARO, en colère.

Passer! on vient exprès.

LE COMTE, bas à la Comtesse.

C'est Figaro!... (Il s'enfuit.)

LA COMTESSE.

Je vous suis. (Elle entre dans le pavillon à sa droite, pendant que le Comte se perd dans le bois au fond.)

SCÈNE VIII.

FIGARO, SUZANNE, dans l'obscurité.

FIGARO cherche à voir où vont le Comte et la Comtesse, qu'il prend pour Suzanne.

Je n'entends plus rien; ils sont entrés; m'y voilà. (D'un ton altéré.) Vous autres époux maladroits, qui tenez des espions à gages, et tournez des mois entiers autour d'un soupçon, sans l'asseoir; que ne m'imitez-vous? dès le premier jour, je suis ma femme, et je l'écoute; en un tour de main on est au fait : c'est charmant, plus de doutes; on sait à quoi s'en tenir. (Marchant vivement.) Heureusement que je ne m'en soucie guère, et que sa trahison ne me fait plus rien du tout. Je les tiens donc enfin.

SUZANNE, qui s'est avancée doucement dans l'obscurité.

(A part.) Tu vas payer tes beaux soupçons, (Du ton de voix de la Comtesse.) Qui va là?

FIGARO, extravagant.

Qui va là? Celui qui voudrait de bon cœur que la peste eût étouffé en naissant...

SUZANNE, du ton de la Comtesse.

Eh! mais, c'est Figaro!

FIGARO regarde, et dit vivement.

Madame la Comtesse!

SUZANNE.

Parlez bas.

FIGARO, vite.

Ah! Madame, que le ciel vous amène à propos! où croyez-vous qu'est Monseigneur?

SUZANNE.

Que m'importe un ingrat? Dis-moi...

FIGARO, plus vite.

Et Suzanne mon épousée, où croyez-vous qu'elle soit?

SUZANNE.

Mais parlez bas.

FIGARO, très-vite.

Cette Suzon qu'on croyait si vertueuse, qui faisait la réservée! Ils sont enfermés là dedans. Je vais appeler.

SUZANNE, lui fermant la bouche avec sa main, oublie de déguiser sa voix.

N'appelez pas.

FIGARO, à part.

Eh c'est Suzon! God-dam!

SUZANNE, du ton de la Comtesse.

Vous paraissez inquiet.

FIGARO, à part.

Traîtresse qui veut me surprendre!

SUZANNE.

Il faut nous venger, Figaro.

FIGARO.

En sentez-vous le vif désir?

SUZANNE.

Je ne serais donc pas de mon sexe! Mais les hommes en ont cent moyens.

FIGARO, confidemment.

Madame, il n'y a personne ici de trop. Celui des femmes... les vaut tous.

SUZANNE, à part.

Comme je le souffletterais!

FIGARO, à part.

Il serait bien gai qu'avant la noce!

SUZANNE.

Mais qu'est-ce qu'une telle vengeance, qu'un peu d'amour n'assaisonne pas?

FIGARO.

Partout où vous n'en voyez point, croyez que le respect dissimule.

SUZANNE, piquée.

Je ne sais si vous le pensez de bonne foi, mais vous ne le dites pas de bonne grâce.

FIGARO, avec une chaleur comique, à genoux.

Ah! Madame, je vous adore. Examinez le temps, le lieu, les circonstances, et que le dépit supplée en vous aux grâces qui manquent à ma prière.

SUZANNE, à part.

La main me brûle.

FIGARO, à part.

Le cœur me bat.

SUZANNE.

Mais, Monsieur, avez-vous songé?...

FIGARO.

Oui, Madame, oui j'ai songé.

SUZANNE.

... Que pour la colère et l'amour...

FIGARO.

... Tout ce qui se diffère est perdu. Votre main, Madame?

SUZANNE de sa voix naturelle, et lui donnant un soufflet.

La voilà.

FIGARO.

Ah! Demonio! quel soufflet!

SUZANNE lui en donne un second.

Quel soufflet! et celui-ci?

FIGARO.

Et *ques-à-quo!* de par le diable! est-ce ici la journée des tapes!

SUZANNE le bat à chaque phrase.

Ah! *ques-à-quo?* Suzanne : et voilà pour tes soupçons; voilà pour tes vengeances et pour tes trahisons, tes expédients, tes injures et tes projets. C'est-il ça de l'amour? dis donc comme ce matin?

FIGARO rit en se relevant.

Santa barbara! oui, c'est de l'amour. Oh bonheur! oh délices! ô cent fois heureux Figaro! frappe ma bien-aimée, sans te lasser. Mais quand tu m'auras diapré tout le corps de meurtrissures, regarde avec bonté, Suzon, l'homme le plus fortuné, qui fut jamais battu par une femme.

SUZANNE.

Le plus fortuné! bon fripon, vous n'en séduisiez pas moins la Comtesse, avec un si trompeur babil, que, m'oubliant moi-même, en vérité, c'était pour elle que je cédais.

FIGARO.

Ai-je pu me méprendre, au son de ta jolie voix?

SUZANNE, en riant.

Tu m'as reconnue? Ah! comme je m'en vengerai!

FIGARO.

Bien rosser et garder rancune est aussi par trop féminin! Mais dis-moi donc par quel bonheur je te vois là, quand je te croyais avec lui; et comment cet habit, qui m'abusait, te montre enfin innocente...

SUZANNE.

Eh c'est toi qui es un innocent, de venir te prendre au piége apprêté pour un autre! Est-ce notre faute à nous, si, voulant museler un renard, nous en attrapons deux?

FIGARO.

Qui donc prend l'autre?

SUZANNE.

Sa femme.

FIGARO.

Sa femme?

SUZANNE.
Sa femme.

FIGARO, follement.
Ah Figaro, pends-toi; tu n'a pas deviné celui-là! — Sa femme? O douze ou quinze mille fois spirituelles femelles! — Ainsi les baisers de cette salle?

SUZANNE.
Ont été donnés à Madame.

FIGARO.
Et celui du Page?

SUZANNE, riant.
A Monsieur.

FIGARO.
Et tantôt, derrière le fauteuil?

SUZANNE.
A personne.

FIGARO.
En êtes-vous sûre?

SUZANNE, riant.
Il pleut des soufflets, Figaro.

FIGARO lui baise la main.
Ce sont des bijoux que les tiens. Mais celui du Comte était de bonne guerre.

SUZANNE.
Allons, Superbe! humilie-toi.

FIGARO fait tout ce qu'il annonce.
Cela est juste; à genoux, bien courbé, prosterné, ventre à terre.

SUZANNE, en riant.
Ah! ce pauvre Comte, quelle peine il s'est donnée...

FIGARO se relève sur ses genoux.
... Pour faire la conquête de sa femme!

SCÈNE IX.

LE COMTE entre par le fond du théâtre, et va droit au pavillon à sa droite.
FIGARO, SUZANNE.

LE COMTE, à lui-même.
Je la cherche en vain dans le bois, elle est peut-être entrée ici.

SUZANNE, à Figaro, parlant bas.
C'est lui.

LE COMTE, ouvrant le pavillon.

Suzon, es-tu là dedans?

FIGARO, bas.

Il la cherche, et moi je croyais...

SUZANNE, bas.

Il ne l'a pas reconnue.

FIGARO.

Achevons-le, veux-tu? (Il lui baise la main.)

LE COMTE se retourne.

Un homme aux pieds de la Comtesse!... Ah! je suis sans armes. (Il s'avance.)

FIGARO se relève tout à fait en déguisant sa voix.

Pardon, Madame, si je n'ai pas réfléchi que ce rendez-vous ordinaire était destiné pour la noce.

LE COMTE, à part.

C'est l'homme du cabinet de ce matin. (Il se frappe le front.)

FIGARO continue.

Mais il ne sera pas dit qu'un obstacle aussi sot aura retardé nos plaisirs.

LE COMTE, à part.

Massacre, mort, enfer!

FIGARO, la conduisant au cabinet.

(Bas.) Il jure. (Haut.) Pressons-nous donc, Madame, et réparons le tort qu'on nous a fait tantôt, quand j'ai sauté par la fenêtre.

LE COMTE, à part.

Ah! tout se découvre enfin.

SUZANNE, près du pavillon à sa gauche.

Avant d'entrer, voyez si personne n'a suivi. (Il la baise au front.)

LE COMTE s'écrie.

Vengeance! (Suzanne s'enfuit dans le pavillon où sont entrés Fanchette, Marceline et Chérubin.)

SCÈNE X.

LE COMTE, FIGARO.

LE COMTE saisit le bras de Figaro.

FIGARO, jouant la frayeur excessive.

C'est mon maître.

LE COMTE le reconnaît.

Ah scélérat, c'est toi! Holà quelqu'un, quelqu'un?

SCÈNE XI.

PEDRILLE, LE COMTE, FIGARO.

PEDRILLE botté.
Monseigneur, je vous trouve enfin.

LE COMTE.
Bon, c'est Pedrille. Es-tu tout seul?

PEDRILLE.
Arrivant de Séville à étripe-cheval.

LE COMTE.
Approche-toi de moi, et crie bien fort.

PEDRILLE, criant à tue-tête.
Pas plus de Page que sur ma main. Voilà le paquet.

LE COMTE le repousse.
Eh l'animal!

PEDRILLE.
Monseigneur me dit de crier.

LE COMTE, tenant toujours Figaro.
Pour appeler. — Holà quelqu'un; si l'on m'entend, accourez tous?

PEDRILLE.
Figaro et moi, nous voilà deux; que peut-il vous arriver!

SCÈNE XII.

Les Acteurs précédents, BRID'OISON, BARTHOLO, BAZILE, ANTONIO, GRIPE-SOLEIL, toute la noce accourt avec des flambeaux.

BARTHOLO, à Figaro.
Tu vois qu'à ton premier signal...

LE COMTE, montrant le pavillon à sa gauche.
Pedrille, empare-toi de cette porte. (Pedrille y va.)

BAZILE, bas à Figaro.
Tu l'as surpris avec Suzanne?

LE COMTE, montrant Figaro.
Et vous tous, mes vassaux, entourez-moi cet homme et m'en répondez sur la vie.

BAZILE.

Ha! ha!

LE COMTE, furieux.

Taisez-vous donc. (A Figaro d'un ton glacé.) Mon cavalier, répondez-vous à mes questions?

FIGARO, froidement.

Eh! qui pourrait m'en exempter, Monseigneur? Vous commandez à tout ici, hors à vous-même.

LE COMTE, se contenant.

Hors à moi-même!

ANTONIO.

C'est ça parler.

LE COMTE reprend sa colère.

Non, si quelque chose pouvait augmenter ma fureur, ce serait l'air calme qu'il affecte.

FIGARO.

Sommes-nous donc des soldats qui tuent et se font tuer, pour des intérêts qu'ils ignorent! Je veux savoir pour quoi je me fâche.

LE COMTE hors de lui.

O rage! (Se contenant.) Homme de bien qui feignez d'ignorer, nous ferez-vous au moins la faveur de nous dire quelle est la dame actuellement par vous amenée dans ce pavillon?

FIGARO, montrant l'autre avec malice.

Dans celui-là?

LE COMTE, vite.

Dans celui-ci.

FIGARO, froidement.

C'est différent. Une jeune personne qui m'honore de ses bontés particulières.

BAZILE étonné.

Ha! ha!

LE COMTE, vite.

Vous l'entendez, Messieurs?

BARTHOLO étonné.

Nous l'entendons.

LE COMTE, à Figaro.

Et cette jeune personne a-t-elle un autre engagement que vous sachiez?

FIGARO, froidement.

Je sais qu'un grand Seigneur s'en est occupé quelque temps; mais, soit qu'il l'ait négligée, ou que je lui plaise mieux qu'un plus aimable, elle me donne aujourd'hui la préférence.

LE COMTE, vivement.

La préf... (Se contenant.) Au moins il est naïf! car ce qu'il avoue, messieurs, je l'ai ouï, je vous jure, de la bouche même de sa complice.

BRID'OISON, stupéfait.

Sa-a complice!

LE COMTE, avec fureur.

Or, quand le déshonneur est public, il faut que la vengeance le soit aussi. (Il entre dans le pavillon.)

SCÈNE XIII.

Tous les Acteurs précédents, hors LE COMTE.

ANTONIO.

C'est juste.

BRID'OISON, à Figaro.

Qui-i donc a pris la femme de l'autre?

FIGARO, en riant.

Aucun n'a eu cette joie-là.

SCÈNE XIV.

Les Acteurs précédents, LE COMTE, CHÉRUBIN.

LE COMTE, parlant dans le pavillon, et attirant quelqu'un qu'on ne voit pas encore.

Tous vos efforts sont inutiles; vous êtes perdue, Madame, et votre heure est bien arrivée! (Il sort sans regarder.) Quel bonheur qu'aucun gage d'une union aussi détestée!...

FIGARO s'écrie.

Chérubin!

LE COMTE.

Mon page?

BAZILE.

Ha, ha!

LE COMTE, hors de lui, à part.

Et toujours le Page endiablé! (A Chérubin.) Que faisiez-vous dans ce salon?

CHÉRUBIN, timidement.

Je me cachais, comme vous l'avez ordonné.

PÉDRILLE.

Bien la peine de crever un cheval!

LE COMTE.

Entres-y, toi, Antonio; conduis devant son juge l'infâme qui m'a déshonoré.

BRID'OISON.

C'est Madame que vous y-y cherchez?

ANTONIO.

L'y a, parguenne! une bonne Providence: vous en avez tant fait dans le pays...

LE COMTE, furieux.

Entre donc! (Antonio entre.)

SCÈNE XV.

Les Acteurs précédents, excepté ANTONIO.

LE COMTE.

Vous allez voir, messieurs, que le Page n'y était pas seul.

CHÉRUBIN, timidement.

Mon sort eût été trop cruel, si quelque âme sensible n'en eût adouci l'amertume.

SCÈNE XVI.

Les Acteurs précédents, ANTONIO, FANCHETTE.

ANTONIO, attirant par le bras quelqu'un qu'on ne voit pas encore.

Allons, Madame, il ne faut pas vous faire prier pour en sortir, puisqu'on sait que vous y êtes entrée.

FIGARO s'écrie.

La petite cousine!

BAZILE.

Ha, ha!

LE COMTE.

Fanchette!

ANTONIO se retourne et s'écrie.

Ah, palsembleu! Monseigneur, il est gaillard de me choisir pour montrer à la compagnie que c'est ma fille qui cause tout ce train-là!

LE COMTE, outré.

Qui la savait là dedans? (Il veut rentrer.)

BARTHOLO, au devant.

Permettez, Monsieur le Comte, ceci n'est pas plus clair. Je suis de sang-froid, moi. (Il entre.)

BRID'OISON.

Voilà une affaire au-aussi trop embrouillée.

SCÈNE XVII.

Les Acteurs précédents, MARCELINE.

BARTHOLO, parlant en dedans, et sortant.

Ne craignez rien, Madame, il ne vous sera fait aucun mal : j'en réponds. (Il se retourne et s'écrie.) Marceline!...

BAZILE.

Ha, ha!

FIGARO, riant.

Hé, quelle folie! ma mère en est?

ANTONIO.

A qui pis fera.

LE COMTE, outré.

Que m'importe, à moi? La Comtesse...

SCÈNE XVIII.

Les Acteurs précédents, SUZANNE.

SUZANNE, son éventail sur le visage.

LE COMTE.

... Ah! la voici qui sort. (Il la prend violemment par le bras.) Que croyez-vous, messieurs, que mérite une odieuse...?

SUZANNE se jette à genoux la tête baissée.

LE COMTE.

Non, non.

FIGARO se jette à genoux de l'autre côté.

LE COMTE, plus fort.

Non, non.

MARCELINE se jette à genoux devant lui.

LE COMTE, plus fort.

Non, non.

TOUS se mettent à genoux, excepté Brid'oison.

LE COMTE, hors de lui.

Y fussiez-vous un cent!

SCÈNE XIX ET DERNIÈRE.

Tous les Acteurs précédents, LA COMTESSE
sort de l'autre pavillon.

LA COMTESSE se jette à genoux.

Au moins je ferai nombre.

LE COMTE, regardant la Comtesse et Suzanne.

Ah! qu'est-ce que je vois!..

BRID'OISON, riant.

Eh, pardi! c'è-est Madame.

LE COMTE veut relever la Comtesse.

Quoi! c'était vous, Comtesse? (D'un ton suppliant.) Il n'y a qu'un pardon bien généreux...

LA COMTESSE, en riant.

Vous diriez, *non, non*, à ma place; et moi, pour la troisième fois d'aujourd'hui, je l'accorde sans condition. (Elle se relève.)

SUZANNE se relève.

Moi aussi.

MARCELINE se relève.

Moi aussi.

FIGARO se relève.

Moi aussi. Il y a de l'écho ici! (Tous se relèvent.)

LE COMTE.

De l'écho! — J'ai voulu ruser avec eux; ils m'ont traité comme un enfant.

LA COMTESSE, en riant.

Ne le regrettez pas, Monsieur le Comte.

FIGARO, s'essuyant les genoux avec son chapeau.

Une petite journée comme celle-ci forme bien un ambassadeur!

LE COMTE, à Suzanne.

Ce billet fermé d'une épingle?...

SUZANNE.

C'est Madame qui l'avait dicté.

LE COMTE.

La réponse lui en est bien due. (Il baise la main de la Comtesse.)

LA COMTESSE.

Chacun aura ce qui lui appartient. (Elle donne la bourse à Figaro et le diamant à Suzanne.)

SUZANNE, à Figaro.

Encore une dot!

FIGARO, frappant la bourse dans sa main.

Et de trois. Celle-ci fut rude à arracher!

SUZANNE.

Comme notre mariage.

GRIPE-SOLEIL.

Et la jarretière de la mariée, l'aurons-je?

LA COMTESSE arrache le ruban qu'elle a tant gardé dans son sein, et le jette à terre.

La jarretière? Elle était avec ses habits; la voilà.

LES GARÇONS de la noce veulent la ramasser.

CHÉRUBIN, plus alerte, court la prendre et dit.

Que celui qui la veut vienne me la disputer.

LE COMTE, en riant, au Page.

Pour un monsieur si chatouilleux, qu'avez-vous trouvé de gai à certain soufflet de tantôt?

CHÉRUBIN recule en tirant à moitié son épée.

A moi, mon Colonel?

FIGARO, avec une colère comique.

C'est sur ma joue qu'il l'a reçu : voilà comme les Grands font justice!

LE COMTE, riant.

C'est sur sa joue? Ah, ah, ah! Qu'en dites-vous donc, ma chère Comtesse?

LA COMTESSE absorbée revient à elle, et dit avec sensibilité.

Ah, oui! cher Comte, et pour la vie, sans distraction, je vous le jure.

LE COMTE, frappant sur l'épaule du Juge.

Et vous, Don Brid'oison, votre avis maintenant?

BRID'OISON.

Su-ur tout ce que je vois, Monsieur le Comte?... Ma-a foi, pour moi, je-e ne sais que vous dire : voilà ma façon de penser.

TOUS ENSEMBLE.

Bien jugé!

FIGARO.

J'étais pauvre, on me méprisait. J'ai montré quelque esprit, la haine est accourue. Une jolie femme et de la fortune...

BARTHOLO, en riant.

Les cœurs vont te revenir en foule.

FIGARO.

Est-il possible?

BARTHOLO.

Je les connais.

FIGARO, saluant les Spectateurs.

Ma femme et mon bien mis à part, tous me feront honneur et plaisir. (On joue la ritournelle du Vaudeville. *Air noté.*)

VAUDEVILLE.

BAZILE.

PREMIER COUPLET.

Triple dot, femme superbe;
Que de biens pour un époux!
D'un Seigneur, d'un Page imberbe,
Quelque sot serait jaloux.
Du latin d'un vieux proverbe
L'homme adroit fait son parti

FIGARO.

Je le sais... (Il chante.)

Gaudeant bene nati!

BAZILE.

Non. (Il chante.)

Gaudeat bene nanti!

SUZANNE.

DEUXIÈME COUPLET.

Qu'un mari sa foi trahisse,
Il s'en vante, et chacun rit;
Que sa femme ait un caprice,
S'il l'accuse on la punit.
De cette absurde injustice
Faut-il dire le pourquoi?
Les plus forts ont fait la loi.　　(*Bis.*)

FIGARO.

TROISIÈME COUPLET.

Jean Jeannot, jaloux risible,
Veut unir femme et repos;
Il achète un chien terrible,
Et le lâche en son enclos.
La nuit, quel vacarme horrible!
Le chien court, tout est mordu,
Hors l'amant qui l'a vendu.　　(*Bis.*)

LA COMTESSE.

QUATRIÈME COUPLET.

Telle est fière et répond d'elle
Qui n'aime plus son mari;
Telle autre, presque infidèle,

Jure de n'aimer que lui.
La moins folle, hélas! est celle
Qui se veille en son lien,
Sans oser jurer de rien. (*Bis.*)

LE COMTE.

CINQUIÈME COUPLET.

D'une femme de province,
A qui ses devoirs sont chers,
Le succès est assez mince :
Vive la femme aux bons airs!
Semblable à l'écu du Prince,
Sous le coin d'un seul époux,
Elle sert au bien de tous. (*Bis.*)

MARCELINE.

SIXIÈME COUPLET.

Chacun sait la tendre mère
Dont il a reçu le jour;
Tout le reste est un mystère,
C'est le secret de l'amour.

FIGARO continue l'air.

Ce secret met en lumière
Comment le fils d'un butor,
Vaut souvent son pesant d'or. (*Bis.*)

SEPTIÈME COUPLET.

Par le sort de la naissance,
L'un est Roi, l'autre est Berger;
Le hasard fit leur distance;
L'esprit seul peut tout changer.
De vingt Rois que l'on encense,
Le trépas brise l'autel;
Et Voltaire est immortel. (*Bis.*)

CHÉRUBIN.

HUITIÈME COUPLET.

Sexe aimé, sexe volage,
Qui tourmentez nos beaux jours,
Si de vous chacun dit rage,
Chacun vous revient toujours.
Le parterre est votre image;
Tel paraît le dédaigner,
Qui fait tout pour le gagner. (*Bis.*)

SUZANNE.

NEUVIÈME COUPLET.

Si ce gai, ce fol ouvrage,
Renfermait quelque leçon,
En faveur du badinage,
Faites grâce à la raison.
Ainsi la nature sage
Nous conduit, dans nos désirs,
A son but, par les plaisirs.   (*Bis.*)

BRID'OISON.

DIXIÈME COUPLET.

Or, Messieurs, la Co-omédie
Que l'on juge en cè-et instant,
Sauf erreur, nous peint-eint la vie
Du bon peuple qui l'entend.
Qu'on l'opprime, il peste, il crie,
Il s'agite en cent fa-açons :
Tout fini-it par des chansons.   (*Bis.*)

BALLET GÉNÉRAL.

FIN DU MARIAGE DE FIGARO.

Et son fils!

ACTE IV, SCÈNE XV.

L'AUTRE TARTUFFE,

ou

LA MÈRE COUPABLE,

DRAME EN CINQ ACTES ET EN PROSE,

Remis au théâtre de la rue Feydeau,
avec des changements, et joué le 16 floréal an V (5 mai 1797)
par les anciens acteurs du Théâtre-Français.

> On gagne assez dans les familles
> quand on en expulse un méchant.
> (*Dernière phrase de la Pièce.*)

PERSONNAGES.

LE COMTE ALMAVIVA, grand seigneur espagnol, d'une fierté noble, et sans orgueil.

LA COMTESSE ALMAVIVA, très-malheureuse, et d'une angélique piété.

LE CHEVALIER LÉON, leur fils; jeune homme épris de la liberté, comme toutes les âmes ardentes et neuves.

FLORESTINE, pupille et filleule du comte Almaviva; jeune personne d'une grande sensibilité.

M. BÉGEARSS, Irlandais, major d'infanterie espagnole, ancien secrétaire des ambassades du comte; homme très-profond, et grand machinateur d'intrigues, fomentant le trouble avec art.

FIGARO, valet de chambre, chirurgien et homme de confiance du comte; homme formé par l'expérience du monde et des événements.

SUZANNE, première camériste de la comtesse, épouse de Figaro; excellente femme, attachée à sa maîtresse, et revenue des illusions du jeune âge.

M. FAL, notaire du comte; homme exact et très-honnête.

GUILLAUME, valet allemand de M. Bégearss; homme trop simple pour un tel maître.

La Scène est à Paris, dans l'hôtel occupé par la famille du comte, et se passe à la fin de 1790.

ACTE PREMIER.

Le théâtre représente un salon fort orné.

SCÈNE PREMIÈRE.

SUZANNE, tenant des fleurs obscures, dont elle fait un bouquet.

Que Madame s'éveille et sonne, mon triste ouvrage est achevé. (Elle s'assied avec abandon.) A peine il est neuf heures, et je me sens déjà d'une fatigue... Son dernier ordre en la couchant m'a gâté ma nuit tout entière... « Demain, Suzanne, au point du jour, fais apporter beaucoup de fleurs, et garnis-en mes cabinets. — Au portier : — Que, de la journée, il n'entre personne pour moi. — Tu me formeras un bouquet de fleurs noires et rouge foncé, un seul œillet blanc au milieu... » Le voilà. — Pauvre maîtresse! elle pleurait!... Pour qui ce mélange d'apprêts?... Eeeh! si nous étions en Espagne, ce serait aujourd'hui la fête de son fils Léon... (Avec mystère.) et d'un autre homme qui n'est plus! (Elle regarde les fleurs.) Les couleurs du sang et du deuil! (Elle soupire.) Ce cœur blessé ne se guérira jamais! — Attachons-le d'un crêpe noir, puisque c'est là sa triste fantaisie! (Elle attache le bouquet.)

SCÈNE II.

SUZANNE, FIGARO, regardant avec mystère.

(Cette scène doit marcher chaudement.)

SUZANNE.

Entre donc, Figaro! Tu prends l'air d'un amant en bonne fortune chez ta femme!

FIGARO.

Peut-on vous parler librement?

SUZANNE.

Oui, si la porte reste ouverte.

FIGARO.

Et pourquoi cette précaution?

SUZANNE.

C'est que l'homme dont il s'agit peut entrer d'un moment à l'autre.

FIGARO, appuyant.

Honoré-Tartufe. — *Bégearss.*

SUZANNE.

Et c'est un rendez-vous donné. — Ne t'accoutume donc pas à charger son nom d'épithètes; cela peut se redire et nuire à tes projets.

FIGARO.

Il s'appelle *Honoré!*

SUZANNE.

Mais non pas *Tartufe.*

FIGARO.

Morbleu!

SUZANNE.

Tu as le ton bien soucieux!

FIGARO.

Furieux! (Elle se lève.) Est-ce là notre convention? M'aidez-vous franchement, Suzanne, à prévenir un grand désordre? Serais-tu dupe encore de ce très-méchant homme?

SUZANNE.

Non, mais je crois qu'il se méfie de moi; il ne me dit plus rien. J'ai peur, en vérité, qu'il ne nous croie raccommodés.

FIGARO.

Feignons toujours d'être brouillés.

SUZANNE.

Mais qu'as-tu donc appris qui te donne une telle humeur?

FIGARO.

Recordons-nous d'abord sur les principes. Depuis que nous sommes à Paris, et que M. Almaviva... (Il faut bien lui donner son nom, puisqu'il ne souffre plus qu'on l'appelle Monseigneur...)

SUZANNE, avec humeur.

C'est beau! et Madame sort sans livrée! Nous avons l'air de tout le monde!

FIGARO.

Depuis, dis-je, qu'il a perdu, par une querelle du jeu, son libertin de fils aîné, tu sais comme tout a changé pour nous! comme l'humeur du Comte est devenue sombre et terrible!

SUZANNE.

Tu n'es pas mal bourru non plus!

FIGARO.

Comme son autre fils paraît lui devenir odieux!

SUZANNE.

Que trop!

FIGARO.

Comme Madame est malheureuse!

SUZANNE.

C'est un grand crime qu'il commet!

FIGARO.

Comme il redouble de tendresse pour sa pupille Florestine! Comme il fait, surtout, des efforts pour dénaturer sa fortune!

SUZANNE.

Sais-tu, mon pauvre Figaro, que tu commences à radoter? Si je sais tout cela : qu'est-il besoin de me le dire?

FIGARO.

Encore faut-il bien s'expliquer pour s'assurer que l'on s'entend! N'est-il pas avéré pour nous que cet astucieux Irlandais, le fléau de cette famille, après avoir chiffré, comme secrétaire, quelques ambassades auprès du Comte, s'est emparé de leurs secrets à tous? que ce profond machinateur a su les entraîner, de l'indolente Espagne, en ce pays, remué de fond en comble, espérant y mieux profiter de la désunion où ils vivent, pour séparer le mari de la femme, épouser la pupille et envahir les biens d'une maison qui se délabre?

SUZANNE.

Enfin, moi! que puis-je à cela?

FIGARO.

Ne jamais le perdre de vue; me mettre au cours de ses démarches.

SUZANNE.

Mais je te rends tout ce qu'il dit.

FIGARO.

Oh! ce qu'il dit... n'est que ce qu'il veut dire! Mais saisir, en parlant, les mots qui lui échappent, le moindre geste, un mouvement; c'est là qu'est le secret de l'âme! Il se trame ici quelque horreur! il faut qu'il s'en croie assuré; car je lui trouve un air... plus faux, plus perfide et plus fat; cet air des sots de ce pays, triomphant avant le succès! Ne peux-tu être aussi perfide que lui? l'amadouer, le bercer d'espoir? quoi qu'il demande, ne pas le refuser?...

SUZANNE.

C'est beaucoup!

FIGARO.

Tout est bien, et tout marche au but, si j'en suis promptement instruit.

SUZANNE.

... Et si j'en instruis ma maîtresse?

FIGARO.

Il n'est pas temps encore; ils sont tous subjugués par lui. On ne te croirait pas; tu nous perdrais, sans les sauver. Suis-le partout, comme son ombre... et moi, je l'épie au dehors.

SUZANNE.

Mon ami, je t'ai dit qu'il se défie de moi; et s'il nous surprenait ensemble... Le voilà qui descend... Ferme!... Ayons l'air de quereller bien fort. (Elle pose le bouquet sur la table.)

FIGARO, élevant la voix.

Moi, je ne le veux pas. Que je t'y prenne une autre fois!...

SUZANNE, élevant la voix.

Certes!... oui, je te crains beaucoup!

FIGARO, feignant de lui donner un soufflet.

Ah! tu me crains!... Tiens, insolente!

SUZANNE, feignant de l'avoir reçu.

Des coups à moi!... chez ma maîtresse!

ACTE I, SCÈNE III. 249

Ah! les scélérats d'hommes! (ACTE I, SCÈNE IV.)

SCÈNE III.

LE MAJOR BÉGEARSS, FIGARO, SUZANNE.

BÉGEARSS, en uniforme, un crêpe noir au bras.

Eh mais, quel bruit! Depuis une heure j'entends disputer de chez moi...

FIGARO, à part.

Depuis une heure!

32

BÉGEARSS.

Je sors, je trouve une femme éplorée...

SUZANNE, feignant de pleurer.

Le malheureux lève la main sur moi!

BÉGEARSS.

Ah, l'horreur! Monsieur Figaro! un galant homme a-t-il jamais frappé une personne de l'autre sexe?

FIGARO, brusquement.

Eh morbleu! Monsieur, laissez-nous! Je ne suis point *un galant homme*; et cette femme n'est point *une personne de l'autre sexe* : elle est ma femme; une insolente, qui se mêle dans des intrigues et qui croit pouvoir me braver, parce qu'elle a ici des gens qui la soutiennent. Oh! j'entends la morigéner!...

BÉGEARSS.

Est-on brutal à cet excès?

FIGARO.

Monsieur, si je prends un arbitre de mes procédés envers elle, ce sera moins vous que tout autre; et vous savez trop bien pourquoi!

BÉGEARSS.

Vous me manquez, Monsieur; je vais m'en plaindre à votre maître.

FIGARO, raillant.

Vous manquer! moi? c'est impossible. (Il sort.)

SCÈNE IV.

BÉGEARSS, SUZANNE.

BÉGEARSS.

Mon enfant, je n'en reviens point. Quel est donc le sujet de son emportement?

SUZANNE.

Il m'est venu chercher querelle; il m'a dit cent horreurs de vous. Il me défendait de vous voir, de jamais oser vous parler. J'ai pris votre parti; la dispute s'est échauffée; elle a fini par un soufflet... Voilà le premier de sa vie; mais moi, je veux me séparer : vous l'avez vu...

BÉGEARSS.

Laissons cela. — Quelque léger nuage altérait ma confiance en toi; mais ce débat l'a dissipé.

SUZANNE.
Sont-ce là vos consolations?
BÉGEARSS.
Va! c'est moi qui t'en vengerai! Il est bien temps que je m'acquitte envers toi, ma pauvre Suzanne! Pour commencer, apprends un grand secret... Mais sommes-nous bien sûrs que la porte est fermée? (Suzanne y va voir.) (Il dit à part :) Ah! si je puis avoir seulement trois minutes l'écrin au double fond que j'ai fait faire à la Comtesse, où sont ces importantes lettres...
SUZANNE revient.
Eh bien! ce grand secret?
BÉGEARSS.
Sers ton ami; ton sort devient superbe. — J'épouse Florestine; c'est un point arrêté; son père le veut absolument.
SUZANNE.
Qui, son père?
BÉGEARSS, en riant.
Et d'où sors-tu donc! Règle certaine, mon enfant; lorsque telle orpheline arrive chez quelqu'un comme pupille, ou bien comme filleule, elle est toujours la fille du mari. (D'un ton sérieux.) Bref, je puis l'épouser... si tu me la rends favorable.
SUZANNE.
Oh! mais Léon en est très-amoureux.
BÉGEARSS.
Leur fils? (Froidement.) Je l'en détacherai.
SUZANNE, étonnée.
Ha!... Elle aussi, elle est fort éprise!
BÉGEARSS.
De lui?...
SUZANNE.
Oui.
BÉGEARSS, froidement.
Je l'en guérirai.
SUZANNE, plus surprise.
Ha, ha!... Madame, qui le sait, donne les mains à leur union!
BÉGEARSS, froidement.
Nous la ferons changer d'avis.
SUZANNE, stupéfaite.
Aussi?... Mais Figaro, si je vois bien, est le confident du jeune homme!
BÉGEARSS.
C'est le moindre de mes soucis. Ne serais-tu pas aise d'en être délivrée?

SUZANNE.

S'il ne lui arrive aucun mal!...

BÉGEARSS.

Fi donc! La seule idée flétrit l'austère probité. Mieux instruits sur leurs intérêts, ce sont eux-mêmes qui changeront d'avis.

SUZANNE, incrédule.

Si vous faites cela, Monsieur...

BÉGEARSS, appuyant.

Je le ferai. — Tu sens que l'amour n'est pour rien dans un pareil arrangement. (L'air caressant.) Je n'ai jamais vraiment aimé que toi.

SUZANNE, incrédule.

Ah! si Madame avait voulu...

BÉGEARSS.

Je l'aurais consolée sans doute; mais elle a dédaigné mes vœux!... Suivant le plan que le Comte a formé, la Comtesse va au couvent.

SUZANNE, vivement.

Je ne me prête à rien contre elle.

BÉGEARSS.

Que diable! il la sert dans ses goûts! Je t'entends toujours dire : « Ah! c'est un ange sur la terre! »

SUZANNE, en colère.

Eh bien! faut-il la tourmenter?

BÉGEARSS, riant.

Non; mais du moins la rapprocher de ce ciel, la patrie des anges, dont elle est un moment tombée!... Et puisque, dans ces nouvelles et merveilleuses lois, le divorce s'est établi...

SUZANNE, vivement.

Le Comte veut s'en séparer?

BÉGEARSS.

S'il peut.

SUZANNE, en colère.

Ah! les scélérats d'hommes! Quand on les étranglerait tous!...

BÉGEARSS.

J'aime à croire que tu m'en exceptes?

SUZANNE.

Ma foi!... pas trop.

BÉGEARSS, riant.

J'adore ta franche colère; elle met à jour ton bon cœur! Quant à l'amoureux chevalier, il le destine à voyager... longtemps. — Le Figaro, homme expérimenté, sera son discret conducteur. (Il lui prend la main.) Et voici ce qui nous concerne : le Comte, Florestine et moi, habiterons le même hôtel; et la chère Suzanne à nous, chargée de toute la confiance, sera notre surintendant, commandera la domesticité, aura la grande main sur tout. Plus de mari, plus de soufflets, plus de brutal contradicteur; des jours filés d'or et de soie, et la vie la plus fortunée!...

SUZANNE.

A vos cajoleries, je vois que vous voulez que je vous serve auprès de Florestine?

BÉGEARSS, caressant.

A dire vrai, j'ai compté sur tes soins. Tu fus toujours une excellente femme! J'ai tout le reste dans ma main; ce point seul est entre les tiennes. (Vivement.) Par exemple, aujourd'hui tu peux nous rendre un signalé... (Suzanne l'examine.)

BÉGEARSS se reprend.

Je dis *un signalé*, par l'importance qu'il y met. (Froidement.) Car, ma foi! c'est bien peu de chose. Le Comte aurait la fantaisie... de donner à sa fille, en signant le contrat, une parure absolument semblable aux diamants de la Comtesse. Il ne voudrait pas qu'on le sût.

SUZANNE, surprise.

Ha, ha!...

BÉGEARSS.

Ce n'est pas trop mal vu. De beaux diamants terminent bien des choses! Peut-être il va te demander d'apporter l'écrin de sa femme, pour en confronter les dessins avec ceux de son joaillier...

SUZANNE.

Pourquoi comme ceux de Madame? C'est une idée assez bizarre!

BÉGEARSS.

Il prétend qu'ils soient aussi beaux... Tu sens, pour moi, combien c'était égal! Tiens, vois-tu? le voici qui vient.

SCÈNE V.

LE COMTE, BÉGEARSS, SUZANNE.

LE COMTE.

Monsieur Bégearss, je vous cherchais.

BÉGEARSS.

Avant d'entrer chez vous, Monsieur, je venais prévenir Suzanne que vous avez dessein de lui demander cet écrin...

SUZANNE.

Au moins, Monseigneur, vous sentez...

LE COMTE.

Eh! laisse là ton Monseigneur! N'ai-je pas ordonné, en passant dans ce pays-ci?...

SUZANNE.

Je trouve, Monseigneur, que cela nous amoindrit.

LE COMTE.

C'est que tu t'entends mieux en vanité qu'en vraie fierté. Quand on veut vivre dans un pays, il n'en faut point heurter les préjugés.

SUZANNE.

Eh bien! Monsieur, du moins vous me donnez votre parole...

LE COMTE, fièrement.

Depuis quand suis-je méconnu?

SUZANNE.

Je vais donc vous l'aller chercher. (A part.) Dame! Figaro m'a dit de ne rien refuser!...

SCÈNE VI.

LE COMTE, BÉGEARSS.

LE COMTE.

J'ai tranché sur le point qui paraissait l'inquiéter.

BÉGEARSS.

Il en est un, Monsieur, qui m'inquiète beaucoup plus : je vous trouve un air accablé...

LE COMTE.

Te le dirai-je, ami! la perte de mon fils me semblait le plus grand malheur. Un chagrin plus poignant fait saigner ma blessure et rend ma vie insupportable.

BÉGEARSS.

Si vous ne m'aviez pas interdit de vous contrarier là-dessus, je vous dirais que votre second fils...

LE COMTE, vivement.

Mon second fils! je n'en ai point!

BÉGEARSS.

Calmez-vous, Monsieur; raisonnons. La perte d'un enfant chéri peut vous rendre injuste envers l'autre, envers votre épouse, envers vous. Est-ce donc sur des conjectures qu'il faut juger de pareils faits?

LE COMTE.

Des conjectures? Ah! j'en suis trop certain! Mon grand chagrin est de manquer de preuves. — Tant que mon pauvre fils vécut, j'y mettais fort peu d'importance. Héritier de mon nom, de mes places, de ma fortune... que me faisait cet autre individu? Mon froid dédain, un nom de terre, une croix de Malte, une pension, m'auraient vengé de sa mère et de lui! Mais, conçois-tu mon désespoir, en perdant un fils adoré, de voir un étranger succéder à ce rang, à ces titres; et, pour irriter ma douleur, venir tous les jours me donner le nom odieux de *son père?*

BÉGEARSS.

Monsieur, je crains de vous aigrir en cherchant à vous apaiser; mais la vertu de votre épouse...

LE COMTE, avec colère.

Ah! ce n'est qu'un crime de plus. Couvrir d'une vie exemplaire un affront tel que celui-là! Commander vingt ans par ses mœurs et la piété la plus sévère, l'estime et le respect du monde; et verser sur moi seul, par cette conduite affectée, tous les torts qu'entraîne après soi ma prétendue bizarrerie!... Ma haine pour eux s'en augmente.

BÉGEARSS.

Que vouliez-vous donc qu'elle fît? Même en la supposant coupable, est-il au monde quelque faute qu'un repentir de vingt années ne doive effacer à la fin? Fûtes-vous sans reproche vous-même? Et cette jeune Florestine, que vous nommez votre pupille, et qui vous touche de plus près...

LE COMTE.

Qu'elle assure donc ma vengeance! Je dénaturerai mes biens, et les lui ferai tous passer. Déjà trois millions d'or, arrivés de la *Vera-Crux,* vont lui servir de dot; et c'est à toi que je les donne. Aide-moi seulement à jeter sur ce don un voile impénétrable. En acceptant mon portefeuille, et te présentant comme époux, suppose un héritage, un legs de quelque parent éloigné...

BÉGEARSS, montrant le crêpe de son bras.

Voyez que, pour vous obéir, je me suis déjà mis en deuil.

LE COMTE.

Quand j'aurai l'agrément du roi pour l'échange entamé de toutes mes terres d'Espagne contre des biens dans ce pays, je trouverai moyen de vous en assurer la possession à tous deux.

BÉGEARSS, vivement.

Et moi, je n'en veux point. Croyez-vous que, sur des soupçons... peut-être encore très-peu fondés, j'irai me rendre le complice de la spoliation entière de l'héritier de votre nom? d'un jeune homme plein de mérite? car il faut avouer qu'il en a...

LE COMTE, impatienté.

Plus que mon fils, voulez-vous dire? Chacun le pense comme vous : cela m'irrite contre lui!...

BÉGEARSS.

Si votre pupille m'accepte, et si, sur vos grands biens, vous prélevez, pour la doter, ces trois millions d'or du Mexique ; je ne supporte point l'idée d'en devenir propriétaire, et ne les recevrai qu'autant que le contrat en contiendra la donation que mon amour sera censé lui faire.

LE COMTE le serre dans ses bras.

Loyal et franc ami! Quel époux je donne à ma fille!...

SCÈNE VII.

LE COMTE, BÉGEARSS, SUZANNE.

SUZANNE.

Monsieur, voilà le coffre aux diamants; ne le gardez pas trop longtemps; que je puisse le remettre en place avant qu'il soit jour chez Madame.

LE COMTE.

Suzanne, en t'en allant, défends qu'on entre, à moins que je ne sonne.

SUZANNE, à part.

Avertissons Figaro de ceci. (Elle sort.)

SCÈNE VIII.

LE COMTE, BÉGEARSS.

BÉGEARSS.

Quel est votre projet sur l'examen de cet écrin?

LE COMTE tire de sa poche un bracelet entouré de brillants.

Je ne veux plus te déguiser tous les détails de mon affront; écoute. Un certain Léon d'Astorga, qui fut jadis mon page, et que l'on nommait Chérubin...

BÉGEARSS.

Je l'ai connu, nous servions dans le régiment dont je vous dois d'être major. Mais il y a vingt ans qu'il n'est plus.

ACTE I, SCÈNE VIII. 257

L'écrin, l'écrin (ACTE I, SCÈNE XI.)

LE COMTE.

C'est ce qui fonde mon soupçon. Il eut l'audace de l'aimer. Je la crus éprise de lui; je l'éloignai d'Andalousie, par un emploi dans ma légion. — Un an après la naissance du fils... qu'un combat détesté m'enlève (Il met la main à ses yeux.); lorsque je m'embarquai vice-roi du Mexique, au lieu de rester à Madrid, ou dans mon palais à Séville, ou d'habiter Aguas-Frescas, qui est un superbe séjour; quelle retraite, ami, crois-tu que ma femme choisit? Le vilain château d'Astorga, chef-lieu d'une méchante terre, que j'avais achetée des parents de ce page. C'est là qu'elle a voulu passer les trois années de mon absence; qu'elle y a mis au monde... (après neuf

33

ou dix mois, que sais-je?) ce misérable enfant, qui porte les traits d'un perfide! Jadis, lorsqu'on m'avait peint pour le bracelet de la Comtesse, le peintre ayant trouvé ce page fort joli, désira d'en faire une étude; c'est un des beaux tableaux de mon cabinet.

BÉGEARSS.

Oui... (Il baisse les yeux) à telles enseignes que votre épouse...

LE COMTE, vivement.

Ne veut jamais le regarder? Eh bien! sur ce portrait, j'ai fait faire celui-ci, dans ce bracelet, pareil en tout au sien, fait par le même joaillier qui monta tous ses diamants : je vais le substituer à la place du mien. Si elle en garde le silence, vous sentez que ma preuve est faite. Sous quelque forme qu'elle en parle, une explication sévère éclaircit ma honte à l'instant.

BÉGEARSS.

Si vous demandez mon avis, Monsieur, je blâme un tel projet.

LE COMTE.

Pourquoi?

BÉGEARSS.

L'honneur répugne à de pareils moyens. Si quelque hasard, heureux ou malheureux, vous eût présenté certains faits, je vous excuserais de les approfondir. Mais tendre un piége! des surprises! Eh! quel homme, un peu délicat, voudrait prendre un tel avantage sur son plus mortel ennemi?

LE COMTE.

Il est trop tard pour reculer; le bracelet est fait, le portrait du page est dedans...

BÉGEARSS prend l'écrin.

Monsieur, au nom du véritable honneur...

LE COMTE a enlevé le bracelet de l'écrin.

Ah! mon cher portrait, je te tiens! J'aurai du moins la joie d'en orner le bras de ma fille, cent fois plus digne de le porter!... (Il y substitue l'autre.)

BÉGEARSS feint de s'y opposer. Ils tirent chacun l'écrin de leur côté;
Bégearss fait ouvrir adroitement le double fond, et dit avec colère :

Ah! voilà la boîte brisée!

LE COMTE regarde.

Non; ce n'est qu'un secret que le débat a fait ouvrir. Ce double fond renferme des papiers!

BÉGEARSS s'y opposant.

Je me flatte, Monsieur, que vous n'abuserez point...

LE COMTE, impatient.

« Si quelque heureux hasard vous eût présenté certains faits, me disais-tu dans le moment, je vous excuserais de les approfondir... » Le hasard me les offre, et je vais suivre ton conseil. (Il arrache les papiers.)

BÉGEARSS, avec chaleur.

Pour l'espoir de ma vie entière, je ne voudrais pas devenir complice d'un tel attentat! Remettez ces papiers, Monsieur, ou souffrez que je me retire. (Il s'éloigne.)

LE COMTE tient des papiers et lit.
Bégearss le regarde en dessous, et s'applaudit secrètement.

LE COMTE.

(Avec fureur.) Je n'en veux pas apprendre davantage; renferme tous les autres, et moi je garde celui-ci.

BÉGEARSS.

Non; quel qu'il soit, vous avez trop d'honneur pour commettre une...

LE COMTE, fièrement.

Une?... Achevez; tranchez le mot : je puis l'entendre.

BÉGEARSS, se courbant.

Pardon, Monsieur, mon bienfaiteur! et n'imputez qu'à ma douleur l'indécence de mon reproche.

LE COMTE.

Loin de t'en savoir mauvais gré, je t'en estime davantage. (Il se jette sur un fauteuil.) Ah! perfide Rosine!... Car, malgré mes légèretés, elle est la seule pour qui j'aie éprouvé... J'ai subjugué les autres femmes! Ah! je sens à ma rage combien cette indigne passion!... Je me déteste de l'aimer!

BÉGEARSS.

Au nom de Dieu, Monsieur, remettez ce fatal papier!

SCÈNE IX.

FIGARO, LE COMTE, BÉGEARSS.

LE COMTE se lève.

Homme importun! que voulez-vous?

FIGARO.

J'entre parce qu'on a sonné.

LE COMTE, en colère.

J'ai sonné? Valet curieux!...

FIGARO.

Interrogez le joaillier, qui l'a entendu comme moi.

LE COMTE.

Mon joaillier? que me veut-il?

FIGARO.

Il dit qu'il a un rendez-vous pour un bracelet qu'il a fait. (Bégearss, s'apercevant qu'il cherche à voir l'écrin qui est sur la table, fait ce qu'il peut pour le masquer.)

LE COMTE.

Ah!... qu'il revienne un autre jour.

FIGARO, avec malice.

Mais pendant que Monsieur a l'écrin de Madame ouvert, il serait peut-être à propos...

LE COMTE, en colère.

Monsieur l'inquisiteur! partez; et s'il vous échappe un seul mot...

FIGARO.

Un seul mot? J'aurais trop à dire : je ne veux rien faire à demi. (Il examine l'écrin, le papier que tient le Comte, lance un fier coup d'œil à Bégearss et sort.)

SCÈNE X.

LE COMTE, BÉGEARSS.

LE COMTE.

Refermons ce perfide écrin. J'ai la preuve que je cherchais. Je la tiens, j'en suis désolé; pourquoi l'ai-je trouvée? Ah, Dieu! lisez, lisez, monsieur Bégearss.

BÉGEARSS, repoussant le papier.

Entrer dans de pareils secrets! Dieu préserve qu'on m'en accuse!

LE COMTE.

Quelle est donc la sèche amitié qui repousse mes confidences? Je vois qu'on n'est compatissant que pour les maux qu'on éprouva soi-même.

BÉGEARSS.

Quoi? pour refuser ce papier?... (vivement.) Serrez-le donc; voici Suzanne. (Il referme vite le secret de l'écrin.) (Le Comte met la lettre dans sa veste, sur sa poitrine.)

SCÈNE XI.

LE COMTE, BÉGEARSS, SUZANNE.
(Le Comte est accablé.)

SUZANNE accourt.

L'écrin, l'écrin : Madame sonne.

BÉGEARSS le lui donne.

Suzanne, vous voyez que tout y est en bon état.

SUZANNE.

Qu'a donc Monsieur? il est troublé!

BÉGEARSS.

Ce n'est rien qu'un peu de colère contre votre indiscret mari, qui est entré malgré ses ordres.

SUZANNE, finement.

Je l'avais dit pourtant de manière à être entendue. (Elle sort.)

SCÈNE XII.

LÉON, LE COMTE, BÉGEARSS.

LE COMTE veut sortir, il voit entrer Léon.

Voici l'autre!

LÉON, timidement, veut embrasser le Comte.

Mon père, agréez mon respect; avez-vous bien passé la nuit?

LE COMTE, sèchement, le repousse.

Où fûtes-vous, Monsieur, hier au soir?

LÉON.

Mon père, on me mena dans une assemblée estimable...

LE COMTE.

Où vous fîtes une lecture?

LÉON.

On m'invita d'y lire un essai que j'ai fait sur l'abus des vœux monastiques, et le droit de s'en relever.

LE COMTE, amèrement.

Les vœux des chevaliers en sont?

BÉGEARSS.

Qui fut, dit-on, très-applaudi?

LÉON.

Monsieur, on a montré quelque indulgence pour mon âge.

LE COMTE.

Donc, au lieu de vous préparer à partir pour vos caravanes; à bien mériter de votre ordre, vous vous faites des ennemis? Vous allez composant, écrivant sur le ton du jour?... Bientôt on ne distinguera plus un gentilhomme d'un savant!

LÉON, timidement.

Mon père, on en distinguera mieux un ignorant d'un homme instruit, et l'homme libre de l'esclave.

LE COMTE.

Discours d'enthousiaste! On voit où vous en voulez venir. (Il veut sortir.)

LÉON.

Mon père!...

LE COMTE, dédaigneux.

Laissez à l'artisan des villes ces locutions triviales : les gens de notre état ont un langage plus élevé. Qui est-ce qui dit *mon père*, à la cour? Monsieur, appelez-moi *monsieur!* Vous sentez l'homme du commun! Son père!... (Il sort; Léon le suit en regardant Bégearss qui lui fait un geste de compassion.) Allons, monsieur Bégearss, allons!

FIN DU PREMIER ACTE.

ACTE II.

Le Théâtre représente la bibliothèque du Comte.

SCÈNE PREMIÈRE.

LE COMTE.

Puisque enfin je suis seul, lisons cet étonnant écrit, qu'un hasard presque inconcevable a fait tomber entre mes mains. (Il tire de son sein la lettre de l'écrin, et la lit en pesant sur tous les mots.) « Malheureux insensé! notre sort est rempli. La surprise nocturne que vous avez osé me faire, dans un château où vous fûtes élevé, dont vous connaissiez les détours; la violence qui s'en est suivie; enfin votre crime,... le mien,... (Il s'arrête.) le mien reçoit sa juste punition. Aujourd'hui, jour de Saint Léon, patron de ce lieu et le vôtre, je viens de mettre au monde un fils, mon opprobre et mon désespoir. Grâce à de tristes précautions, l'honneur est sauf; mais la vertu n'est plus.... Condamnée désormais à des larmes intarissables, je sens qu'elles n'effaceront point un crime... dont l'effet reste subsistant. Ne me voyez jamais : c'est l'ordre irrévocable de la misérable Rosine... qui n'ose plus signer un autre nom. » (Il porte ses mains avec la lettre à son front, et se promène.) Qui n'ose plus signer un autre nom!... Ah! Rosine, où est le temps?... Mais tu t'es avilie!... (Il s'agite.)

Ce n'est point là l'écrit d'une méchante femme! Un misérable corrupteur... Mais voyons la réponse écrite sur la même lettre. (Il lit.) « Puisque je ne dois plus vous voir, la vie m'est odieuse, et je vais la perdre avec joie dans la vive attaque d'un fort où je ne suis point commandé.

« Je vous renvoie tous vos reproches; le portrait que j'ai fait de vous, et la boucle de cheveux que je vous dérobai. L'ami qui vous rendra ceci quand je ne serai plus, est sûr. Il a vu tout mon désespoir. Si la mort d'un infortuné vous inspirait un reste de pitié; parmi les noms qu'on va donner à l'héritier... d'un autre plus heureux!... puis-je espérer que le nom de Léon vous rappellera quelquefois le souvenir du malheureux... qui expire en vous adorant, et signe pour la dernière fois, CHÉRUBIN LÉON, d'Astorga. »

... Puis en caractères sanglants!... « Blessé à mort, je rouvre cette lettre, et vous écris avec mon sang, ce douloureux, cet éternel adieu. Souvenez-vous... »

Le reste est effacé par des larmes... (Il s'agite.) Ce n'est point là non plus l'écrit d'un méchant homme! Un malheureux égarement... (Il s'assied et reste absorbé.) Je me sens déchiré!

SCÈNE II.

LE COMTE, BÉGEARSS.

(Bégearss, en entrant, s'arrête, le regarde, et se mord le doigt avec mystère.)

LE COMTE.

Ah! mon cher ami, venez donc!... vous me voyez dans un accablement...

BÉGEARSS.

Très-effrayant, Monsieur; je n'osais avancer.

LE COMTE.

Je viens de lire cet écrit. Non! ce n'étaient point là des ingrats ni des monstres, mais de malheureux insensés, comme ils se le disent eux-mêmes...

BÉGEARSS.

Je l'ai présumé comme vous.

LE COMTE se lève et se promène.

Les misérables femmes, en se laissant séduire, ne savent guère les maux qu'elles apprêtent... Elles vont, elles vont... les affronts s'accumulent... et le monde injuste et léger accuse un père qui se tait, qui dévore en secret ses peines!... On le taxe de dureté pour

ACTE II, SCÈNE II.

C'est lui que la pupille épouse. (ACTE II, SCÈNE V.)

les sentiments qu'il refuse au fruit d'un coupable adultère!... Nos désordres à nous, ne leur enlèvent presque rien; ne peuvent du moins leur ravir la certitude d'être mères, ce bien inestimable de la maternité! tandis que leur moindre caprice, un goût, une étourderie légère, détruit dans l'homme le bonheur..... le bonheur de toute sa vie, la sécurité d'être père. — Ah! ce n'est point légèrement qu'on a donné tant d'importance à la fidélité des femmes! Le bien, le mal de la société, sont attachés à leur conduite : le paradis ou l'enfer des familles dépend à tout jamais de l'opinion qu'elles ont donnée d'elles.

BÉGEARSS.

Calmez-vous; voici votre fille.

SCÈNE III.

FLORESTINE, LE COMTE, BÉGEARSS.

FLORESTINE, un bouquet au côté.

On vous disait, Monsieur, si occupé, que je n'ai pas osé vous fatiguer de mon respect.

LE COMTE.

Occupé de toi, mon enfant! *ma fille!* Ah! je me plais à te donner ce nom; car j'ai pris soin de ton enfance. Le mari de ta mère était fort dérangé; en mourant il ne laissa rien. Elle-même, en quittant la vie, t'a recommandée à mes soins. Je lui engageai ma parole; je la tiendrai, ma fille, en te donnant un noble époux. Je te parle avec liberté devant cet ami qui nous aime. Regarde autour de toi, choisis : ne trouves-tu personne ici, digne de posséder ton cœur?

FLORESTINE, lui baisant la main.

Vous l'avez tout entier, Monsieur, et si je me vois consultée, je répondrai que mon bonheur est de ne point changer d'état. Monsieur votre fils en se mariant... (car, sans doute, il ne restera plus dans l'ordre de Malte aujourd'hui); Monsieur votre fils, en se mariant, peut se séparer de son père. Ah! permettez que ce soit moi qui prenne soin de vos vieux jours! C'est un devoir, Monsieur, que je remplirai avec joie.

LE COMTE.

Laisse, laisse *Monsieur*, réservé pour l'indifférence : on ne sera point étonné qu'une enfant si reconnaissante me donne un nom plus doux : appelle-moi ton père.

BÉGEARSS.

Elle est digne, en honneur, de votre confidence entière... Mademoiselle, embrassez ce bon, ce tendre protecteur. Vous lui devez plus que vous ne pensez. Sa tutelle n'est qu'un devoir. Il fut l'ami... l'ami secret de votre mère... et, pour tout dire en un seul mot.....

SCÈNE IV.

LE COMTE, LA COMTESSE, BÉGEARSS, FLORESTINE, FIGARO.

(La Comtesse est en robe à peigner.)

FIGARO, annonçant.

Madame la Comtesse.

BÉGEARSS jette un regard furieux sur Figaro. (A part.)

Au diable le faquin!

LA COMTESSE, au Comte.

Figaro m'avait dit que vous vous trouviez mal; effrayée, j'accours, et je vois...

LE COMTE.

... Que cet homme officieux vous a fait encore un mensonge.

FIGARO.

Monsieur, quand vous êtes passé, vous aviez un air si défait... Heureusement il n'en est rien. (Bégearss l'examine.)

LA COMTESSE.

Bonjour, Monsieur Bégearss... Te voilà, Florestine; je te trouve radieuse... Mais voyez donc comme elle est fraîche et belle! Si le ciel m'eût donné une fille, je l'aurais voulue comme toi, de figure et de caractère. Il faudra bien que tu m'en tiennes lieu. Le veux-tu, Florestine?

FLORESTINE, lui baisant la main.

Ah! Madame!...

LA COMTESSE.

Qui t'a donc fleurie si matin?

FLORESTINE, avec joie.

Madame, on ne m'a point fleurie; c'est moi qui ai fait des bouquets. N'est-ce pas aujourd'hui Saint-Léon?

LA COMTESSE.

Charmante enfant, qui n'oublie rien! (Elle la baise au front. Le Comte fait un geste terrible. Bégearss le retient.)

LA COMTESSE, à Figaro.

Puisque nous voilà rassemblés, avertissez mon fils que nous prendrons ici le chocolat.

FLORESTINE.

Pendant qu'ils vont le préparer, mon parrain, faites-nous donc voir ce beau buste de Washington, que vous avez, dit-on, chez vous.

LE COMTE.

J'ignore qui me l'envoie; je ne l'ai demandé à personne, et, sans doute, il est pour Léon. Il est beau; je l'ai là dans mon cabinet : venez tous. (Bégearss, en sortant le dernier, se retourne deux fois pour examiner Figaro qui le regarde de même. Ils ont l'air de se menacer sans parler.)

SCÈNE V.

FIGARO, seul, rangeant la table et les tasses pour le déjeuner.

Serpent, ou basilic! tu peux me mesurer, me lancer des regards affreux! Ce sont les miens qui te tueront... Mais, où reçoit-il ses paquets? Il ne vient rien pour lui de la poste à l'hôtel. Est-il monté seul de l'enfer?... Quelque autre diable correspond!..... et moi, je ne puis découvrir...

SCÈNE VI.

FIGARO, SUZANNE.

SUZANNE accourt, regarde, et dit très-vivement à l'oreille de Figaro.

C'est lui que la pupille épouse. — Il a la promesse du Comte. — Il guérira Léon de son amour. — Il détachera Florestine. — Il fera consentir Madame. — Il te chasse de la maison. — Il cloître ma maîtresse en attendant que l'on divorce. — Fait déshériter le jeune homme, et me rend maîtresse de tout. Voilà les nouvelles du jour. (Elle s'enfuit.)

SCÈNE VII.

FIGARO, seul.

Non, s'il vous plaît, Monsieur le major! nous compterons ensemble auparavant. Vous apprendrez de moi, qu'il n'y a que les sots qui triomphent. Grâce à l'Ariane Suzon, je tiens le fil du labyrinthe, et le Minotaure est cerné... Je t'envelopperai dans tes piéges, et te démasquerai si bien!... Mais quel intérêt assez pressant lui fait faire une telle école, et desserre les dents d'un tel homme? S'en croirait-il assez sûr pour...? La sottise et la vanité sont compagnes inséparables. Mon politique babille et se confie! Il a perdu le coup : *y a faute!*

SCÈNE VIII.

GUILLAUME, FIGARO.

GUILLAUME, avec une lettre.

Meissieir Bégearss! Ché vois qu'il est pas pour ici!

FIGARO, rangeant le déjeuner.

Tu peux l'attendre, il va rentrer.

GUILLAUME, reculant.

Meingoth! ch'attendrai pas Meissieir en gombagnie té vous! Mon maître il voudrait point, jé chure.

FIGARO.

Il te le défend? eh bien! donne la lettre; je vais la lui remettre en rentrant.

GUILLAUME, reculant.

Pas plis à vous té lettres! O tiable! il voudra pientôt me jasser.

FIGARO, à part.

Il faut pomper le sot. — Tu... viens de la poste, je crois?

GUILLAUME.

Tiable! non, ché viens pas.

FIGARO.

C'est sans doute quelque missive du gentleman... du parent irlandais dont il vient d'hériter? Tu sais cela, toi, bon Guillaume?

GUILLAUME, riant niaisement.

Lettre d'un qu'il est mort. Meissieir! non, ché vous prie! Celui-là, ché crois pas, partié! ce sera pien plitòt d'un autre. Peut-être il viendrait d'un qu'ils sont là... pas contents dehors.

FIGARO.

D'un de nos mécontents dis-tu?

GUILLAUME.

Oui, mais ch'assure pas...

FIGARO, à part.

Cela se peut; il est fourré dans tout. (A Guillaume.) On pourrait voir au timbre, et s'assurer...

GUILLAUME.

Ch'assure pas; pourquoi? les lettres il vient chez M. O-Connor; et puis, je sais pas quoi c'est *timpré*, moi.

FIGARO, vivement.

O-Connor, banquier irlandais?

GUILLAUME.

Mon foi !

FIGARO revient à lui, froidement.

Ici près, derrière l'hôtel ?

GUILLAUME.

Ein fort choli maison, partié ! tes chens très... beaucoup gracieux, si j'osse dire. (Il se retire à l'écart.)

FIGARO, à lui-même.

O fortune ! O bonheur !

GUILLAUME, revenant.

Parle pas, fous, de s'té banquier, pour personne : entende-fous ? Ch'aurais pas dû... Tertaïfle ! (Il frappe du pied.)

FIGARO.

Vas ! je n'ai garde : ne crains rien.

GUILLAUME.

Mon maître, il dit, Meissieir, vous âfre tout l'esprit, et moi pas... Alors c'est chuste... Mais, peut-être ché suis mécontent d'avoir dit à fous...

FIGARO.

Et pourquoi ?

GUILLAUME.

Ché sais pas. — La valet trahir, voye-fous... l'être un péché qu'il est parpare, vil, et même... puéril.

FIGARO.

Il est vrai ; mais tu n'as rien dit.

GUILLAUME, désolé.

Mon Thié ! Mon Thié ! ché sais pas, là... quoi tire... ou non... (Il se retire en soupirant.) Ah ! (Il regarde niaisement les livres de la bibliothèque.)

FIGARO, à part.

Quelle découverte ! Hasard ! je te salue. (Il cherche ses tablettes.) Il faut pourtant que je démêle comment un homme si caverneux s'arrange d'un tel imbécile... De même que les brigands redoutent les réverbères... Oui, mais un sot est un fallot ; la lumière passe à travers. (Il dit en écrivant sur ses tablettes.) O'Connor, banquier irlandais. C'est là qu'il faut que j'établisse mon noir comité de recherches. Ce moyen-là n'est pas trop constitutionnel ; *ma! per dio!* l'utilité ! Et puis, j'ai mes exemples ! (Il écrit.) Quatre ou cinq louis d'or au valet chargé du détail de la poste, pour ouvrir dans un cabaret chaque lettre de l'écriture d'Honoré-Tartuffe Bégearss... Monsieur le tartuffe honoré ! vous cesserez enfin de l'être ! Un dieu m'a mis sur votre piste. (Il serre ses tablettes.) Hasard ! dieu méconnu ! les anciens t'appelaient Destin : nos gens te donnent un autre nom...

SCÈNE X.

LE COMTE, LA COMTESSE, BÉGEARSS, FLORESTINE, FIGARO, GUILLAUME.

BÉGEARSS aperçoit Guillaume, et lui dit avec humeur, en prenant la lettre.

Ne peux-tu pas me les garder chez moi?

GUILLAUME.

Ché crois, celui-ci, c'est tout comme... (Il sort.)

LA COMTESSE, au Comte.

Monsieur, ce buste est un très-beau morceau. Votre fils l'a-t-il vu?

BÉGEARSS, la lettre ouverte.

Ah! lettre de Madrid, du secrétaire du ministre. Il y a un mot qui vous regarde. (Il lit.) « Dites au Comte Almaviva, que le courrier qui part demain, lui porte l'agrément du Roi pour l'échange de toutes ses terres. » (Figaro écoute, et se fait, sans parler, un signe d'intelligence.)

LA COMTESSE.

Figaro, dis donc à mon fils que nous déjeunons tous ici.

FIGARO.

Madame, je vais l'avertir. (Il sort.)

SCÈNE X.

LE COMTE, LA COMTESSE, BÉGEARSS, FLORESTINE.

LE COMTE, à Bégearss.

J'en veux donner avis sur-le-champ à mon acquéreur. Envoyez-moi du thé dans mon arrière-cabinet.

FLORESTINE.

Bon papa, c'est moi qui vous le porterai.

LE COMTE, bas à Florestine.

Pense beaucoup au peu que je t'ai dit. (Il la baise au front et sort.)

SCÈNE XI.

LEON, LA COMTESSE, BÉGEARSS, FLORESTINE.

LÉON, avec chagrin.

Mon père s'en va quand j'arrive! il m'a traité avec une rigueur...

LA COMTESSE, sévèrement.

Mon fils, quels discours tenez-vous? Dois-je me voir toujours froissée par l'injustice de chacun? Votre père a besoin d'écrire à la personne qui échange ses terres.

FLORESTINE, gaîment.

Vous regrettez votre papa? nous aussi nous le regrettons. Cependant, comme il sait que c'est aujourd'hui votre fête, il m'a chargée, Monsieur, de vous présenter ce bouquet. (Elle lui fait une grande révérence.)

LÉON, pendant qu'elle l'ajuste à sa boutonnière.

Il n'en pouvait prier quelqu'un qui me rendît ses bontés aussi chères... (Il l'embrasse.)

FLORESTINE, se débattant.

Voyez, Madame, si jamais on peut badiner avec lui, sans qu'il abuse au même instant...

LA COMTESSE, souriant.

Mon enfant, le jour de sa fête on peut lui passer quelque chose.

FLORESTINE, baissant les yeux.

Pour l'en punir, Madame, faites-lui lire le discours qui fut, dit-on, tant applaudi hier à l'assemblée.

LÉON.

Si maman juge que j'ai tort, j'irai chercher ma pénitence.

FLORESTINE.

Ah! Madame, ordonnez le lui.

LA COMTESSE.

Apportez-nous, mon fils, votre discours : moi, je vais prendre quelque ouvrage, pour l'écouter avec plus d'attention.

FLORESTINE, gaîment.

Obstiné! c'est bien fait; et je l'entendrai malgré vous!

LÉON, tendrement.

Malgré moi, quand vous l'ordonnez? Ah! Florestine, j'en défie!

(La Comtesse et Léon sortent chacun de leur côté.)

ACTE II, SCÈNE XII.   273

Il me fait mourir de douleur. (ACTE II, SCÈNE XV.)

SCÈNE XII.

BÉGEARSS, FLORESTINE.

BÉGEARSS, bas.

Eh bien! Mademoiselle, avez-vous deviné l'époux qu'on vous destine?

FLORESTINE, avec joie.

Mon cher monsieur Bégearss! vous êtes à tel point notre ami,

35

que je me permettrai de penser tout haut avec vous. Sur qui puis-je porter les yeux? Mon parrain m'a bien dit : « Regarde autour de toi; choisis. » Je vois l'excès de sa bonté; ce ne peut être que Léon. Mais moi, sans biens, dois-je abuser...?

BÉGEARSS, d'un ton terrible.

Qui? Léon! son fils, votre frère!

FLORESTINE, avec un cri douloureux.

Ah! Monsieur!...

BÉGEARSS.

Ne vous a-t-il pas dit : « Appelle-moi ton père? » Réveillez-vous, ma chère enfant; écartez un songe trompeur, qui pouvait devenir funeste.

FLORESTINE.

Ah, oui! funeste pour tous deux!

BÉGEARSS.

Vous sentez qu'un pareil secret doit rester caché dans votre âme. (Il sort en la regardant.)

SCÈNE XIII.

FLORESTINE, seule, pleurant.

O ciel! il est mon frère, et j'ose avoir pour lui... Quel coup d'une lumière affreuse! et dans un tel sommeil, qu'il est cruel de s'éveiller! (Elle tombe accablée sur un siége.)

SCÈNE XIV.

LÉON, un papier à la main; FLORESTINE.

LÉON, joyeux, à part.

Maman n'est pas rentrée, et M. Bégearss est sorti. Profitons d'un moment heureux. — Florestine, vous êtes ce matin, et toujours, d'une beauté parfaite; mais vous avez un air de joie, un ton aimable de gaîté qui ranime mes espérances.

FLORESTINE, au désespoir.

Ah! Léon!... (Elle retombe.)

LÉON.

Ciel! vos yeux noyés de larmes et votre visage défait m'annoncent quelque grand malheur!

FLORESTINE.

Des malheurs? Ah! Léon, il n'y en a plus que pour moi.

LÉON.

Floresta, ne m'aimez-vous plus? Lorsque mes sentiments pour vous...

FLORESTINE, d'un ton absolu.

Vos sentiments? Ne m'en parlez jamais.

LÉON.

Quoi! l'amour le plus pur...

FLORESTINE, au désespoir.

Finissez ces cruels discours, ou je vais vous fuir à l'instant.

LÉON.

Grand Dieu! qu'est-il donc arrivé? M. Bégearss vous a parlé, Mademoiselle; je veux savoir ce que vous a dit ce Bégearss.

SCÈNE XV.

LÉON, LA COMTESSE, FLORESTINE.

LÉON continue.

Maman, venez à mon secours. Vous me voyez au désespoir : Florestine ne m'aime plus.

FLORESTINE, pleurant.

Moi, Madame, ne plus l'aimer! Mon parrain, vous et lui : c'est le cri de ma vie entière.

LA COMTESSE.

Mon enfant, je n'en doute pas. Ton cœur excellent m'en répond. Mais de quoi donc s'afflige-t-il?

LÉON.

Maman, vous approuvez l'ardent amour que j'ai pour elle?

FLORESTINE, se jetant dans les bras de la Comtesse.

Ordonnez-lui donc de se taire! (En pleurant.) Il me fait mourir de douleur!

LA COMTESSE.

Mon enfant, je ne t'entends point. Ma surprise égale la sienne... Elle frissonne entre mes bras! Qu'a-t-il donc fait qui puisse te déplaire?

FLORESTINE, se relevant sur elle.

Madame, il ne me déplaît point. Je l'aime et le respecte à l'égal de mon frère; mais qu'il n'exige rien de plus.

LÉON.
Vous l'entendez, maman. Cruelle fille, expliquez-vous!
FLORESTINE.
Laissez-moi, laissez-moi, ou vous me causerez la mort.

SCÈNE XVI.

LÉON, LA COMTESSE, FLORESTINE, FIGARO, arrivant avec l'équipage du thé; **SUZANNE**, de l'autre côté, avec un métier de tapisserie.

LA COMTESSE.
Remporte tout, Suzanne; il n'est pas plus question de déjeuner que de lecture. Vous, Figaro, servez du thé à votre maître; il écrit dans son cabinet. Et toi, ma Florestine, viens dans le mien rassurer ton amie. Mes chers enfants, je vous porte en mon cœur : pourquoi l'affligez-vous l'un après l'autre, sans pitié? Il y a ici des choses qu'il m'est important d'éclaircir. (Elles sortent.)

SCÈNE XVII.

LÉON, FIGARO, SUZANNE.

SUZANNE, à Figaro.
Je ne sais pas de quoi il est question; mais je parierais bien que c'est là du Bégearss tout pur. Je veux absolument prémunir ma maîtresse.
FIGARO.
Attends que je sois plus instruit. Nous nous concerterons ce soir. Oh! j'ai fait une découverte...
SUZANNE.
Et tu me le diras? (Elle sort.)

SCÈNE XVIII.

LÉON, FIGARO.

LÉON, désolé.
Ah dieux!
FIGARO.
De quoi s'agit-il donc, Monsieur?
LÉON.
Hélas! je l'ignore moi-même. Jamais je n'avais vu Floresta de

si belle humeur, et je savais qu'elle avait eu un entretien avec mon père : je la laisse un instant avec M. Bégearss; je la trouve seule, en rentrant, les yeux remplis de larmes, et m'ordonnant de la fuir pour toujours. Que peut-il donc lui avoir dit?

FIGARO

Si je ne craignais pas votre vivacité, je vous instruirais sur des points qu'il vous importe de savoir. Mais, lorsque nous avons besoin d'une grande prudence, il ne faudrait qu'un mot de vous, trop vif, pour me faire perdre le fruit de dix années d'observations.

LÉON.

Ah! s'il ne faut qu'être prudent... Que crois-tu donc qu'il lui ai dit?

FIGARO.

Qu'elle doit accepter Honoré Bégearss pour époux; que c'est une affaire arrangée entre monsieur votre père et lui.

LÉON.

Entre mon père et lui! Le traître aura ma vie!

FIGARO.

Avec ces façons-là, Monsieur, le traître n'aura pas votre vie; mais il aura votre maîtresse, et votre fortune avec elle.

LÉON.

Eh bien! ami, pardon; apprends-moi ce que je dois faire.

FIGARO.

Deviner l'énigme du Sphinx, ou bien en être dévoré. En d'autres termes, il faut vous modérer, le laisser dire, et dissimuler avec lui.

LÉON, avec fureur.

Me modérer!... Oui, je me modérerai; mais j'ai la rage dans le cœur! — M'enlever Florestine! Ah! le voici qui vient : je vais m'expliquer... froidement.

FIGARO.

Tout est perdu si vous vous échappez.

SCÈNE XIX.

BÉGEARSS, LÉON, FIGARO.

LÉON, se contenant mal.

Monsieur, Monsieur, un mot. Il importe à votre repos que vous répondiez sans détour. — Florestine est au désespoir. Qu'avez-vous dit à Florestine?

BÉGEARSS, d'un ton glacé.

Et qui vous dit que je lui ai parlé? Ne peut-elle avoir des chagrins sans que j'y sois pour quelque chose?

LÉON, vivement.

Point d'évasions, Monsieur. Elle était d'une humeur charmante; en sortant d'avec vous on la voit fondre en larmes. De quelque part qu'elle en reçoive, mon cœur partage ses chagrins. Vous m'en direz la cause, ou bien vous m'en ferez raison.

BÉGEARSS.

Avec un ton moins absolu, on peut tout obtenir de moi : je ne sais point céder à des menaces.

LÉON, furieux.

Eh bien! perfide, défends-toi! J'aurai ta vie ou tu auras la mienne! (Il met la main à son épée.)

FIGARO les arrête.

Monsieur Bégearss! au fils de votre ami? dans sa maison, où vous logez?...

BÉGEARSS, se contenant.

Je sais trop ce que je me dois... Je vais m'expliquer avec lui; mais je n'y veux point de témoins. Sortez, et laissez-nous ensemble.

LÉON.

Va, mon cher Figaro; tu vois qu'il ne peut m'échapper : ne lui laissons aucune excuse.

FIGARO, à part.

Moi, je cours avertir son père. (Il sort.)

SCÈNE XX.

LÉON, BÉGEARSS.

LÉON, lui barrant la porte.

Il vous convient peut-être mieux de vous battre que de parler. Vous êtes le maître du choix; mais je n'admettrai rien d'étranger à ces deux moyens.

BÉGEARSS, froidement.

Léon, un homme d'honneur n'égorge pas le fils de son ami. Devais-je m'expliquer devant un malheureux valet, insolent d'être parvenu à presque gouverner son maître?

LÉON, s'asseyant.

Au fait, Monsieur; je vous attends.

BÉGEARSS.
Oh! que vous allez regretter une fureur déraisonnable!
LÉON.
C'est ce que nous verrons bientôt.
BÉGEARSS, affectant une dignité froide.
Léon; vous aimez Florestine; il y a longtemps que je le vois... Tant que votre frère a vécu, je n'ai pas cru devoir servir un amour malheureux qui ne vous conduisait à rien; mais depuis qu'un funeste duel, disposant de sa vie, vous a mis en sa place, j'ai eu l'orgueil de croire mon influence capable de disposer Monsieur votre père à vous unir à celle que vous aimez. Je l'attaquais de toutes les manières; une résistance invincible a repoussé tous mes efforts. Désolé de le voir rejeter un projet qui me paraissait fait pour le bonheur de tous... Pardon, mon jeune ami, je vais vous affliger; mais il le faut en ce moment, pour vous sauver d'un malheur éternel. Rappelez bien votre raison, vous allez en avoir besoin! — J'ai forcé votre père à rompre le silence, à me confier son secret. O mon ami! m'a dit enfin le Comte, je connais l'amour de mon fils; mais puis-je lui donner Florestine pour femme? Celle que l'on croit ma pupille... elle est ma fille, elle est sa sœur!

LÉON, reculant vivement.
Florestine!... ma sœur?...
BÉGEARSS.
Voilà le mot qu'un sévère devoir... Ah! je vous le dois à tous deux; mon silence pouvait vous perdre. Eh bien! Léon, voulez-vous vous battre avec moi?
LÉON.
Mon généreux ami, je ne suis qu'un ingrat, un monstre; oubliez ma rage insensée...
BÉGEARSS, bien tartuffe.
Mais c'est à condition que ce fatal secret ne sortira jamais... Dévoiler la honte d'un père, ce serait un crime...
LÉON, se jetant dans ses bras.
Ah! jamais.

SCÈNE XXI.

LE COMTE, LÉON, FIGARO, BÉGEARSS.

FIGARO, accourant.
Les voilà, les voilà!
LE COMTE.
Dans les bras l'un de l'autre? Eh! vous perdez l'esprit.

FIGARO, stupéfait.

Ma foi! Monsieur..., on le perdrait à moins.

LE COMTE, à Figaro.

M'expliquerez-vous cette énigme?

LÉON, tremblant.

Ah! c'est à moi, mon père, à l'expliquer. Pardon! je dois mourir de honte. Sur un sujet assez frivole, je m'étais... beaucoup oublié. Son caractère généreux, non-seulement me rend à la raison, mais il a la bonté d'excuser ma folie en me la pardonnant. Je lui en rendais grâce lorsque vous nous avez surpris.

LE COMTE.

Ce n'est pas la centième fois que vous lui devez de la reconnaissance. Au fait, nous lui en devons tous. (Figaro, sans parler, se donne un coup de poing au front. Bégearss l'examine et sourit.) (A son fils.) Retirez-vous, Monsieur : votre aveu seul enchaîne ma colère.

BÉGEARSS.

Ah! Monsieur, tout est oublié.

LE COMTE, à Léon.

Allez vous repentir d'avoir manqué à mon ami, au vôtre, à l'homme le plus vertueux...

LÉON, s'en allant.

Je suis au désespoir!

FIGARO, à part, avec colère.

C'est une légion de diables enfermés dans un seul pourpoint.

SCÈNE XXII.

LE COMTE, BÉGEARSS, FIGARO.

LE COMTE, à Bégearss, à part.

Mon ami, finissons ce que nous avons commencé. (A Figaro.) Vous, Monsieur l'étourdi, avec vos belles conjectures, donnez-moi les trois millions d'or que vous m'avez vous-même apportés de Cadix, en soixante effets au porteur... Je vous avais chargé de les numéroter.

FIGARO.

Je l'ai fait.

LE COMTE.

Remettez-m'en le portefeuille.

FIGARO.

De quoi? De ces trois millions d'or?

ACTE II, SCÈNE XXII.

Source éternelle des bienfaits! (ACTE III, SCÈNE II.)

LE COMTE.

Sans doute. Eh bien, qui vous arrête?

FIGARO, humblement.

Moi, Monsieur?... Je ne les ai plus.

BÉGEARSS.

Comment, vous ne les avez plus?

FIGARO, fièrement.

Non, Monsieur.

BÉGEARSS, vivement.

Qu'en avez-vous fait?

FIGARO.

Lorsque mon maître m'interroge, je lui dois compte de mes actions; mais à vous, je ne vous dois rien.

LE COMTE, en colère.

Insolent! Qu'en avez-vous fait?

FIGARO, froidement.

Je les ai portés en dépôt chez M. Fal, votre notaire.

BÉGEARSS.

Mais de l'avis de qui?

FIGARO, fièrement.

Du mien; et j'avoue que j'en suis toujours.

BÉGEARSS.

Je vais gager qu'il n'en est rien.

FIGARO.

Comme j'ai sa reconnaissance, vous courez risque de perdre la gageure.

BÉGEARSS.

Ou s'il les a reçus, c'est pour agioter. Ces gens-là partagent ensemble.

FIGARO.

Vous pourriez un peu mieux parler d'un homme qui vous a obligé.

BÉGEARSS.

Je ne lui dois rien.

FIGARO.

Je le crois, quand on a hérité de *quarante mille doublons de huit...*

LE COMTE, se fâchant.

Avez-vous donc quelque remarque à nous faire aussi là-dessus?

FIGARO.

Qui, moi, Monsieur? J'en doute d'autant moins, que j'ai beaucoup connu le parent dont Monsieur hérite : un jeune homme assez libertin, joueur, prodigue et querelleur, sans frein, sans mœurs, sans caractère et n'ayant rien à lui, pas même les vices qui l'ont tué; qu'un combat des plus malheureux... (Le Comte frappe du pied.)

BÉGEARSS, en colère.

Enfin, nous direz-vous pourquoi vous avez déposé cet or?

FIGARO.

Ma foi, Monsieur, c'est pour n'en être plus chargé. Ne pouvait-on pas le voler? Que sait-on? Il s'introduit souvent de grands fripons dans les maisons... .

BÉGEARSS, en colère.
Pourtant, Monsieur veut qu'on le rende.
FIGARO.
Monsieur peut l'envoyer chercher.
BÉGEARSS.
Mais ce notaire s'en dessaisira-t-il, s'il ne voit son *récépissé*?
FIGARO.
Je vais le remettre à Monsieur; et quand j'aurai fait mon devoir, s'il en arrive quelque mal, il ne pourra s'en prendre à moi.
LE COMTE.
Je l'attends dans mon cabinet.
FIGARO, au Comte.
Je vous préviens que M. Fal ne les rendra que sur votre reçu; je le lui ai recommandé. (Il sort.)

SCÈNE XXII

LE COMTE, BÉGEARSS.

BÉGEARSS, en colère.
Comblez cette canaille, et voyez ce qu'elle devient! En vérité, Monsieur, mon amitié me force à vous le dire : vous devenez trop confiant. Il a deviné nos secrets : de valet, barbier, chirurgien, vous l'avez établi trésorier secrétaire, une espèce de *factotum*. Il est notoire que ce Monsieur fait bien ses affaires avec vous.
LE COMTE.
Sur la fidélité, je n'ai rien à lui reprocher; mais il est vrai qu'il est d'une arrogance...
BÉGEARSS.
Vous avez un moyen de vous en délivrer en le récompensant.
LE COMTE.
Je le voudrais souvent.
BÉGEARSS, confidentiellement.
En envoyant le Chevalier à Malte, sans doute vous voulez qu'un homme affidé le surveille? Celui-ci, trop flatté d'un aussi honorable emploi, ne peut manquer de l'accepter : vous en voilà défait pour bien du temps.
LE COMTE.
Vous avez raison, mon ami. Aussi bien, m'a-t-on dit qu'il vit très-mal avec sa femme. (Il sort.)

SCÈNE XXIV.

BÉGEARSS.

Encore un pas de fait!... Ah! noble espion, la fleur des drôles, qui faites ici le bon valet et voulez nous souffler la dot, en nous donnant des noms de comédie! Grâce aux soins d'Honoré Tartufe, vous irez partager le malaise des caravanes, et finirez vos inspections sur nous.

FIN DU SECOND ACTE.

ACTE III.

Le Théâtre représente le cabinet de la Comtesse, orné de fleurs de toutes parts.

SCÈNE PREMIÈRE.
LA COMTESSE, SUZANNE.

LA COMTESSE.

Je n'ai pu rien tirer de cette enfant. — Ce sont des pleurs, des étouffements…! Elle se croit des torts envers moi, m'a demandé cent fois pardon; elle veut aller au couvent. Si je rapproche tout ceci de sa conduite envers mon fils, je présume qu'elle se reproche d'avoir écouté son amour, entretenu ses espérances, ne se croyant pas un parti assez considérable pour lui. Charmante délicatesse! excès d'une aimable vertu! Monsieur Bégearss, apparemment, lui en a touché quelques mots qui l'auront amenée à s'affliger sur elle, car c'est un homme si scrupuleux et si délicat sur l'honneur, qu'il s'exagère quelquefois et se fait des fantômes où les autres ne voient rien.

SUZANNE.

J'ignore d'où provient le mal, mais il se passe ici des choses bien étranges : quelque démon y souffle un feu secret. Notre maître est sombre à périr; il nous éloigne tous de lui. Vous êtes sans cesse à pleurer, Mademoiselle est suffoquée, Monsieur votre fils désolé...! Monsieur Bégearss, lui seul imperturbable comme un dieu, semble n'être affecté de rien, voit tout vos chagrins d'un œil sec...

LA COMTESSE.

Mon enfant, son cœur les partage. Hélas! sans ce consolateur qui verse un baume sur nos plaies, dont la sagesse nous soutient, adoucit toutes les aigreurs, calme mon irascible époux, nous serions bien plus malheureux.

SUZANNE.

Je souhaite, Madame, que vous ne vous abusiez pas.

LA COMTESSE.

Je t'ai vue autrefois lui rendre plus de justice. (Suzanne baisse les yeux.) Au reste, il peut seul me tirer du trouble où cette enfant m'a mise. Fais-le prier de descendre chez moi.

SUZANNE.

Le voici qui vient à propos; vous vous ferez coiffer plus tard. (Elle sort.)

SCÈNE II.

LA COMTESSE, BÉGEARSS.

LA COMTESSE, douloureusement.

Ah! mon pauvre major! que se passe-t-il donc ici? Touchons-nous enfin à la crise que j'ai si longtemps redoutée, que j'ai vue de loin se former? L'éloignement du Comte pour mon malheureux fils semble augmenter de jour en jour. Quelque lumière fatale aura pénétré jusqu'à lui.

BÉGEARSS.

Madame, je ne le crois pas.

LA COMTESSE.

Depuis que le ciel m'a punie par la mort de mon fils aîné, je vois le Comte absolument changé : au lieu de travailler avec l'ambassadeur à Rome pour rompre les vœux de Léon, je le vois s'obstiner à l'envoyer à Malte. Je sais de plus, Monsieur Bégearss, qu'il dénature sa fortune, et veut abandonner l'Espagne pour s'établir dans ce pays. L'autre jour, à dîner, devant trente personnes, il raisonna sur le divorce d'une façon à me faire frémir.

BÉGEARSS.

J'y étais; je m'en souviens trop!

LA COMTESSE, en larmes.

Pardon, mon digne ami ; je ne puis pleurer qu'avec vous !

BÉGEARSS.

Déposez vos douleurs dans le sein d'un homme sensible.

LA COMTESSE.

Enfin, est-ce lui, est-ce vous qui avez déchiré le cœur de Florestine? Je la destinais à mon fils. — Née sans biens, il est vrai, mais noble, belle et vertueuse; élevée au milieu de nous : mon fils, devenu héritier, n'en a-t-il pas assez pour deux?

BÉGEARSS.

Que trop, peut-être, et c'est d'où vient le mal !

LA COMTESSE.

Mais, comme si le ciel n'eût attendu aussi longtemps que pour me mieux punir d'une imprudence tant pleurée, tout semble s'unir à la fois pour renverser mes espérances. Mon époux déteste mon fils... Florestine renonce à lui. Aigrie par je ne sais quel motif, elle veut le fuir pour toujours. Il en mourra, le malheureux : voilà ce qui est bien certain. (Elle joint les mains.) Ciel vengeur ! après vingt années de larmes et de repentir, me réservez-vous à l'horreur de voir ma faute découverte? Ah! que je sois seule misérable ! mon Dieu, je ne m'en plaindrai pas ! mais que mon fils ne porte point la peine d'un crime qu'il n'a pas commis ! Connaissez-vous, Monsieur Bégearss, quelque remède à tant de maux?

BÉGEARSS.

Oui, femme respectable, et je venais exprès dissiper vos terreurs. Quand on craint une chose, tous nos regards se portent vers cet objet trop alarmant : quoi qu'on dise ou qu'on fasse, la frayeur empoisonne tout. Enfin, je tiens la clef de ces énigmes. Vous pouvez encore être heureuse.

LA COMTESSE.

L'est-on avec une âme déchirée de remords?

BÉGEARSS,

Votre époux ne fuit point Léon; il ne soupçonne rien sur le secret de sa naissance.

LA COMTESSE, vivement.

Monsieur Bégearss !

BÉGEARSS.

Et tous ces mouvements que vous prenez pour de la haine ne sont que l'effet d'un scrupule. Oh! que je vais vous soulager !

LA COMTESSE, ardemment.

Mon cher Monsieur Bégearss !

BÉGEARSS.

Mais enterrez dans ce cœur allégé le grand mot que je vais vous dire. Votre secret à vous, c'est la naissance de Léon; le sien est celle de Florestine. (Plus bas.) Il est son tuteur... et son père.

LA COMTESSE, joignant les mains.

Dieu tout-puissant qui me prends en pitié!

BÉGEARSS.

Jugez de sa frayeur en voyant ces enfants amoureux l'un de l'autre! Ne pouvant dire son secret, ni supporter qu'un tel attachement devînt le fruit de son silence, il est resté sombre, bizarre; et, s'il veut éloigner son fils, c'est pour éteindre, s'il se peut, par cette absence et par ces vœux, un malheureux amour qu'il croit ne pouvoir tolérer.

LA COMTESSE, priant avec ardeur.

Source éternelle des bienfaits! ô mon Dieu! tu permets qu'en partie je répare la faute involontaire qu'un insensé me fit commettre; que j'aie, de mon côté, quelque chose à remettre à cet époux que j'offensai! O Comte Almaviva! mon cœur flétri, fermé par vingt années de peines, va se rouvrir enfin pour toi! Florestine est ta fille; elle me devient chère comme si mon sein l'eût portée. Faisons, sans nous parler, l'échange de notre indulgence! O Monsieur Bégearss, achevez!

BÉGEARSS.

Mon amie, je n'arrête point ces premiers élans d'un bon cœur : les émotions de la joie ne sont point dangereuses comme celles de la tristesse; mais, au nom de votre repos, écoutez-moi jusqu'à la fin.

LA COMTESSE.

Parlez, mon généreux ami; vous à qui je dois tout, parlez.

BÉGEARSS.

Votre époux, cherchant un moyen de garantir sa Florestine de cet amour qu'il croit incestueux, m'a proposé de l'épouser; mais, indépendamment du sentiment profond et malheureux que mon respect pour vos douleurs...

LA COMTESSE, douloureusement.

Ah, mon ami! par compassion pour moi...

BÉGEARSS.

N'en parlons plus. Quelques mots d'établissement, tournés d'une forme équivoque, ont fait penser à Florestine qu'il était question de Léon. Son jeune cœur s'en épanouissait, quand un valet vous annonça. Sans m'expliquer depuis sur les vues de son père, un mot de moi la ramenant aux sévères idées de la frater-

Cruel ami! c'est ma vie que vous consumez! (ACTE III, SCÈNE VI.)

nité, a produit cet orage, et la religieuse horreur dont votre fils ni vous ne pénétriez le motif.

LA COMTESSE.

Il en était bien loin, le pauvre enfant!

BÉGEARSS.

Maintenant qu'il vous est connu, devons-nous suivre ce projet d'une union qui répare tout?...

LA COMTESSE, vivement.

Il faut s'y tenir, mon ami; mon cœur et mon esprit sont d'accord sur ce point, et c'est à moi de la déterminer. Par là, nos secrets sont couverts; nul étranger ne les pénétrera. Après vingt années de souffrances, nous passerons des jours heureux, et c'est à vous, mon digne ami, que ma famille les devra.

BÉGEARSS, élevant le ton.

Pour que rien ne les trouble plus, il faut encore un sacrifice, et mon amie est digne de le faire.

LA COMTESSE.

Hélas! je veux les faire tous.

BÉGEARSS, l'air imposant.

Ces lettres, ces papiers d'un infortuné qui n'est plus, il faudra les réduire en cendres.

LA COMTESSE, avec douleur.

Ah Dieu!

BÉGEARSS.

Quand cet ami mourant me chargea de vous les remettre, son dernier ordre fut qu'il fallait sauver votre honneur en ne laissant aucune trace de ce qui pourrait l'altérer.

LA COMTESSE.

Dieu! Dieu!

BÉGEARSS.

Vingt ans se sont passés sans que j'aie pu obtenir que ce triste aliment de votre éternelle douleur s'éloignât de vos yeux; mais, indépendamment du mal que tout cela vous fait, voyez quel danger vous courez.

LA COMTESSE.

Eh! que peut-on avoir à craindre?

BÉGEARSS, regardant si on ne peut l'entendre, parlant bas.

Je ne soupçonne point Suzanne, mais une femme de chambre, instruite que vous conservez ces papiers, ne pourrait-elle pas un jour s'en faire un moyen de fortune? Un seul remis à votre époux, que peut-être il paierait bien cher, vous plongerait dans des malheurs...

LA COMTESSE.

Non, Suzanne a le cœur trop bon...

BÉGEARSS, d'un ton plus élevé et très-ferme.

Ma respectable amie, vous avez payé votre dette à la tendresse, à la douleur, à vos devoirs de tous les genres; et si vous êtes satisfaite de la conduite d'un ami, j'en veux avoir la récompense : il faut brûler tous ces papiers, éteindre tous ces souvenirs d'une faute autant expiée. Mais, pour ne jamais revenir sur un sujet si douloureux, j'exige que le sacrifice en soit fait dans ce même instant.

LA COMTESSE, tremblante.

Je crois entendre Dieu qui parle : il m'ordonne de l'oublier, de déchirer le crêpe obscur dont sa mort a couvert ma vie. Oui, mon Dieu ! je vais obéir à cet ami que vous m'avez donné. (Elle sonne.) Ce qu'il exige en votre nom, mon repentir le conseillait, mais ma faiblesse a combattu.

SCÈNE III.

LA COMTESSE, BÉGEARSS, SUZANNE.

LA COMTESSE.

Suzanne, apporte-moi le coffret de mes diamants. Non, je vais le prendre moi-même ; il te faudrait chercher la clef...

SCÈNE IV.

BÉGEARSS, SUZANNE.

SUZANNE, un peu troublée.

Monsieur Bégearss, de quoi s'agit-il donc? Toutes les têtes sont renversées : cette maison ressemble à l'hôpital des fous ! Madame pleure, Mademoiselle étouffe, le Chevalier Léon parle de se noyer, Monsieur est enfermé et ne veut voir personne. Pourquoi ce coffre aux diamants inspire-t-il, en ce moment, tant d'intérêt à tout le monde ?

BÉGEARSS, mettant son doigt sur sa bouche en signe de mystère.

Chut !... ne montre ici nulle curiosité ; tu le sauras dans peu. Tout va bien, tout est bien... Cette journée vaut... Chut...

SCÈNE V.

LA COMTESSE, BÉGEARSS, SUZANNE.

LA COMTESSE, tenant le coffret aux diamants.

Suzanne, apporte-nous du feu dans le brazéro du boudoir.

SUZANNE.

Si c'est pour brûler des papiers, la lampe de nuit allumée est encore là dans l'athénienne. (Elle l'avance.)

LA COMTESSE.

Veille à la porte et que personne n'entre.

SUZANNE, en sortant, à part.

Courons auparavant avertir Figaro.

SCÈNE VI.

LA COMTESSE, BÉGEARSS.

BÉGEARSS.

Combien j'ai souhaité pour vous le moment auquel nous touchons !

LA COMTESSE, étouffée.

O mon ami ! quel jour nous choisissons pour consommer ce sacrifice ! celui de la naissance de mon malheureux fils. A cette époque, tous les ans, leur consacrant cette journée, je demandais pardon au ciel et je m'abreuvais de mes larmes en relisant ces tristes lettres. Je me rendais au moins le témoignage qu'il y eut entre nous plus d'erreur que de crime. Ah ! faut-il donc brûler tout ce qui me reste de lui !

BÉGEARSS.

Quoi, Madame, détruisez-vous ce fils qui vous le représente ? Ne lui devez-vous pas un sacrifice qui le préserve de mille dangers ? Vous vous le devez à vous-même, et la sécurité de votre vie entière est attachée peut-être à cet acte imposant. (Il ouvre le secret de l'écrin et en tire les lettres.)

LA COMTESSE, surprise.

Monsieur Bégearss, vous l'ouvrez mieux que moi !... Que je les lise encore !

BÉGEARSS, sévèrement.

Non, je ne le permettrai pas.

LA COMTESSE.

Seulement la dernière, où, traçant ses tristes adieux du sang qu'il répandit pour moi, il m'a donné la leçon du courage dont j'ai tant besoin aujourd'hui.

BÉGEARSS, s'y opposant.

Si vous lisez un mot, nous ne brûlerons rien. Offrez au ciel un sacrifice entier, courageux, volontaire, exempt de faiblesses humaines, ou, si vous n'osez l'accomplir, c'est à moi d'être fort pour vous. Les voilà toutes dans le feu. (Il y jette le paquet.)

LA COMTESSE, vivement.

Monsieur Bégearss! Cruel ami! c'est ma vie que vous consumez! Qu'il m'en reste au moins un lambeau! (Elle veut se précipiter sur les lettres enflammées, Bégearss la retient à bras-le-corps.)

BÉGEARSS.

J'en jetterai la cendre au vent.

SCÈNE VII.

LE COMTE, LA COMTESSE, BÉGEARSS, FIGARO, SUZANNE.

SUZANNE accourt.

C'est Monsieur; il me suit, mais amené par Figaro.

LE COMTE, les surprenant en cette posture.

Qu'est-ce donc que je vois, Madame? D'où vient tout ce désordre? quel est ce feu, ce coffre, ces papiers? pourquoi ce débat et ces pleurs? (Bégearss et la Comtesse restent confondus.) Vous ne répondez point?

BÉGEARSS se remet, et dit d'un ton pénible.

J'espère, Monsieur, que vous n'exigez pas qu'on s'explique devant vos gens. J'ignore quel dessein vous fait surprendre ainsi Madame : quant à moi, je suis résolu de soutenir mon caractère, en rendant un hommage pur à la vérité, quelle qu'elle soit.

LE COMTE, à Figaro et à Suzanne.

Sortez tous deux.

FIGARO.

Mais, Monsieur, rendez-moi du moins la justice de déclarer que je vous ai remis le *récépissé* du notaire, sur le grand objet de tantôt!

LE COMTE.

Je le fais volontiers, puisque c'est réparer un tort. (A Bégearss.) Soyez certain, Monsieur, que voilà le *récépissé*. (Il le remet dans sa poche. Figaro et Suzanne sortent chacun de son côté.)

FIGARO, bas à Suzanne, en s'en allant.

S'il échappe à l'explication... !

SUZANNE, bas.

Il est bien subtil!

FIGARO, bas.

Je l'ai tué!

SCÈNE VIII.

LE COMTE, LA COMTESSE, BÉGEARSS.

LE COMTE, d'un ton sérieux.

Madame, nous sommes seuls.

BÉGEARSS, encore ému.

C'est moi qui parlerai ; je subirai cet interrogatoire. M'avez-vous vu, Monsieur, trahir la vérité dans quelque occasion que ce fût ?

LE COMTE, sèchement.

Monsieur... je ne dis pas cela.

BÉGEARSS, tout à fait remis.

Quoique je sois loin d'approuver cette inquisition peu décente, l'honneur m'oblige à répéter ce que je disais à Madame, en répondant à sa consultation. Tout dépositaire de secrets ne doit jamais conserver de papiers, s'ils peuvent compromettre un ami qui n'est plus, et qui les mit sous notre garde. Quelque chagrin qu'on ait à s'en défaire, et quelque intérêt même qu'on eût à les garder, le saint respect des morts doit avoir le pas devant tout. (Il montre le Comte.) Un accident inopiné ne peut-il pas en rendre un adversaire possesseur? (Le Comte le tire par la manche pour qu'il ne pousse pas l'explication plus loin.)

BÉGEARSS, fièrement.

Auriez-vous dit, Monsieur, autre chose en ma position ? Qui cherche des conseils timides, ou le soutien d'une faiblesse honteuse, ne doit point s'adresser à moi! vous en avez des preuves l'un et l'autre, et vous surtout, monsieur le Comte! (Le Comte lui fait un signe.) Voilà, sur la demande que m'a faite Madame, et sans chercher à pénétrer ce que contenaient ces papiers, ce qui m'a fait lui donner un conseil, pour la sévère exécution duquel je l'ai vue manquer de courage. Je n'ai pas hésité d'y substituer le mien, en combattant ses délais imprudents. Voilà quels étaient nos débats : mais quelque chose qu'on en pense, je ne regretterai point ce que j'ai dit, ce que j'ai fait. (Il lève les bras.) Sainte amitié, tu n'es rien qu'un vain titre, si l'on ne remplit pas tes austères devoirs. — Permettez que je me retire.

LE COMTE, exalté.

O le meilleur des hommes! Non, vous ne nous quitterez pas.— Madame, il va nous appartenir de plus près ; je lui donne ma Florestine.

LA COMTESSE, avec vivacité.

Monsieur, vous ne pouviez pas faire un plus digne emploi du pouvoir que la loi vous donne sur elle. Ce choix a mon assentiment, si vous le jugez nécessaire, et le plus tôt vaudra le mieux.

LE COMTE, hésitant.

Eh bien!... ce soir... sans bruit... votre aumônier...

LA COMTESSE, avec ardeur.

Eh bien! moi qui lui sers de mère, je vais la préparer à l'auguste cérémonie. Mais laisserez-vous votre ami seul généreux envers cette digne enfant? J'ai du plaisir à penser le contraire.

LE COMTE, embarrassé.

Ah! Madame... croyez...

LA COMTESSE, avec joie.

Oui, Monsieur, je le crois. C'est aujourd'hui la fête de mon fils; ces deux événements réunis me rendent cette journée bien chère. (Elle sort.)

SCÈNE IX.

LE COMTE, BÉGEARSS.

LE COMTE, la regardant aller.

Je ne reviens pas de mon étonnement! Je m'attendais à des débats, à des objections sans nombre, et je la trouve juste, bonne, généreuse envers mon enfant : *moi qui lui sers de mère,* dit-elle. Non, ce n'est point une méchante femme! Elle a dans ses actions une dignité qui m'impose..... un ton qui brise les reproches, quand on voudrait l'en accabler. Mais, mon ami, je m'en dois à moi-même, pour la surprise que j'ai montrée, en voyant brûler ces papiers.

BÉGEARSS.

Quant à moi, je n'en ai point eu, voyant avec qui vous veniez. Ce reptile vous a sifflé que j'étais là pour trahir vos secrets? De si basses imputations n'atteignent pas un homme de ma hauteur : je les vois ramper loin de moi. Mais, après tout, Monsieur, que vous importaient ces papiers? N'aviez-vous pas pris malgré moi tous ceux que vous vouliez garder? Ah! plût au ciel qu'elle m'eût consulté plus tôt! Vous n'auriez pas contre elle des preuves sans réplique.

LE COMTE, avec douleur.

Oui, sans réplique. (Avec ardeur.) Otons-les de mon sein; elles me brûlent la poitrine. (Il tire la lettre de son sein et la met dans sa poche.)

BÉGEARSS continue avec douceur.

Je combattrais avec plus d'avantage en faveur du fils de la loi; car, enfin, il n'est pas comptable du triste sort qui l'a mis dans vos bras.

LE COMTE reprend sa fureur.

Lui, dans mes bras? Jamais.

BÉGEARSS.

Il n'est point coupable non plus dans son amour pour Florestine; et cependant tant qu'il reste près d'elle, puis-je m'unir à cette enfant, qui, peut-être éprise elle-même, ne cédera qu'à son respect pour vous? La délicatesse blessée...

LE COMTE.

Mon ami, je t'entends! et ta réflexion me décide à le faire partir sur-le-champ. Oui, je serai moins malheureux quand ce fatal objet ne blessera plus mes regards. Mais comment entamer ce sujet avec elle? Voudra-t-elle s'en séparer? Il faudra donc faire un éclat?

BÉGEARSS.

Un éclat!... non... mais le divorce, accrédité chez cette nation hasardeuse, vous permettra d'user de ce moyen.

LE COMTE.

Moi, publier ma honte! Quelques lâches l'ont fait... c'est le dernier degré de l'avilissement du siècle. Que l'opprobre soit le partage de qui donne un pareil scandale, et des fripons qui le provoquent!

Enfin, que dit-on? parle-t-on? (ACTE IV, SCÈNE IV.)

BÉGEARSS.

J'ai fait envers elle, envers vous, ce que l'honneur me prescrivait. Je ne suis point pour les moyens violents, surtout quand il s'agit d'un fils.....

LE COMTE.

Dites *d'un étranger*, dont je vais hâter le départ.

BÉGEARSS.

N'oubliez pas cet insolent valet.

LE COMTE.

J'en suis trop las pour le garder. Toi, cours, ami, chez mon notaire; retire avec mon reçu que voici, mes trois millions d'or déposés : alors tu peux à juste titre être généreux au contrat qu'il nous faut brusquer aujourd'hui... car te voilà bien possesseur... (Il lui remet le reçu, le prend sous le bras et ils sortent.) Et ce soir, à minuit, sans bruit, dans la chapelle de Madame... (On n'entend pas le reste.)

FIN DU TROISIÈME ACTE.

ACTE IV.

Le Théâtre représente le même cabinet de la Comtesse.

SCÈNE PREMIÈRE.

FIGARO, seul, agité, regardant de côté et d'autre.

Elle me dit : « Viens à six heures au cabinet; c'est le plus sûr pour nous parler... » Je brusque tout dehors et je rentre en sueur. Où est-elle? (Il se promène en s'essuyant.) Ah parbleu! je ne suis pas fou! Je les ai vus sortir d'ici; Monsieur le tenait sous le bras... Eh bien! pour un échec, abandonnerons-nous la partie?... Un orateur fuit-il lâchement la tribune pour un argument tué sous lui? Mais quel détestable endormeur! (Vivement.) Parvenir à brûler les lettres de Madame pour qu'elle ne voie pas qu'il en manque, et se tirer d'un éclaircissement... C'est l'enfer concentré, tel que Milton nous l'a dépeint! (D'un ton badin.) J'avais raison tantôt dans ma colère. Honoré Bégearss est le diable que les Hébreux nommaient *Légion*; et, si l'on y regardait bien, on verrait le lutin avoir le pied fourchu, seule partie, disait ma mère, que les démons ne peuvent déguiser. (Il rit.) Ha! ha! ha! ma gaîté me revient : d'abord, parce que j'ai mis l'or du Mexique en sûreté chez Fal, ce qui nous donnera du temps. (Il frappe d'un billet sur sa main.) Et puis..., docteur en toute hypocrisie! vrai major d'infernal Tartuffe! grâce au hasard qui régit tout, à ma tactique, à quelques louis semés, voici qui me promet une lettre de toi, où, dit-on, tu poses le masque à ne rien laisser désirer. (Il ouvre le billet, et dit :) Le coquin qui l'a lue en veut cinquante louis... Eh bien! il les aura, si la lettre les vaut. Une année de mes gages sera bien employée si je parviens à détromper un maître à qui nous devons tant... Mais où es-tu, Suzanne, pour en rire? *O che piacere!*... A demain donc, car je ne vois pas que rien périclite ce soir... Eh pourquoi perdre un temps?... Je m'en suis toujours repenti... (Très-vivement.) Point de délais : courons attacher le pétard ; dormons dessus. La nuit porte conseil, et demain matin nous verrons qui des deux fera sauter l'autre!

SCÈNE II.

BÉGEARSS, FIGARO.

BÉGEARSS, raillant.

Eeeh! c'est mons Figaro! La place est agréable, puisqu'on y retrouve Monsieur.

FIGARO, du même ton.

Ne fût-ce que pour avoir la joie de l'en chasser une autre fois.

BÉGEARSS.

De la rancune pour si peu! Vous êtes bien bon d'y songer : chacun n'a-t-il pas sa manie?

FIGARO.

Et celle de Monsieur est de ne plaider qu'à huis clos!

BÉGEARSS, lui frappant sur l'épaule.

Il n'est pas essentiel qu'un sage entende tout, quand il sait si bien deviner.

FIGARO.

Chacun se sert des petits talents que le ciel lui a départis.

BÉGEARSS.

Et *l'intrigant* compte-t-il gagner beaucoup avec ceux qu'il nous montre ici?

FIGARO.

Ne mettant rien à la partie, j'ai tout gagné... si je fais perdre l'*autre*.

BÉGEARSS, piqué.

On verra le jeu de Monsieur.

FIGARO.

Ce n'est pas de ces coups brillants qui éblouissent la galerie. (Il prend un air niais.) Mais *chacun pour soi, Dieu pour tous,* comme a dit le Roi Salomon.

BÉGEARSS, soupirant.

Belle sentence! N'a-t-il pas dit aussi : *Le soleil luit pour tout le monde?*

FIGARO, fièrement.

Oui, en dardant sur le serpent prêt à mordre la main de son imprudent bienfaiteur. (Il sort.)

SCÈNE III.

BÉGEARSS, seul, le regardant aller.

Il ne farde plus ses desseins. Notre homme est fier; bon signe : il ne sait rien des miens. Il aurait la mine bien longue s'il était instruit qu'à minuit... (Il cherche dans ses poches vivement.) Eh bien! qu'ai-je fait du papier? Le voici. (Il lit.) « Reçu de monsieur Fal, notaire, les trois millions d'or spécifiés dans le bordereau ci-dessus. A Paris, le... ALMAVIVA. » — C'est bon : je tiens la pupille et l'argent. Mais ce n'est point assez; cet homme est faible, il ne finira rien pour le reste de sa fortune. La Comtesse lui impose; il la craint, l'aime encore... Elle n'ira point au couvent, si je ne les mets aux prises, et ne le force à s'expliquer... brutalement. (Il se promène.) — Diable! ne risquons pas ce soir un dénoûment aussi scabreux. En précipitant trop les choses, on se précipite avec elles. Il sera temps demain, quand j'aurai bien serré le doux lien sacramentel qui va les enchaîner à moi. (Il appuie ses deux mains sur sa poitrine.) Eh bien! maudite joie, qui me gonfles le cœur, ne peux-tu donc te contenir?... Elle m'étouffera, la fougueuse, ou me livrera comme un sot, si je ne la laisse un peu s'évaporer pendant que je suis seul ici. Sainte et douce crédulité! l'époux te doit la magnifique dot. Pâle déesse de la nuit! il te devra bientôt sa froide épouse. (Il frotte ses mains de joie.) Bégearss! heureux Bégearss!... Pourquoi l'appelez-vous Bégearss? N'est-il donc pas plus d'à moitié le seigneur Comte Almaviva? (D'un ton terrible.) Encore un pas, Bégearss, et tu l'es tout à fait! — Mais il te faut auparavant... — Ce Figaro pèse sur ma poitrine; car c'est lui qui l'a fait venir... Le moindre trouble me perdrait... Ce valet-là me portera malheur... C'est le plus clairvoyant coquin!... Allons, allons, qu'il parte avec son chevalier errant!

SCÈNE IV.

BÉGEARSS, SUZANNE.

SUZANNE, accourant, fait un cri d'étonnement, de voir un autre que Figaro.

Ah! (A part.) Ce n'est pas lui!

BÉGEARSS.

Quelle surprise! Eh qu'attendais-tu donc?

SUZANNE, se remettant.

Personne. On se croit seule ici...

BÉGEARSS.

Puisque je t'y rencontre, un mot avant le comité.

SUZANNE.

Que parlez-vous de comité? Réellement depuis deux ans on n'entend plus du tout la langue de ce pays.

BÉGEARSS, riant sardoniquement.

Hé, hé... (Il pétrit dans sa boîte une prise de tabac d'un air cantent de lui.) Ce comité, ma chère, est une conférence entre la Comtesse, son fils, notre jeune pupille et moi, sur le grand objet que tu sais.

SUZANNE.

Après la scène que j'ai vue, osez-vous encore l'espérer?

BÉGEARSS, bien fat.

Oser l'espérer... Non; mais seulement... je l'épouse ce soir.

SUZANNE, vivement.

Malgré son amour pour Léon?

BÉGEARSS.

Bonne femme! qui me disais : « Si vous faites cela, Monsieur!... »

SUZANNE.

Eh! qui eût pu l'imaginer?

BÉGEARSS, prenant son tabac en plusieurs fois.

Enfin, que dit-on? Parle-t-on? Toi qui vis dans l'intérieur, qui as l'honneur des confidences, y pense-t-on du bien de moi? car c'est là le point important.

SUZANNE.

L'important serait de savoir quel talisman vous employez pour dominer tous les esprits. Monsieur ne parle de vous qu'avec enthousiasme; ma maîtresse vous porte aux nues; son fils n'a d'espoir qu'en vous seul; notre pupille vous révère!.....

BÉGEARSS, d'un ton bien fat, secouant le tabac de son jabot.

Et toi, Suzanne, qu'en dis-tu?

SUZANNE.

Ma foi, Monsieur, je vous admire. Au milieu du désordre affreux que vous entretenez ici, vous seul êtes calme et tranquille. Il me semble entendre un génie qui fait tout mouvoir à son gré.

BÉGEARSS, bien fat.

Mon enfant, rien n'est plus aisé. D'abord, il n'est que deux pivots sur quoi tout roule dans le monde : la morale et la politique. La morale, tant soit peu mesquine, consiste à être juste et vrai : elle est, dit-on, la clef de quelques vertus routinières.

SUZANNE.

Quant à la politique?...

BÉGEARSS, avec chaleur.

Ah! c'est l'art de créer des faits, de dominer, en se jouant, les événements et les hommes. L'intérêt est son but, l'intrigue son moyen; toujours sobre de vérités, ses vastes et riches conceptions sont un prisme qui éblouit. Aussi profonde que l'Etna, elle brûle et gronde longtemps avant d'éclater au dehors; mais alors rien ne lui résiste. Elle exige de hauts talents; le scrupule seul peut lui nuire. (En riant.) C'est le secret des négociateurs.

SUZANNE.

Si la morale ne vous échauffe pas, l'autre, en revanche, excite en vous un assez vif enthousiasme.

BÉGEARSS, averti, revient à lui.

Eh!... ce n'est pas elle; c'est toi. — Ta comparaison d'un génie!... — Le Chevalier vient; laisse-nous...

SCÈNE V.

LÉON, BÉGEARSS.

LÉON.

Monsieur Bégearss, je suis au désespoir.

BÉGEARSS, d'un ton protecteur.

Qu'est-il arrivé, jeune ami?

LÉON.

Mon père vient de me signifier, avec une dureté!... que j'eusse à faire, sous deux jours, tous les apprêts de mon départ pour Malte. Point d'autre train, dit-il, que Figaro qui m'accompagne et un valet qui courra devant nous.

BÉGEARSS.

Cette conduite est en effet bizarre pour qui ne sait pas son secret; mais nous qui l'avons pénétré, notre devoir est de le plaindre. Ce voyage est le fruit d'une frayeur bien excusable. Malte et vos vœux ne sont que le prétexte : un amour qu'il redoute est son véritable motif.

LÉON, avec douleur.

Mais, mon ami, puisque vous l'épousez!

BÉGEARSS, confidentiellement.

Si son frère le croit utile à suspendre un fâcheux départ, je ne verrais qu'un seul moyen...

LÉON.

O mon ami, dites-le-moi!

BÉGEARSS.

Ce serait que Madame votre mère vainquît cette timidité qui l'empêche, avec lui, d'avoir une opinion à elle ; car sa douceur vous nuit bien plus que ne ferait un caractère trop ferme. Supposons qu'on lui ait donné quelque prévention injuste : qui a le droit, comme une mère, de rappeler un père à la raison? Engagez-la à le tenter,... non pas aujourd'hui, mais... demain, et sans y mettre de faiblesse.

LÉON.

Mon ami, vous avez raison : cette crainte est son vrai motif. Sans doute il n'y a que ma mère qui puisse le faire changer. La voici qui vient avec celle... que je n'ose plus adorer. (Avec douleur.) O mon ami! rendez-la bien heureuse!

BÉGEARSS, caressant.

En lui parlant tous les jours de son frère.

SCÈNE VI.

LA COMTESSE, FLORESTINE, BÉGEARSS, SUZANNE, LÉON.

LA COMTESSE, coiffée, parée, portant une robe rouge et noire, et son bouquet de même couleur.

Suzanne, donne mes diamants. (Suzanne va les chercher.)

BÉGEARSS, affectant de la dignité.

Madame, et vous Mademoiselle, je vous laisse avec cet ami; je confirme d'avance tout ce qu'il va vous dire. Hélas! ne pensez point au bonheur que j'aurais de vous appartenir à tous; votre

ACTE IV, SCÈNE VI. 305

Je vous bénis, mes chers enfants. (ACTE IV, SCÈNE IX.)

repos doit seul vous occuper. Je n'y veux concourir que sous la forme que vous adopterez : mais, soit que Mademoiselle accepte ou non mes offres, recevez ma déclaration, que toute la fortune dont je viens d'hériter lui est destinée de ma part, dans un contrat, ou par un testament; je vais en faire dresser les actes : Mademoiselle choisira. Après ce que je viens de dire, il ne conviendrait pas que ma présence ici gênât un parti qu'elle doit prendre en toute liberté, mais, quel qu'il soit, ô mes amis, sachez qu'il est sacré pour moi! Je l'adopte sans restriction. (Il salue profondément et sort.)

SCÈNE VII.

LA COMTESSE, LÉON, FLORESTINE.

LA COMTESSE le regarde aller.

C'est un ange envoyé du ciel pour réparer tous nos malheurs.

LÉON, avec une douleur ardente.

O Florestine! il faut céder : ne pouvant être l'un à l'autre, nos premiers élans de douleur nous avaient fait jurer de n'être jamais à personne; j'accomplirai ce serment pour nous deux. Ce n'est pas tout à fait vous perdre, puisque je retrouve une sœur où j'espérais posséder une épouse. Nous pourrons encore nous aimer.

SCÈNE VIII.

LA COMTESSE, LÉON, FLORESTINE, SUZANNE.

(Suzanne apporte l'écrin.)

LA COMTESSE, en parlant, met ses boucles d'oreilles, ses bagues, son bracelet, sans rien regarder.

Florestine! épouse Bégearss; ses procédés l'en rendent digne : et, puisque cet hymen fait le bonheur de ton parrain, il faut l'achever aujourd'hui. (Suzanne sort et emporte l'écrin.)

SCÈNE IX.

LA COMTESSE, LÉON, FLORESTINE.

LA COMTESSE, à Léon.

Nous, mon fils, ne sachons jamais ce que nous devons ignorer. Tu pleures, Florestine!

FLORESTINE, pleurant.

Ayez pitié de moi, Madame! Eh! comment soutenir autant d'assauts en un seul jour? A peine j'apprends qui je suis, qu'il faut renoncer à moi-même, et me livrer... Je meurs de douleur et d'effroi. Dénuée d'objections contre Monsieur Bégearss, je sens mon cœur à l'agonie, en pensant qu'il peut devenir... Cependant il le faut; il faut me sacrifier au bien de ce frère chéri, à son bonheur, que je ne puis plus faire. Vous dites que je pleure! Ah! je fais plus pour lui que si je lui donnais ma vie! Maman, ayez pitié de nous! bénissez vos enfants! ils sont bien malheureux! (Elle se jette à genoux; Léon en fait autant.)

LA COMTESSE, leur imposant les mains.

Je vous bénis, mes chers enfants. Ma Florestine, je t'adopte. Si tu savais à quel point tu m'es chère! Tu seras heureuse, ma fille, et du bonheur de la vertu : celui-là peut dédommager des autres. (Ils se relèvent.)

FLORESTINE.

Mais croyez-vous, Madame, que mon dévouement le ramène à Léon, à son fils? Car il ne faut pas se flatter : son injuste prévention va quelquefois jusqu'à la haine.

LA COMTESSE.

Chère fille, j'en ai l'espoir.

LÉON.

C'est l'avis de Monsieur Bégearss; il me l'a dit; mais il m'a dit aussi qu'il n'y a que maman qui puisse opérer ce miracle. Aurez-vous donc la force de lui parler en ma faveur?

LA COMTESSE.

Je l'ai tenté souvent, mon fils, mais sans aucun fruit apparent.

LÉON.

O ma digne mère! c'est votre douceur qui m'a nui. La crainte de le contrarier vous a trop empêchée d'user de la juste influence que vous donnent votre vertu et le respect profond dont vous êtes entourée. Si vous lui parliez avec force, il ne vous résisterait pas.

LA COMTESSE.

Vous le croyez, mon fils? je vais l'essayer devant vous. Vos reproches m'affligent presque autant que son injustice. Mais, pour que vous ne gêniez pas le bien que je dirai de vous, mettez-vous dans mon cabinet; vous m'entendrez, de là, plaider une cause si juste. Vous n'accuserez plus une mère de manquer d'énergie, quand il faut défendre son fils! (Elle sonne.) Florestine, la décence ne te permet pas de rester : va t'enfermer; demande au ciel qu'il m'accorde quelque succès et rende enfin la paix à ma famille désolée. (Florestine sort.)

SCÈNE X.

LA COMTESSE, LÉON, SUZANNE.

SUZANNE.

Que veut madame? elle a sonné.

LA COMTESSE.

Prie Monsieur, de ma part, de passer un moment ici.

SUZANNE, effrayée.

Madame! vous me faites trembler! Ciel! que va-t-il donc se passer? Quoi! Monsieur qui ne vient jamais... sans...

LA COMTESSE.

Fais ce que je te dis, Suzanne, et ne prends nul souci du reste.
(Suzanne sort en levant les bras au ciel, de terreur.)

SCÈNE XI.

LA COMTESSE, LÉON.

LA COMTESSE.

Vous allez voir, mon fils, si votre mère est faible en défendant vos intérêts! Mais laissez-moi me recueillir, me préparer, par la prière, à cet important plaidoyer. (Léon entre au cabinet de sa mère.)

SCÈNE XII.

LA COMTESSE, seule, un genou sur son fauteuil.

Ce moment me semble terrible, comme le jugement dernier! Mon sang est prêt à s'arrêter...... O mon Dieu! donnez-moi la force de frapper au cœur d'un époux! (Plus bas.) Vous seul connaissez les motifs qui m'ont toujours fermé la bouche! Ah! s'il ne s'agissait que du bonheur de mon fils, vous savez, ô mon Dieu! si j'oserais dire un seul mot pour moi! Mais enfin, s'il est vrai qu'une faute pleurée vingt ans, ait obtenu de vous un pardon généreux, comme un sage ami m'en assure; ô mon Dieu! donnez-moi la force de frapper au cœur d'un époux!

SCÈNE XIII.

LA COMTESSE, LE COMTE, LÉON, caché.

LE COMTE, sèchement.

Madame, on dit que vous me demandez?

LA COMTESSE, timidement.

J'ai cru, Monsieur, que nous serions plus libres dans ce cabinet que chez vous.

LE COMTE.

M'y voilà, Madame, parlez.

LA COMTESSE, tremblante.

Asseyons-nous, Monsieur, je vous conjure, et prêtez-moi votre attention.

LE COMTE, impatient.

Non, j'entendrai debout; vous savez qu'en parlant je ne saurais tenir en place.

LA COMTESSE, s'asseyant, avec un soupir, et parlant bas.

Il s'agit de mon fils... Monsieur.

LE COMTE, brusquement.

De votre fils, Madame?

LA COMTESSE.

Et quel autre intérêt pourrait vaincre ma répugnance à engager un entretien que vous ne recherchez jamais? Mais je viens de le voir dans un état à faire compassion: l'esprit troublé, le cœur serré de l'ordre que vous lui donnez de partir sur-le-champ; surtout du ton de dureté qui accompagne cet exil. Hé! comment a-t-il encouru la disgrâce d'un p... d'un homme si juste? Depuis qu'un exécrable duel nous a ravi notre autre fils...

LE COMTE, les mains sur le visage, avec un air de douleur.

Ah...!

LA COMTESSE.

Celui-ci, qui jamais ne dut connaître le chagrin, a redoublé de soins et d'attentions pour adoucir l'amertume des nôtres.

LE COMTE, se promenant doucement.

Ah...!

LA COMTESSE.

Le caractère emporté de son frère, son désordre, ses goûts et sa conduite déréglée nous en donnaient souvent de bien cruels. Le ciel sévère, mais sage en ses décrets, en nous privant de cet enfant, nous en a peut-être épargné de plus cuisants pour l'avenir.

LE COMTE, avec douleur.

Ah...! Ah...!

LA COMTESSE.

Mais, enfin, celui qui nous reste a-t-il jamais manqué à ses devoirs? Jamais le plus léger reproche fut-il mérité de sa part? Exemple des hommes de son âge, il a l'estime universelle : il est aimé, recherché, consulté. Son p... protecteur naturel, mon époux, seul paraît avoir les yeux fermés sur un mérite transcendant, dont l'éclat frappe tout le monde. (Le Comte se promène plus vite sans parler. La Comtesse, prenant courage de son silence, continue d'un ton plus ferme, et l'élève par degrés.) En tout autre sujet, Monsieur, je tiendrais à fort grand honneur de vous soumettre mon avis, de modeler mes sentiments, ma faible opinion sur la vôtre; mais il s'agit... d'un fils... (Le Comte s'agite en marchant.) Quand il avait un frère aîné, l'orgueil d'un très-grand nom le condamnait au célibat, l'ordre de Malte était son sort. Le préjugé semblait alors couvrir l'injustice de ce partage entre deux fils (Timidement.) égaux en droits.

LE COMTE s'agite plus fort. (A part, d'un ton étouffé.)

Égaux en droits...

LA COMTESSE, un peu plus fort.

Mais depuis deux années qu'un accident affreux... les lui a tous transmis, n'est-il pas étonnant que vous n'ayez rien entrepris pour le relever de ses vœux? Il est de notoriété que vous n'avez quitté l'Espagne que pour dénaturer vos biens, par la vente, ou par des échanges. Si c'est pour l'en priver, Monsieur, la haine ne va pas plus loin! Puis, vous le chassez de chez vous, et semblez lui fermer la maison p... par vous habitée! Permettez-moi de vous le dire : un traitement aussi étrange est sans excuse aux yeux de la raison. Qu'a-t-il fait pour le mériter?

LE COMTE s'arrête, d'un ton terrible.

Ce qu'il a fait?

LA COMTESSE, effrayée.

Je voudrais bien, Monsieur, ne pas vous offenser.

LE COMTE, plus fort.

Ce qu'il a fait, Madame?... Et c'est vous qui le demandez!...

LA COMTESSE, en désordre.

Monsieur, Monsieur! vous m'effrayez beaucoup!

LE COMTE, avec fureur.

Puisque vous avez provoqué l'explosion du ressentiment qu'un respect humain enchaînait, vous entendrez son arrêt et le vôtre.

LA COMTESSE, plus troublée.

Ah, Monsieur! Ah, Monsieur...!

LE COMTE.

Vous demandez ce qu'il a fait?

LA COMTESSE, levant les bras.

Non, Monsieur; ne me dites rien!

LE COMTE, hors de lui.

Rappelez-vous, femme perfide, ce que vous avez fait vous-même! et comment, recevant un adultère dans vos bras, vous avez mis dans ma maison cet enfant étranger, que vous osez nommer mon fils!

LA COMTESSE au désespoir veut se lever.

Laissez-moi m'enfuir, je vous prie.

LE COMTE, la clouant sur son fauteuil.

Non, vous ne fuirez pas; vous n'échapperez point à la conviction qui vous presse. (Lui montrant sa lettre.) Connaissez-vous cette écriture? Elle est tracée de votre main coupable! Et ces caractères sanglants qui lui servirent de réponse...

LA COMTESSE, anéantie.

Je vais mourir! Je vais mourir!

LE COMTE, avec force.

Non, non; vous entendrez les traits que j'en ai soulignés! (Il lit avec égarement.) « Malheureux insensé! notre sort est rempli; votre crime, le mien reçoit sa punition. Aujourd'hui, jour de Saint-Léon, patron de ce lieu, et le vôtre, je viens de mettre au monde un fils, mon opprobre et mon désespoir... » (Il parle.) Et cet enfant est né le jour de Saint-Léon, plus de dix mois après mon départ pour la Vera-Cruz! (Pendant qu'il lit très-fort, on entend la Comtesse, égarée, dire des mots coupés qui partent du délire.)

LA COMTESSE, priant les mains jointes.

Grand Dieu! tu ne permets donc pas que le crime le plus caché demeure toujours impuni!

LE COMTE.

... Et de la main du corrupteur! (Il lit.) « L'ami qui vous rendra ceci, quand je ne serai plus, est sûr. »

LA COMTESSE, priant.

Frappe, mon Dieu! car je l'ai mérité!

LE COMTE lit.

« Si la mort d'un infortuné vous inspirait un reste de pitié, parmi les noms qu'on va donner à ce fils, héritier d'un autre... »

LA COMTESSE, priant.

Accepte l'horreur que j'éprouve, en expiation de ma faute!

LE COMTE lit.

« Puis-je espérer que le nom de Léon...? » (Il parle.) Et ce fils s'appelle Léon!

LA COMTESSE, égarée, les yeux fermés.

O Dieu! mon crime fut bien grand, s'il égala ma punition! Que ta volonté s'accomplisse!

LE COMTE, plus fort.

Et, couverte de cet opprobre, vous osez me demander compte de mon éloignement pour lui?

LA COMTESSE, priant toujours.

Qui suis-je, pour m'y opposer, lorsque ton bras s'appesantit?

LE COMTE.

Et lorsque vous plaidez pour l'enfant de ce malheureux, vous avez au bras mon portrait!

LA COMTESSE, en le détachant, le regarde.

Monsieur, Monsieur, je le rendrai; je sais que je n'en suis pas digne. (Dans le plus grand égarement.) Ciel! que m'arrive-t-il? Ah! je perds la raison! Ma conscience troublée fait naître des fantômes! — Réprobation anticipée...! Je vois ce qui n'existe pas... Ce n'est plus vous; c'est lui qui me fait signe de le suivre, d'aller le rejoindre au tombeau!

LE COMTE, effrayé.

Comment? Eh bien! non, ce n'est pas...

LA COMTESSE, en délire.

Ombre terrible! éloigne-toi!

LE COMTE crie avec douleur.

Ce n'est pas ce que vous croyez!

LA COMTESSE jette le bracelet par terre.

Attends... Oui, je t'obéirai...

LE COMTE, plus troublé.

Madame, écoutez-moi...

LA COMTESSE.

J'irai... je t'obéis... je meurs... (Elle reste évanouie.)

LE COMTE, effrayé, ramasse le bracelet.

J'ai passé la mesure... Elle se trouve mal... Ah! Dieu! Courons lui chercher du secours. (Il sort, il s'enfuit.) (Les convulsions de la douleur font glisser la Comtesse à terre.)

Non, vous ne fuirez pas! (ACTE IV, SCÈNE XII.)

SCÈNE XIV.

LA COMTESSE, évanouie ; **LÉON**, accourant.

LÉON, avec force.

O ma mère!... ma mère! c'est moi qui te donne la mort! (Il l'enlève et la remet sur son fauteuil, évanouie.) Que ne suis-je parti sans rien exiger de personne! J'aurais prévenu ces horreurs!

SCÈNE XV.

LE COMTE, LA COMTESSE, évanouie; LÉON, SUZANNE.

LE COMTE, en rentrant, s'écrie.

Et son fils!

LÉON, égaré.

Elle est morte! Ah! je ne lui survivrai pas! (Il l'embrasse en criant.)

LE COMTE, effrayé.

Des sels! des sels! Suzanne!... Un million si vous la sauvez!

LÉON.

O malheureuse mère!

SUZANNE.

Madame, aspirez ce flacon. Soutenez-la, Monsieur; je vais tâcher de la desserrer.

LE COMTE, égaré.

Romps tout, arrache tout! Ah! j'aurais dû la ménager!

LÉON, criant avec délire.

Elle est morte! elle est morte!

SCÈNE XVI.

LE COMTE, LA COMTESSE, évanouie; LÉON, SUZANNE, FIGARO, accourant.

FIGARO.

Et qui, morte? Madame? Apaisez donc ces cris : c'est vous qui la ferez mourir! (Il lui prend le bras.) Non, elle ne l'est pas; ce n'est qu'une suffocation; le sang qui monte avec violence. Sans perdre de temps, il faut la soulager. Je vais chercher ce qu'il lui faut.

LE COMTE, hors de lui.

Des ailes, Figaro! ma fortune est à toi.

FIGARO, vivement.

J'ai bien besoin de vos promesses lorsque Madame est en péril! (Il sort en courant.)

SCÈNE XVII.

LE COMTE, LA COMTESSE, évanouie; LÉON, SUZANNE.

LÉON, lui tenant le flacon sous le nez.

Si l'on pouvait la faire respirer! O Dieu! rends-moi ma malheureuse mère!... La voici qui revient...

SUZANNE, pleurant.

Madame! Allons, Madame!...

LA COMTESSE, revenant à elle.

Ah! qu'on a de peine à mourir!

LÉON, égaré.

Non, maman, vous ne mourrez pas!

LA COMTESSE, égarée.

O ciel! entre mes juges! entre mon époux et mon fils! Tout est connu... et criminelle envers tous deux... (Elle se jette à terre et se prosterne.) Vengez-vous l'un et l'autre! Il n'est plus de pardon pour moi! (Avec horreur.) Mère coupable! épouse indigne! un instant nous a tous perdus. J'ai mis l'horreur dans ma famille! J'allumai la guerre intestine entre le père et les enfants! Ciel juste! il fallait bien que ce crime fût découvert! Puisse ma mort expier mon forfait!

LE COMTE, au désespoir.

Non, revenez à vous! votre douleur a déchiré mon âme! Asseyons-la. Léon...! Mon fils! (Léon fait un grand mouvement.) Suzanne, asseyons-la. (Ils la remettent sur le fauteuil.)

SCÈNE XVIII.

LES PRÉCÉDENTS, FIGARO.

FIGARO, accourant.

Elle a repris sa connaissance?

SUZANNE.

Ah Dieu! j'étouffe aussi. (Elle se desserre.)

LE COMTE crie.

Figaro! vos secours!

FIGARO, étouffé.

Un moment; calmez-vous. Son état n'est plus si pressant. Moi, qui étais dehors, grand Dieu! Je suis rentré bien à propos...! Elle m'avait fort effrayé! Allons, Madame, du courage!

LA COMTESSE, priant, renversée.

Dieu de bonté! fais que je meure!

LÉON, en l'asseyant mieux.

Non, maman, vous ne mourrez point, et nous réparerons nos torts. Monsieur! vous que je n'outragerai plus en vous donnant un autre nom, reprenez vos titres, vos biens; je n'y avais nul droit: hélas! je l'ignorais. Mais, par pitié, n'écrasez point d'un déshonneur public cette infortunée qui fut votre... Une erreur expiée par vingt années de larmes, est-elle encore un crime, alors qu'on fait justice? Ma mère et moi, nous nous bannissons de chez vous.

LE COMTE, exalté.

Jamais! Vous n'en sortirez point.

LÉON.

Un couvent sera sa retraite; et moi, sous mon nom de Léon, sous le simple habit d'un soldat, je défendrai la liberté de notre nouvelle patrie. Inconnu, je mourrai pour elle, ou je la servirai en zélé citoyen. (Suzanne pleure dans un coin; Figaro est absorbé dans l'autre.)

LA COMTESSE, péniblement.

Léon! mon cher enfant! ton courage me rend la vie! Je puis encore la supporter, puisque mon fils a la vertu de ne pas détester sa mère. Cette fierté dans le malheur sera ton noble patrimoine. Il m'épousa sans biens; n'exigeons rien de lui. Le travail de mes mains soutiendra ma faible existence; et toi, tu serviras l'État.

LE COMTE, avec désespoir.

Non, Rosine! jamais. C'est moi qui suis le vrai coupable! De combien de vertus je privais ma triste vieillesse!...

LA COMTESSE.

Vous en serez enveloppé; Florestine et Bégearss vous restent. Floresta, votre fille, l'enfant chéri de votre cœur...

LE COMTE, étonné.

Comment...? D'où savez-vous...? Qui vous l'a dit...?

LA COMTESSE.

Monsieur, donnez-lui tous vos biens; mon fils et moi n'y mettrons point d'obstacle; son bonheur nous consolera. Mais, avant de nous séparer, que j'obtienne au moins une grâce! Apprenez-moi comment vous êtes possesseur d'une terrible lettre que je croyais brûlée avec les autres? Quelqu'un m'a-t-il trahie?

ACTE IV, SCÈNE XVIII.

FIGARO, s'écriant.

Oui! l'infâme Bégearss : je l'ai surpris tantôt qui la remettait à Monsieur.

LE COMTE, parlant vite.

Non, je la dois au seul hasard. Ce matin, lui et moi, pour un tout autre objet, nous examinions votre écrin, sans nous douter qu'il eût un double fond. Dans le débat, et sous ses doigts, le secret s'est ouvert soudain, à son très-grand étonnement. Il a cru le coffre brisé!

FIGARO, criant plus fort.

Son étonnement d'un secret? Le monstre! C'est lui qui l'a fait faire!

LE COMTE.

Est-il possible?

LA COMTESSE.

Il est trop vrai!

LE COMTE.

Des papiers frappent nos regards ; il en ignorait l'existence; et, quand j'ai voulu les lui lire, il a refusé de les voir.

SUZANNE, s'écriant.

Il les a lus cent fois avec Madame!

LE COMTE.

Est-il vrai? Les connaissait-il?

LA COMTESSE.

Ce fut lui qui me les remit, qui les apporta de l'armée, lorsqu'un infortuné mourut...

LE COMTE.

Cet ami sûr, instruit de tout...?

LA COMTESSE, FIGARO, SUZANNE, ensemble, criant.

C'est lui!

LE COMTE.

O scélératesse infernale! Avec quel art il m'avait engagé! A présent je sais tout.

FIGARO.

Vous le croyez!

LE COMTE.

Je connais son affreux projet. Mais, pour en être plus certain, déchirons le voile en entier. Par qui savez-vous donc ce qui touche ma Florestine?

LA COMTESSE, vite.

Lui seul m'en a fait confidence.

LÉON, vite.

Il me l'a dit sous le secret.

SUZANNE, vite.

Il me l'a dit aussi.

LE COMTE, avec horreur.

O monstre! Et moi j'allais la lui donner; mettre ma fortune entre ses mains!

FIGARO, vivement.

Plus d'un tiers y serait déjà, si je n'avais porté, sans vous le dire, vos trois millions d'or en dépôt chez M. Fal. Vous alliez l'en rendre le maître, heureusement je m'en suis douté. Je vous ai donné son reçu...

LE COMTE, vivement.

Le scélérat vient de me l'enlever pour en aller toucher la somme.

FIGARO, désolé.

O proscription sur moi! Si l'argent est remis, tout ce que j'ai fait est perdu! Je cours chez M. Fal. Dieu veuille qu'il ne soit pas trop tard!

LE COMTE, à Figaro.

Le traître n'y peut être encore.

FIGARO.

S'il a perdu un temps, nous le tenons. J'y cours. (Il veut sortir.)

LE COMTE vivement l'arrête.

Mais, Figaro! que le fatal secret dont ce moment vient de t'instruire, reste enseveli dans ton sein!

FIGARO, avec une grande sensibilité.

Mon maître! il y a vingt ans qu'il est dans ce sein-là, et dix que je travaille à empêcher qu'un monstre n'en abuse! Attendez surtout mon retour, avant de prendre aucun parti.

LE COMTE, vivement.

Penserait-il se disculper?

FIGARO.

Il fera tout pour le tenter; (Il tire une lettre de sa poche.) mais voici le préservatif. Lisez le contenu de cette épouvantable lettre; le secret de l'enfer est là. Vous me saurez bon gré d'avoir tout fait pour me la procurer. (Il lui remet la lettre de Bégearss.) Suzanne! des gouttes à ta maîtresse. Tu sais comment je les prépare. (Il lui donne un flacon.) Passez-la sur sa chaise longue; et le plus grand calme autour d'elle. Monsieur, au moins, ne recommencez pas; elle s'éteindrait dans nos mains!

LE COMTE, exalté.

Recommencer? Je me ferais horreur!

FIGARO, à la Comtesse.

Vous l'entendez, Madame, le voilà dans son caractère! et c'est mon maître que j'entends. Ah! je l'ai toujours dit de lui : la colère, chez les bons cœurs, n'est qu'un besoin pressant de pardonner! (Il sort précipitamment. Le Comte et Léon la prennent sous les bras; ils sortent tous.)

FIN DU QUATRIÈME ACTE.

ACTE V.

Le Théâtre représente le salon du premier Acte.

SCÈNE PREMIÈRE.

LE COMTE, LA COMTESSE, LÉON, SUZANNE. (La Comtesse sans rouge, dans le plus grand désordre de parure.)

LÉON, soutenant sa mère.

Il fait trop chaud, maman, dans l'appartement intérieur. Suzanne, avance une bergère. (On l'assied.)

LE COMTE, attendri, arrangeant les coussins.

Êtes-vous bien assise? Eh quoi! pleurer encore?

LA COMTESSE, accablée.

Ah! laissez-moi verser des larmes de soulagement! Ces récits affreux m'ont brisée! Cette infâme lettre surtout...

LE COMTE, délirant.

Marié en Irlande, il épousait ma fille! Et tout mon bien placé sur la banque de Londres, eût fait vivre un repaire affreux, jusqu'à la mort du dernier de nous tous!... Et qui sait, grand Dieu! quels moyens?...

ACTE V, SCÈNE I.

Oui, Floresta, tu es à nous. (ACTE V, SCÈNE III.)

LA COMTESSE.

Homme infortuné ! calmez-vous ! Mais il est temps de faire descendre Florestine ; elle avait le cœur si serré de ce qui devait lui arriver ! Va la chercher, Suzanne, et ne l'instruis de rien.

LE COMTE, avec dignité.

Ce que j'ai dit à Figaro, Suzanne, était pour vous comme pour lui.

SUZANNE.

Monsieur, celle qui vit Madame pleurer, prier pendant vingt ans, a trop gémi de ses douleurs pour rien faire qui les accroisse! (Elle sort.)

SCÈNE II.

LE COMTE, LA COMTESSE, LÉON.

LE COMTE, avec un vif sentiment.

Ah! Rosine, séchez vos pleurs, et maudit soit qui vous affligera!

LA COMTESSE.

Mon fils, embrasse les genoux de ton généreux protecteur, et rends-lui grâce pour ta mère. (Il veut se mettre à genoux.)

LE COMTE le relève.

Oublions le passé, Léon. Gardons-en le silence, et n'émouvons plus votre mère. Figaro demande un grand calme. Ah! respectons surtout la jeunesse de Florestine, en lui cachant soigneusement les causes de cet accident.

SCÈNE III.

Les Précédents, FLORESTINE, SUZANNE.

FLORESTINE, accourant.

Mon Dieu! maman, qu'avez-vous donc?

LA COMTESSE.

Rien que d'agréable à t'apprendre; et ton parrain va t'en instruire.

LE COMTE.

Hélas! ma Florestine, je frémis du péril où j'allais plonger ta jeunesse. Grâce au ciel, qui dévoile tout, tu n'épouseras point Bégearss! Non, tu ne seras point la femme du plus épouvantable ingrat...!

FLORESTINE.

Ah, ciel! Léon...!

LÉON.

Ma sœur, il nous a tous joués!

FLORESTINE, au Comte.

Sa sœur!

LE COMTE.

Il nous trompait. Il trompait les uns par les autres, et tu étais le prix de ses horribles perfidies. Je vais le chasser de chez moi.

LA COMTESSE.

L'instinct de ta frayeur te servait mieux que nos lumières. Aimable enfant! rends grâce au ciel qui te sauve d'un tel danger.

LÉON.

Ma sœur, il nous a tous joués!

FLORESTINE, au Comte.

Monsieur, il m'appelle sa sœur!

LA COMTESSE, exaltée.

Oui, Floresta, tu es à nous. C'est là notre secret chéri. Voilà ton père, voilà ton frère; et moi, je suis ta mère pour la vie. Ah! garde-toi de l'oublier jamais! (Elle tend la main au Comte.) Almaviva! pas vrai qu'elle est *ma fille?*

LE COMTE, exalté.

Et lui, *mon fils;* voilà nos deux enfants. (Tous se serrent dans les bras l'un de l'autre.)

SCÈNE IV.

LES PRÉCÉDENTS, FIGARO, M. FAL, Notaire.

FIGARO, accourant et jetant son manteau.

Malédiction! Il a le portefeuille. J'ai vu le traître l'emporter, quand je suis entré chez Monsieur.

LE COMTE.

O Monsieur Fal! vous vous êtes pressé.

M. FAL, vivement.

Non, Monsieur, au contraire. Il est resté plus d'une heure avec moi, m'a fait achever le contrat, y insérer la donation qu'il fait. Puis il m'a remis mon reçu, au bas duquel était le vôtre, en me disant que la somme est à lui, qu'elle est un fruit d'hérédité; qu'il vous l'a remise en confiance...

LE COMTE.

O scélérat! Il n'oublie rien!

FIGARO.

Que de trembler sur l'avenir!

M. FAL.

Avec ces éclaircissements, ai-je pu refuser le portefeuille qu'il exigeait? Ce sont trois millions au porteur. Si vous rompez le mariage, et qu'il veuille garder l'argent, c'est un mal presque sans remède.

LE COMTE, avec véhémence.

Que tout l'or du monde périsse, et que je sois débarrassé de lui!

FIGARO, jetant son chapeau dans un fauteuil.

Dussé-je être pendu, il n'en gardera pas une obole! (A Suzanne.) Veille au dehors, Suzanne. (Elle sort.)

M. FAL.

Avez-vous un moyen de lui faire avouer devant de bons témoins qu'il tient ce trésor de Monsieur? Sans cela, je défie qu'on puisse le lui arracher.

FIGARO.

S'il apprend par son Allemand ce qui se passe dans l'hôtel, il n'y rentrera plus.

LE COMTE, vivement.

Tant mieux! c'est tout ce que je veux. Ah! qu'il garde le reste.

FIGARO, vivement.

Lui laisser, par dépit, l'héritage de vos enfants? Ce n'est pas vertu, c'est faiblesse.

LÉON, fâché.

Figaro!

FIGARO, plus fort.

Je ne m'en dédis point. (Au Comte.) Qu'obtiendra donc de vous l'attachement, si vous payez ainsi la perfidie?

LE COMTE, se fâchant.

Mais l'entreprendre sans succès, c'est lui ménager un triomphe...

SCÈNE V.

Les Précédents, SUZANNE.

SUZANNE, à la porte, et criant.

Monsieur Bégearss qui rentre! (Elle sort.)

SCÈNE VI.

Les Précédents, excepté SUZANNE.
(Ils font tous un grand mouvement.)

LE COMTE, hors de lui.

Oh traître!

FIGARO, très-vite.

On ne peut plus se concerter, mais, si vous m'écoutez et me secondez tous pour lui donner une sécurité profonde, j'engage ma tête au succès.

M. FAL.

Vous allez lui parler du portefeuille et du contrat?

FIGARO, très-vite.

Non pas; il en sait trop pour l'entamer si brusquement. Il faut l'amener de plus loin à faire un aveu volontaire. (Au Comte.) Feignez de vouloir me chasser.

LE COMTE, troublé.

Mais, mais, sur quoi?

SCÈNE VII.

Les précédents, BÉGEARSS, SUZANNE.

SUZANNE, accourant.

Monsieur Bégeaaaaaaarss! (Elle se range près de la Comtesse. Bégearss montre une grande surprise.)

FIGARO s'écrie en le voyant.

Monsieur Bégearss! (Humblement.) Eh bien! ce n'est qu'une humiliation de plus. Puisque vous attachez à l'aveu de mes torts le pardon que je sollicite, j'espère que Monsieur ne sera pas moins généreux.

BÉGEARSS, étonné.

Qu'y a-t-il donc? Je vous trouve assemblés!

LE COMTE, brusquement.

Pour chasser un sujet indigne.

BÉGEARSS, plus surpris encore, voyant le Notaire.

Et Monsieur Fal?

M. FAL lui montrant le contrat.

Voyez qu'on ne perd point de temps; tout ici concourt avec vous.

BÉGEARSS, surpris.

Ha! ha!...

LE COMTE, impatient, à Figaro.

Pressez-vous; ceci me fatigue. (Pendant cette scène, Bégearss les examine l'un après l'autre, avec la plus grande attention.)

FIGARO, l'air suppliant, adressant la parole au Comte.

Puisque la feinte est inutile, achevons mes tristes aveux. Oui, pour nuire à Monsieur Bégearss, je répète avec confusion, que je me suis mis à l'épier, le suivre et le troubler partout : (Au Comte.) car Monsieur n'avait pas sonné lorsque je suis entré chez lui, pour savoir ce qu'on faisait du coffre aux brillants de Madame, que j'ai trouvé là tout ouvert.

BÉGEARSS.

Certes! ouvert à mon grand regret!

LE COMTE fait un mouvement inquiétant. (A part.)

Quelle audace!

FIGARO, se courbant, le tire par l'habit pour l'avertir.

Ah! mon maître!

M. FAL, effrayé.

Monsieur!

BÉGEARSS, au Comte, à part.

Modérez-vous, ou nous ne saurons rien. (Le Comte frappe du pied. Bégearss l'examine.)

FIGARO, soupirant, dit au Comte.

C'est ainsi que, sachant Madame enfermée avec lui pour brûler de certains papiers dont je connaissais l'importance, je vous ai fait venir subitement.

BÉGEARSS, au Comte.

Vous l'ai-je dit? (Le Comte mord son mouchoir de fureur.)

SUZANNE, bas, à Figaro, par derrière.

Achève, achève!

FIGARO.

Enfin, vous voyant tous d'accord, j'avoue que j'ai fait l'impossible pour provoquer entre Madame et vous la vive explication... qui n'a pas eu la fin que j'espérais...

LE COMTE, à Figaro, avec colère.

Finissez-vous ce plaidoyer?

FIGARO, bien humble.

Hélas! je n'ai plus rien à dire, puisque c'est cette explication qui a fait chercher Monsieur Fal, pour finir ici le contrat. L'heureuse étoile de Monsieur a triomphé de tous mes artifices! Mon maître... en faveur de trente ans...

LE COMTE, avec humeur.

Ce n'est pas à moi de juger. (Il marche vite.)

FIGARO.

Monsieur Bégearss!...

BÉGEARSS, qui a repris sa sécurité, dit ironiquement.

Qui! moi? cher ami, je ne comptais guère vous avoir tant d'obligations! (Élevant son ton.) Voir mon bonheur accéléré par le coupable effort destiné à me le ravir! (A Léon et Florestine.) O jeunes gens! quelle leçon! Marchons avec candeur dans le sentier de la vertu. Voyez que tôt ou tard l'intrigue est la perte de son auteur.

FIGARO, prosterné.

Ah! oui!

BÉGEARSS, au Comte.

Monsieur, pour cette fois encore, et qu'il parte!

LE COMTE, à Bégearss, durement.

C'est là votre arrêt?... J'y souscris.

FIGARO, ardemment.

Monsieur Bégearss! je vous le dois. Mais je vois M. Fal pressé d'achever un contrat...

LE COMTE, brusquement.

Les articles m'en sont connus.

M. FAL.

Hors celui-ci. Je vais vous lire la donation que Monsieur fait... (Cherchant l'endroit.) M. M. M. Messire James-Honoré Bégearss... Ah! (Il lit.) « Et pour donner à la demoiselle future épouse, une preuve non équivoque de son attachement pour elle, ledit seigneur futur époux lui fait donation entière de tous les grands biens qu'il possède; consistant aujourd'hui, (Il appuie en lisant.) (ainsi qu'il le déclare, et les a exhibés à nous, notaires soussignés,) en trois millions d'or ici joints, en très-bons effets au porteur. » (Il tend la main en lisant.)

BÉGEARSS.

Les voilà dans ce portefeuille. (Il donne le portefeuille à M. Fal.) Il manque deux milliers de louis, que je viens d'en ôter pour fournir aux apprêts des noces.

FIGARO, montrant le Comte, et vivement.

Monsieur a décidé qu'il paierait tout; j'ai l'ordre.

BÉGEARSS, tirant les effets de sa poche et les remettant au Notaire.

En ce cas, enregistrez-les; que la donation soit entière! (Figaro, retourné, se tient la bouche pour ne pas rire. M. Fal ouvre le portefeuille, y remet les effets.)

M. FAL, montrant Figaro.

Monsieur va tout additionner, pendant que nous achèverons. (Il donne le portefeuille ouvert à Figaro, qui, voyant les effets, dit:)

FIGARO, l'air exalté.

Et moi, j'éprouve qu'un bon repentir est comme toute bonne action ; qu'il porte aussi sa récompense.

BÉGEARSS.

En quoi?

FIGARO.

J'ai le bonheur de m'assurer qu'il est ici plus d'un généreux homme. Oh! que le ciel comble les vœux de deux amis aussi parfaits! Nous n'avons nul besoin d'écrire. (Au Comte.) Ce sont vos effets au porteur : oui, Monsieur, je les reconnais. Entre M. Bégearss et vous, c'est un combat de générosité; l'un donne ses biens à l'époux; l'autre les rend à sa future! (Aux jeunes gens.) Monsieur, Mademoiselle! Ah! quel bienfaisant protecteur, et que vous allez le chérir...! Mais, que dis-je? l'enthousiasme m'aurait-il fait commettre une indiscrétion offensante? (Tout le monde garde le silence.)

BÉGEARSS, un peu surpris, se remet, prend son parti, et dit :

Elle ne peut l'être pour personne, si mon ami ne la désavoue pas; s'il met mon âme à l'aise, en me permettant d'avouer que je tiens de lui ces effets. Celui-là n'a pas un bon cœur, que la gratitude fatigue; et cet aveu manquait à ma satisfaction. (Montrant le Comte.) Je lui dois bonheur et fortune, et quand je les partage avec sa digne fille, je ne fais que lui rendre ce qui lui appartient de droit. Remettez-moi le portefeuille; je ne veux avoir que l'honneur de le mettre à ses pieds moi-même, en signant notre heureux contrat. (Il veut le reprendre.)

FIGARO, sautant de joie.

Messieurs, vous l'avez entendu? Vous témoignerez, s'il le faut. Mon maître, voilà vos effets; donnez-les à leur détenteur, si votre cœur l'en juge digne. (Il lui remet le portefeuille.)

LE COMTE, se levant, à Bégearss.

Grand Dieu! les lui donner! homme cruel, sortez de ma maison; l'enfer n'est pas aussi profond que vous! Grâce à ce bon vieux serviteur, mon imprudence est réparée : sortez à l'instant de chez moi!

BÉGEARSS.

O mon ami! vous êtes encore trompé! (Le Comte, hors de lui, le bride de sa lettre ouverte.)

LE COMTE.

Et cette lettre, monstre! m'abuse-t-elle aussi?

BÉGEARSS la voit; furieux, il arrache au Comte la lettre, et se montre tel qu'il est.

Ah...! Je suis joué! mais j'en aurai raison!

ACTE V, SCÈNE VII.

— Adieu, famille abandonnée ! (ACTE V, SCÈNE VII.)

LÉON.

Laissez en paix une famille que vous avez remplie d'horreur.

BÉGEARSS, furieux.

Jeune insensé ! c'est toi qui vas payer pour tous. Je t'appelle au combat.

LÉON, vite.

J'y cours.

LE COMTE, vite.

Léon !

42

LA COMTESSE, vite.

Mon fils!

FLORESTINE, vite.

Mon frère!

LE COMTE.

Léon! Je vous défends... (A Bégearss.) Vous vous êtes rendu indigne de l'honneur que vous demandez : ce n'est point par cette voie-là qu'un homme comme vous doit terminer sa vie. (Bégearss fait un geste affreux, sans parler.)

FIGARO, arrêtant Léon, vivement.

Non, jeune homme! vous n'irez point; Monsieur votre père a raison, et l'opinion est réformée sur cette horrible frénésie : on ne combattra plus ici que les ennemis de l'État. Laissez-le en proie à sa fureur, et s'il ose vous attaquer, défendez-vous comme d'un assassin. Personne ne trouve mauvais qu'on tue une bête enragée. Mais il se gardera de l'oser; l'homme capable de tant d'horreurs doit être aussi lâche que vil!

BÉGEARSS, hors de lui.

Malheureux!

LE COMTE, frappant du pied.

Nous laissez-vous enfin? C'est un supplice de vous voir. (La Comtesse est effrayée sur un siége; Florestine et Suzanne la soutiennent; Léon se réunit à elles.)

BÉGEARSS, les dents serrées.

Oui, morbleu! je vous laisse; mais j'ai la preuve en main de votre infâme trahison! Vous n'avez demandé l'agrément de Sa Majesté, pour échanger vos biens d'Espagne, que pour être à portée de troubler sans péril l'autre côté des Pyrénées.

LE COMTE.

O monstre! que dit-il?

BÉGEARSS.

Ce que je vais dénoncer à Madrid. N'y eût-il que le buste en grand d'un Washington dans votre cabinet, j'y fais confisquer tous vos biens.

FIGARO, criant.

Certainement; le tiers au dénonciateur.

BÉGEARSS.

Mais pour que vous n'échangiez rien, je cours chez notre ambassadeur arrêter dans ses mains l'agrément de Sa Majesté, que l'on attend par ce courrier.

FIGARO, tirant un papier de sa poche, s'écrie vivement :

L'agrément du Roi? le voici! J'avais prévu le coup; je viens, de votre part, d'enlever le paquet au secrétariat d'ambassade : le courrier d'Espagne arrivait ! (Le Comte avec vivacité prend le paquet.)

BÉGEARSS, furieux, frappe sur son front, fait deux pas pour sortir, et se retourne.

Adieu, famille abandonnée! maison sans mœurs et sans honneur! Vous aurez l'impudeur de conclure un mariage abominable, en unissant le frère avec la sœur; mais l'univers saura votre infamie! (Il sort.)

SCÈNE VIII ET DERNIÈRE.

LES PRÉCÉDENTS, excepté Bégearss.

FIGARO, follement.

Qu'il fasse des libelles! dernière ressource des lâches! Il n'est plus dangereux, bien démasqué, à bout de voie, et pas vingt-cinq louis dans le monde! Ah! Monsieur Fal! je me serais poignardé s'il eût gardé les deux mille louis qu'il avait soustraits du paquet! (Il reprend un ton grave.) D'ailleurs, nul ne sait mieux que lui, que par la nature et la loi, ces jeunes gens ne sont rien, qu'ils sont étrangers l'un à l'autre.

LE COMTE l'embrasse et crie.

O Figaro...! Madame, il a raison.

LÉON, très-vite.

Dieux! maman, quel espoir!

FLORESTINE, au Comte.

Eh quoi! Monsieur, n'êtes-vous plus...?

LE COMTE, ivre de joie.

Mes enfants, nous y reviendrons, et nous consulterons, sous des noms supposés, des gens de loi, discrets, éclairés, pleins d'honneur. O mes enfants, il vient un âge où les honnêtes gens se pardonnent leurs torts, leurs anciennes faiblesses; font succéder un doux attachement aux passions orageuses qui les avaient trop désunis. Rosine! (c'est le nom que votre époux vous rend,) allons nous reposer des fatigues de la journée. Monsieur Fal, restez avec nous. Venez, mes deux enfants! — Suzanne, embrasse ton mari, et que nos sujets de querelles soient ensevelis pour toujours. (A Figaro.) Les deux mille louis qu'il avait soustraits, je te les donne, en attendant la récompense qui t'est bien due...

FIGARO, vivement.

A moi, Monsieur? Non, s'il vous plaît; moi, gâter par un vil salaire le bon service que j'ai fait? Ma récompense est de mourir chez vous. Jeune, si j'ai failli souvent, que ce jour acquitte ma vie! O ma vieillesse! pardonne à ma jeunesse; elle s'honorera de toi. Un jour a changé notre état! plus d'oppresseur, d'hypocrite insolent! Chacun a bien fait son devoir. Ne plaignons point quelques moments de trouble : on gagne assez dans les familles quand on en expulse un méchant.

FIN DE LA MÈRE COUPABLE.

TABLE

	Pages.
Notice sur Beaumarchais, par F. de Marescot	I

LE BARBIER DE SÉVILLE.

Acte I	5
Acte II	24
Acte III	52
Acte IV	75

LA FOLLE JOURNÉE, OU LE MARIAGE DE FIGARO.

Acte I	95
Acte II	123
Acte III	161
Acte IV	191
Acte V	213

L'AUTRE TARTUFFE, OU LA MÈRE COUPABLE.

Acte I	245
Acte II	263
Acte III	285
Acte IV	299
Acte V	320

FIN DE LA TABLE.

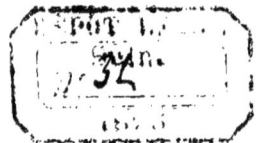

NOTICE

SUR

BEAUMARCHAIS

Lorsque l'on entreprend d'écrire, même d'une manière succincte, la biographie de Beaumarchais, de raconter les péripéties nombreuses et diverses de sa vie agitée, on se sent tout d'abord pris d'une certaine hésitation. On se demande si le récit d'aventures aussi étranges, aussi invraisemblables, ne se heurtera pas contre une incrédulité qui n'est pas dénuée de toute raison d'être. Néanmoins, les scrupules s'effacent peu à peu devant l'énorme amas des documents et des témoignages contemporains qui abondent sur cette singulière personnalité. Le créateur de *Figaro* a dans l'histoire littéraire et même politique du XVIIIe siècle une place très en évidence : contrôlés et accompagnés de preuves et de souvenirs irrécusables, les incidents de son existence troublée ne peuvent être mis en doute. Ils intéressent d'autant plus, qu'ils sont empreints de ce cachet d'une authenticité indéniable.

Cette Notice, à laquelle l'espace a été limité par la nature même de la publication qu'elle accompagne, ne saurait être ni un récit absolument complet, ni une biographie définitive. C'est avec intention que je me sers de ce dernier mot. Même après l'ouvrage de M. de Loménie, tout n'a pas été dit sur Beaumarchais ; l'histoire de sa vie offre encore des côtés qui n'ont point été élucidés, parce que les documents retrouvés journellement ne sont pas tous publiés. On s'est efforcé ici, en usant chaque fois qu'on en a eu l'occasion de sources inédites, de condenser les détails les plus marquants de ceux qui concernent l'auteur de l'immortelle comédie de *La Folle Journée*.

Pierre-Augustin Caron est né à Paris, le 24 janvier 1732, dans l'humble boutique d'horlogerie tenue par André-Charles Caron, son père, et qui était située rue Saint-Denis, presque en face de la rue de la Ferronnerie. Il eut pour parrain « Pierre-Augustin Picard, fils mineur de Pierre Picard, marchand chandelier, rue Aubry-le-Boucher, paroisse de Saint-Josse, » et pour marraine, une de ses cousines, « Françoise Gary, fille mineure d'André Gary, marchand chandelier, demeurant rue des Boucheries, paroisse de Saint-Sulpice. »

Une origine aussi modeste n'était pas faite pour satisfaire l'ambitieux Pierre-Augustin. Coûte que coûte, il voulut être un personnage, et comme il ne s'était pas donné la peine de naître noble, contre son gré, j'en suis certain, il ajouta, dans la suite, à son nom trop simple de Caron, celui de Beaumarchais, qui sonnait autrement bien aux oreilles. Il faut constater que peu à peu il n'aima à se rappeler que celui-ci, et qu'il finit par croire que l'autre n'avait jamais été le sien.

C'était bien la peine, en vérité, quand on est exposé à de semblables faiblesses, de lancer à ceux qui étaient, par droit de naissance, de véritables gentilshommes, les plus véhémentes et les plus injustes apostrophes.

De tout temps, l'état d'horloger exercé par André-Charles Caron avait été celui de la famille, et le grand-père de Pierre-Augustin, « maître orlogeur » à Lizy-sur-Ourcq, près de Meaux, avait professé jusqu'à sa mort, qui remontait à 1708.

Né dans la religion protestante, André-Charles Caron abjura le culte de ses pères au mois de mars 1721, ce qui fait que Beaumarchais naquit catholique. Je ne crois pas qu'il ait jamais été, en religion, un zélé ou un fervent de premier ordre, et cela en dépit des exhortations de son père, qui le forçait, à ce qu'il paraît, à assister très-régulièrement aux offices. La fin de sa vie est même marquée par le souvenir d'un badinage antireligieux que son grand âge suffit heureusement à excuser. D'une nature foncièrement bonne et généreuse, il mit toujours, ce qui a bien son prix, la charité et le désintéressement avant toutes les autres vertus. Il comptait dans le clergé de nombreux amis et des défenseurs.

Voué au commerce dès ses plus tendres années, et n'ayant pas reçu, pour ce motif, une longue éducation, le père de Beaumarchais se piquait néanmoins, et à bon droit, d'une certaine littérature. Il sut presque briller dans cette matière si éloignée de sa profession, mais dans laquelle son fils devait un jour se faire un nom illustre. Ses lettres, retrouvées depuis et publiées en partie, ne sont pas celles d'un homme ordinaire; elles décèlent un esprit qui a eu le mérite assez rare de n'être jamais médiocre. Cette correspondance nous apprend que l'horloger de la rue Saint-Denis, si fier de sa profession, si attaché à elle, s'occupait cependant beaucoup des choses du théâtre. Ce goût, qui n'était en quelque sorte chez le père qu'à l'état de germe, devait passer dans le fils, y grandir, et s'y développer au point d'en faire un génie dramatique digne du premier rang. André-Charles Caron, pour un simple commerçant, possédait des relations très-artistiques. Il était lié assez intimement avec Poinsinet et avec le comédien Préville. Ce dernier fut plus tard l'acteur le plus estimé de son fils; il a eu l'impérissable honneur d'établir le rôle de Figaro. Le père de Pierre-Augustin fréquentait les salles de spectacle avec une assiduité très-grande, et son excellente mémoire lui permettait de parsemer ses lettres de passages extraits des œuvres qui avaient su le charmer et l'intéresser.

La famille Caron était fort nombreuse. Marie-Louise Pichon, mariée à l'horloger de la rue Saint-Denis, fut une épouse d'une remarquable fécondité. Dans l'espace de douze années, elle donna dix enfants à son mari : six filles et quatre garçons. Pierre-Augustin, qui devait rendre illustre le nom de Beaumarchais, était le quatrième et le dernier des garçons. A. Jal a retrouvé et publié dans son précieux *Dictionnaire critique* les actes de baptême des dix enfants d'André-Charles Caron. Ses découvertes rectifient les inconcevables méprises de M. de Loménie. Celui-ci, qui a eu pourtant entre les mains tous les papiers de la rue du Pas-de-la-Mule, prétend, par suite d'une impardonnable erreur, que Pierre-Augustin était le seul garçon de la famille, tandis qu'il est positif qu'il a eu trois frères ; de plus, il ne lui accorde que cinq sœurs, tandis qu'il est certain que la féconde Marie-Louise Pichon a donné six filles à son mari. Ces inexactitudes, qui déparent le beau travail de M. de Loménie sur Beaumarchais, n'ont pas été réparées dans les récentes éditions de ses deux volumes. Avec une indifférence exagérée pour tout ce qui n'appartient pas aux documents mis au jour par lui, il s'en tient aux seuls papiers qu'il a eu l'heureuse fortune de tenir longtemps entre les mains. Il s'en est, du reste, servi avec une partialité trop manifeste, et il s'est contenté d'écrire un panégyrique sans nuages, tandis qu'il ne lui manquait rien pour nous donner une étude critique complète et bien fouillée. Ces sortes de recherches, si à la mode de nos jours, réclament des natures spéciales, patientes et minutieuses.

Grâce aux lettres de Marie-Julie Caron, la cinquième des sœurs de Beaumarchais, nous pouvons avoir une idée de la façon dont s'écoulèrent les premières années de Pierre-Augustin ; premières années remplies de gaieté, d'insouciance et de rires sans fin. Les heures difficiles devaient venir assez tôt pour lui, et en les attendant, il paraissait disposé à jouir à son aise de son bon temps. Plus tard, au sein des luttes et des agitations terribles qui ont parsemé son existence, j'imagine qu'il a dû regretter souvent les escapades et les parties bruyantes faites dans l'arrière-boutique du maître horloger, les caresses données au petit Pierre-Augustin par les clients habituels de son père. Ces douces et charmantes choses n'ont qu'un temps ! Beaumarchais, que les difficultés et les déboires n'entamèrent jamais sérieusement, sut garder longtemps les marques vivaces de cette joyeuse humeur de l'enfance. Voltaire qui jugeait quelquefois sainement les hommes, a mis à son caractère les épithètes de *gai* et de *drôle*... Ce sont tout à fait les mots qui conviennent à cette nature toute de raillerie et d'enjouement.

De cette époque de l'enfance qui n'offre pas, en général, un intérêt très-considérable, il convient pourtant, quant à ce qui concerne Beaumarchais, de remarquer un détail qui était comme un présage ou un indice. Il paraît que dans ses jeux enfantins il prenait un continuel plaisir à contrefaire les formalités et les péripéties des choses de la justice. Celui qui devait être presque toute sa vie un enragé plaideur, entouré des compagnons de son âge jouait au magistrat, et prétendait sans cesse les juger. Encore un coup, c'est là un détail des plus piquants, si l'on veut bien se reporter aux procès acharnés qui ont absorbé la plus longue partie de son existence. On ne sait rien de positif sur le lieu où Beaumarchais fit ses premières et très-courtes études ; son père voulait seulement le voir devenir célèbre dans la profession de la famille. Il ne le laissa que peu de temps au « collége » inconnu, où il n'eut pas le loisir d'apprendre beaucoup de choses, et l'en retira dès l'âge de treize ans. Sa vive intelligence, ses dispositions et sa remarquable facilité devaient, dans la suite, le servir beaucoup mieux que tout, et compenser largement les inconvénients de sa demi-instruction.

De retour auprès de son père, l'enfant, dirigé par celui-ci, se mit à apprendre le métier auquel il était voué, et partagea ses instants entre cet apprentissage et l'étude de la musique, pour laquelle il montrait déjà une aptitude et une prédilection dominante, mais qui lui faisait trop souvent négliger ses devoirs. Ce reproche, que son père ne lui ménageait pas, joint à une conduite des moins retenues, ne contribuait pas peu à mécontenter le rigide horloger, et à le disposer très-mal en faveur du récalcitrant apprenti. Toutefois, ayant éprouvé les effets de la sévérité paternelle, le jeune Pierre-Augustin se décida à devenir insensiblement plus raisonnable, à s'adonner presque régulièrement à son état futur. Il finit, en somme, par y prendre un goût tel, que dans la seconde moitié du mois de juillet 1753, il avait trouvé le secret d'un nouvel échappement pour les montres. Dans le contentement que lui fit éprouver cette utile et ingénieuse découverte, il eut l'imprudence d'expliquer son mécanisme à un horloger célèbre de l'époque, nommé Lepaute. Peu soucieux de garder le silence, et persuadé que cette invention avait du bon, Lepaute n'hésita pas à s'en approprier le mérite aux dépens du trop confiant Beaumarchais. Celui-ci fut obligé de batailler énergiquement pour se conserver la priorité de son mécanisme. Il était décidément né pour la lutte, et sa destinée le condamnait à protester, à reclamer sans cesse en faveur de ses droits.

Le succès ne venait à lui que pour lui imposer en quelque sorte la tâche de le revendiquer, et la victoire qui avait coutume de suivre le combat donnait au triomphe un prix plus sensible. Par une lettre, en date du 15 novembre 1753, il protesta contre les dires mensongers du sieur Lepaute et sa protestation fut insérée dans le *Mercure* de décembre. Dans sa réclamation, il portait le débat devant l'Académie des sciences. Un jugement rendu par celle-ci le 23 février 1754, en faveur de Beaumarchais, mit à néant les prétentions de Lepaute et infligea un rude échec à sa bonne foi. Dans cette lutte, assurément des plus modérées, si on la compare aux autres qu'il fut obligé de soutenir, ce jeune homme de vingt-deux ans avait déjà montré de la façon la plus flagrante cette ténacité et cette fermeté indomptables qui devaient lui être d'un si grand secours dans le reste de son existence et qui rendaient possibles les succès remportés par lui sur des adversaires puissants qui attaquaient, avec toutes les ressources en leur pouvoir, sa fortune ou son honneur. Le jugement de l'Académie des sciences encourageait Beaumarchais à persévérer dans la profession paternelle. Dans une lettre du 16 juin 1755, il déclara à l'auteur du *Mercure de France* que ce succès le fixait à l'état qu'il avait embrassé et qu'il bornait désormais toute son ambition à acquérir la plus grande science de l'art de l'horlogerie. Il faisait aussi allusion à « cette chaleur de sang » avec laquelle il n'avait pas hésité à défendre sa découverte, et il ajoutait, comme par suite d'un pressentiment des luttes prochaines, qu'il craignait bien que l'âge ne l'en corrigeât pas. Il concluait en rappelant qu'il venait d'avoir l'honneur de présenter à Mme de Pompadour « une montre dans une bague, la plus petite qui ait encore été faite. » Ce genre de bijou merveilleux pour l'époque, et qui a été depuis perfectionné au delà du vraisemblable, n'avait que quatre lignes et demie de diamètre et une ligne moins un tiers de hauteur entre les platines. Caron fils, horloger du Roi, auquel il avait eu l'honneur de fournir une montre, semblait pour jamais lancé dans la carrière de ses aïeux. Je ne sais s'il était sincère dans ces résolutions que l'avenir devait un peu contrarier. Avec une imagination aussi vive que celle dont il était doué, la tranquille profession de l'horlogerie ne devait lui plaire que pendant un temps très-court, et ce goût inné pour la musique, qui ne l'avait, d'autre part, jamais abandonné, qu'il avait toujours mené de front avec ses occupations, était destiné à marquer l'origine de ses succès et d'une fortune bien supérieure à celle qu'il avait entrevue et rêvée.

Dans le courant de 1755, et au moment même où il allait s'adonner plus que jamais à son état, Pierre-Augustin Caron, — peut-être à la suite de rapports purement de commerce, — fit la connaissance d'une dame Franquet dont le mari remplissait à la cour la charge de « Contrôleur de la bouche du Roi. » en même temps que celle de « Contrôleur de l'extraordinaire des guerres. » Le sieur Franquet, que M. de Loménie qualifie de très-vieux, était âgé seulement de quarante-neuf ans; Madeleine-Catherine, sa femme, née Aubertin, en avait trente-trois. M. de Loménie, peut-être par suite d'une galanterie rétrospective, a dit inexactement qu'elle n'avait que trente ans. Il est vrai que c'est d'après une note de Beaumarchais lui-même, lequel n'a jamais eu de l'exactitude un souci exagéré.

Le jeune horloger, comme s'il avait soupçonné l'avantage qu'il devait en retirer, devint peu à peu l'ami et le commensal du sieur Franquet, qui portait, par hasard, ainsi que Beaumarchais, les prénoms de Pierre-Augustin. On est porté à croire que cette similitude de nom charma l'épouse du Contrôleur et que le second Pierre-Augustin, entraîné, séduit et subjugué par cette maîtresse-femme, se laissa aller à jouer dans la maison où il était si bien accueilli un véritable rôle d'ingrat, si l'on songe à toutes les bontés dont il fut accablé et à la faveur inattendue qu'il obtint de son protecteur à la fin de 1755. A cette époque, en effet, le sieur Franquet se démit de sa charge en faveur de Beaumarchais, tout à fait assujetti par Mme Franquet, et rêvant désormais une autre gloire que celle des succès de l'état d'horloger. Le brevet signé : « Louis » et plus bas « Phelippeaux, » qui faisait du jeune artisan énamouré d'une femme plus âgée que lui un « Contrôleur clerc d'office de la maison du Roi », porte la date du 9 novembre 1755 et détruisait par ses deux signatures les belles résolutions contenues dans la lettre écrite six mois auparavant à l'auteur du *Mercure de France*. Le sieur Franquet n'eut ni le loisir ni l'occasion de découvrir les menées illicites de sa femme et il mourut en croyant naïvement à l'amitié, au désintéressement, à la reconnaissance. Il décéda à l'âge de cinquante ans, le samedi 3 janvier 1756, à Vert-le-Grand, près d'Arpajon. Sa veuve était restée à Paris, et cette séparation, consentie ou accidentelle, que les preuves font défaut pour préciser, rendait possibles et parfaitement vraisemblables les rapports particuliers de Beaumarchais avec la femme de son protecteur. Si l'on avait les moindres doutes, ils tomberaient forcément devant ce fait : Beaumarchais épousa la veuve du sieur Franquet le 27 novembre 1756, à l'église de Saint-Nicolas des Champs. Il se mariait avec le consentement, mais non avec l'approbation de ses père et mère, lesquels voyaient avec chagrin leur fils abandonner l'état qui avait été l'honneur de toute la famille pour faire un mariage disproportionné d'âge. A leurs yeux, en outre, il semblait acquitter les bontés du sieur Franquet et couronner une liaison que ces honnêtes bourgeois ne consentaient pas plus à approuver qu'à excuser. Ils crurent devoir s'abstenir de paraître à l'union que leur fils fut obligé de contracter sans eux, mais leur mécontentement devait bien vite cesser d'avoir sa raison d'être. Beaumarchais perdit sa femme le 29 septembre 1757, c'est-à-dire moins d'un an après qu'il l'avait épousée. Décédée sur « les neuf heures du soir, » elle fut inhumée le lendemain à Saint-Nicolas « avec l'assistance de tout le clergé. » Ici doit se placer d'une façon toute naturelle un événement qui n'a pas été suffisamment expliqué et fouillé, même par les plus autorisés des biographes de Beaumarchais et que la découverte d'un document inédit permet de rendre beaucoup plus positif. J'en dois l'obligeante communication à mon ami J. Claretie.

En épousant Mme Franquet et en légitimant des relations depuis longtemps formées, Beaumarchais [1] avait fait ce qu'on nomme une excellente affaire. Pendant tout le temps qu'elle avait vécu, temps malheureusement trop court, il avait profité du bien-être que lui procurait, à lui sans fortune, l'aisance de la veuve du Contrôleur. A sa mort, la position changeait subitement pour Beaumarchais : il perdit, on va le voir, le bien-être avec la femme. L'une de ces deux pertes était cruelle. Soit par suite d'un oubli inexplicable en apparence, soit par une délicatesse outrée envers une épouse avec laquelle il ne voulait pas avoir l'air de faire une avantageuse spéculation, il avait oublié ou négligé de faire insinuer, c'est-à-dire de faire enregistrer, son contrat de mariage. En raison du non accomplissement volontaire ou involontaire de cette formalité, il se préparait les plus cruelles déceptions en cas de décès de sa femme, du côté de laquelle se trouvait l'apport le plus considérable. Devenu veuf, Beaumarchais se retrouvait comme auparavant dans une situation plus que modeste qui rendait sans effet le sacrifice qu'il avait pu faire en épousant une personne plus âgée que lui, parce qu'elle lui apportait une fortune qui pouvait le mener à tout et qu'il espérait consacrer utilement aux vues de son ambition ardente. M. de Loménie, qui semble ne pas vouloir permettre que la loyauté de Beaumarchais soit même suspectée un instant, prétend que celui-ci, loin de se prévaloir de ses droits d'époux et de chercher par des chicanes à corriger l'effet de la non-insinuation de

---

[1]. C'est à cette époque que Pierre-Augustin Caron joignit à son nom celui de Beaumarchais. Selon Gudin, le nouveau nom choisi par le jeune Caron était celui d'un petit fief appartenant à sa femme. Cette fantaisie nobiliaire devait inspirer à Goëzman le trait suivant : « Le sieur Caron emprunta d'une de ses femmes le nom de Beaumarchais, qu'il a prêté à une de ses sœurs. »

son contrat, remit au contraire et d'une façon toute spontanée les biens de la défunte, en partie aux parents de son premier mari, en partie à ses parents à elle. Pour ma part, je n'ajoute pas foi à ce désintéressement, et le procès-verbal suivant, qui est une pièce d'une indiscutable authenticité, nous montrera que de la part de Beaumarchais, qui n'était pas disposé le moins du monde à se laisser dépouiller sans résistance, il y a eu positivement des efforts énergiques tentés dans un sens bien contraire au récit partial d'un biographe porté à tout excuser sans preuves suffisantes.

« L'an 1757, le lundi 3 octobre, huit heures du matin, en l'hôtel et par-devant nous, Pierre Chénon, etc., est comparue dame Catherine Frion, veuve de Joachim Aubertin, marchand bourgeois de Paris, y demeurant, rue de Braque, paroisse Saint-Nicolas des Champs, habile à se dire et porter seule et unique héritière quant aux meubles et acquêts de défunte Madeleine Aubertin, veuve en premières noces de Pierre Augustin Franquet, écuyer, contrôleur de la maison du roi et de l'extraordinaire des guerres, et, à son décès, épouse en secondes noces de Pierre-Augustin Caron, aussi écuyer, contrôleur de la maison du roi; laquelle nous a dit que ladite défunte dame Caron, sa fille, est décédée en cette ville de Paris, le jeudi 29 septembre dernier, sur les neuf heures du soir ou environ; que cet événement l'a d'autant plus surprise qu'il n'avait pas été précédé d'une maladie longue, que d'ailleurs ladite dame Caron, sa fille, était encore très-jeune, de façon que ladite dame comparante a été saisie au point qu'elle a été longtemps sans être à elle-même. Le sieur Caron, son gendre, a profité de l'état où elle étoit alors pour l'engager à signer un papier qu'il lui dit nécessaire pour parvenir aux opérations qui étoient à faire à l'occasion du décès de ladite dame Caron. La comparante, hors d'état de réfléchir, sans exiger même la lecture de cet écrit, a eu la facilité de le souscrire. Depuis ce tems la comparante a appris que le sieur Caron se vantoit que cet écrit tendoit à faire perdre à la comparante les droits qui lui sont acquis dans la succession de la dame sa fille. Dans l'incertitude et l'ignorance où elle est du contenu dudit écrit, ayant appris d'ailleurs que la donation portée par le contrat de mariage audit sieur Caron et de la feue dame son épouse n'étoit point insinué, en sorte que ledit sieur Caron ne peut exciper ni jouir de l'effet de cette donation, elle a été conseillée de se retirer pardevers nous et de nous faire la présente déclaration.

« *Signé* : C. Frion; Chénon. »   (Liasse 617. Comm^{re} Chénon père.)

Dans cette déposition de la veuve Aubertin, si vivement impressionnée par le trépas subit de sa fille, il y a, sans parti pris de les y trouver, des choses qui sont loin d'être claires. Pourquoi le sieur Caron, qui habitait avec elle, qui pouvait chaque fois qu'il le voulait la voir et lui parler, profite-t-il précisément de l'instant où la malheureuse mère est à ce point saisie et sans être à elle-même, pour lui faire signer un papier très-équivoque dont il ne lui fait pas lecture et sur lequel il trouve bon de ne lui donner que de très-vagues explications ? Cette démarche, le moment qui semble comme attendu et choisi tout exprès, constituent des actes étranges, et avec un homme comme Beaumarchais, retors et sujet à caution, il est très-naturel de soupçonner cette conduite et de ne pas croire à un désintéressement qui n'est pas du tout pareil à celui auquel M. de Loménie essaye de nous faire croire. La pièce citée ci-dessus est un acte brutal, absolument authentique, très-clair malgré sa concision, et avec lequel il est impossible de faire du sentiment ou de l'indulgence. Le fait est là, positif et irrécusable. Vivement contrarié de la situation précaire dans laquelle le plongeait le décès subit de sa femme, Beaumarchais entrevoit un moyen de remédier peut-être à cette fatalité et sans hésitation il l'emploie, profitant des circonstances et du temps avec cette rouerie qui est le propre de son caractère et que nous retrouverons chez son personnage favori, l'adroit et subtil Figaro de la trilogie comique. Je ne prétends pas, comme d'autre part on a été jusqu'à le dire, que Beaumarchais était pour quelque chose dans la mort subite de sa première femme. C'est une calomnie d'autant plus absurde que la perte de cette excellente dame le ruinait et qu'il était trop habile, trop pratique pour se faire à dessein un tort aussi grand et pour encourir sottement les risques auxquels on s'expose toujours en se livrant à des manœuvres criminelles.

Les fonctions bien modestes que Beaumarchais remplissait à la cour de Louis XV allaient cependant corriger la portée du désastre qui avait fondu sur lui et l'aider grandement à faire ses premiers pas vers une fortune qui devait peu à peu s'accroître avec un bonheur des plus rares et des plus soutenus. Son goût prédominant pour la musique, que son père avait vivement combattu sans penser qu'il devait être un jour pour son fils une ressource de premier ordre, allait lui servir plus qu'il ne s'y attendait.

L'instrument de prédilection de Beaumarchais était la harpe, sur laquelle, grâce à la persévérance qui lui était propre, il était arrivé à posséder un talent hors ligne, qui devait contribuer à le faire briller sur cette scène du monde vers laquelle il était poussé sans relâche par son désir instinctif de réussir, de se faire remarquer et d'être quelqu'un.

Mesdames de France, princesses à la rigueur vertueuses, si l'on songe aux innombrables maîtresses de leur père, s'efforçaient, quand elles n'intriguaient pas, d'occuper leurs moments de loisir ou de désœuvrement. Elles étaient les filles de Louis XV, de cette majesté bien plus galante que chrétienne. Ce roi égoïste, et qui poussait jusqu'à la monomanie le désir des jouissances, s'arrangea de manière à n'avoir de la vie que les plaisirs. Avec un sans-gêne inouï, avec une indifférence des plus funestes, il semblait se complaire à tuer le principe monarchique et à rendre la tâche impossible à ses successeurs. Il laissa à Louis XVI un héritage de haines qui s'assouvirent sur ce malheureux roi. C'est aux saturnales du règne précédent, à la complicité des philosophes avec les maîtresses de Louis XV, qu'il faut reporter l'origine des désastres qui allaient plus tard éclater sur la France, et qui n'avaient pas le don d'inquiéter ce monarque indifférent et blasé. Mesdames, pour se remettre un peu des insipides flatteries de la cour, avaient essayé tour à tour presque tous les exercices, sans toutefois s'arrêter à un seul. Violents ou tranquilles, énergiques ou modérés, elles avaient cherché tous les moyens de combattre les ennuis du temps. Une seule chose dominait dans ces âmes inquiètes et inoccupées : c'était, paraît-il, un goût fiévreux pour la musique. Mme Adélaïde s'adonnait au violon. Mme Victoire, qu'un seul instrument n'était pas de force à distraire, s'était successivement livrée au clavecin, au violon, à la musette, à la guitare, à la basse-viole. Les filles du roi ayant appris, peut-être par les soins de l'intéressé lui-même, qu'un bas officier de la cour de France, nommé Beaumarchais, possédait sur la harpe une habileté prestigieuse; le mandèrent sans retard. Elles se proposaient de prendre avec lui des leçons de cet instrument, alors presque inconnu. Le nouveau favori de ces musiciennes implacables ne fut pas long à leur plaire : il était si gracieux, si aimable et d'une prestance si belle! ainsi que l'affirme le meilleur de ses courtisans, Gudin, son reconnaissant biographe. Dès qu'elles furent assez avancées, il organisa avec leur concours des concerts, qui avaient lieu une fois par semaine, et auxquels assistaient le roi, la reine, le dauphin, et avec eux des invités sévèrement triés. N'entendait pas qui voulait le fils de l'horloger Caron! C'est à des talents purement d'agrément qu'il devait ces premières et précieuses faveurs; tant il est vrai que les aptitudes les plus futiles servent mieux ceux qui ont la chance de les posséder, que les grandes vertus ou les qualités de premier ordre. Le monde s'attache sans peine et bien vite aux petites choses, à celles qui charment sans fatigue et comme par instinct. Il n'y a que les natures en dehors de cette moyenne banale qui sachent distinguer les grands caractères et éprouver à leur contact un plaisir et des charmes inconnus au plus grand nombre. Sans lui rapporter de solides avantages, la position de Beaumarchais à la cour lui créa des envieux en grand nombre. Mesdames affectaient de le traiter en homme de qualité, en grand seigneur, et elles lui permettaient avec une trop inépuisable bonté de se ruiner pour elles en morceaux de musique ou en instruments de toutes les espèces[1]. Il réclamait quelquefois, quand il était à bout de ressources, mais en vain. Un jour il rappellera ces soins « désintéressés » donnés à Mesdames « sur divers objets de leur amusement. » Des politesses qui ne coûtaient rien, une considération très-superficielle et très-relative, des duels invraisemblables racontés par lui, et dont il faut bien se garder de croire un mot, des affronts sensibles, voilà ce que le professeur de Mesdames récoltait à la cour de Louis XV. C'était peu et nullement assez pour un homme qui avait rêvé une destinée très-haute. Toutefois, le hasard et la bonne chance qui l'avaient déjà si bien servi allaient derechef venir à son secours, et le mettre, sérieusement cette fois, sur le chemin de la fortune, qu'il ne cessait de convoiter avec une persistance et une ardeur infatigables.

En dépit du peu d'importance de la charge qu'il remplissait, il avait toujours eu l'habileté de faire accroire à tous qu'il était « l'homme de la Cour, » et que sa position auprès de Mesdames faisait de lui un personnage influent. Il était naturellement enclin à enjoliver et à exagérer les choses. Cette manœuvre, qui n'avait jamais trompé les habiles, devait avoir une certaine prise sur l'un des financiers les plus riches de cette époque : j'ai nommé Pâris-Duverney, directeur, avec le titre d'intendant, de l'École militaire, fondée par un décret de 1751, lequel n'avait été rendu que sur les vives et louables instances de Mme de Pompadour. Cette École avait commencé à fonctionner dès

---

[1]. J'ai sous les yeux le très-curieux procès-verbal d'une contestation que Beaumarchais a eue, en juin et juillet 1759, avec un luthier, au sujet « d'une harpe peinte en rouge, sculptée, garnie de ses cordes et de vis de cuivre ». Elle contenait trente cordes et avait coûté la somme de 72 livres qu'il ne put jamais payer. Il rendit au marchand l'instrument que Mesdames ne lui avaient sans doute pas soldé.

1760 : à ce moment Mme de Pompadour avait perdu les faveurs d'un roi capricieux, qui n'aimait chez les femmes que la variété, et que les conseils de La Martinière, son chirurgien, ne décidèrent jamais « à dételer. » Quand Louis XV avait rompu, c'était bien fini, et les amis des favorites congédiées n'étaient plus rien pour lui. Pâris-Duverney, qui avait le malheur d'avoir été l'une des créatures de la marquise, attendait en vain depuis fort longtemps que le roi fît une visite à l'École militaire. Il l'avait toujours sollicitée vainement. Désespéré, ou peut-être naïvement séduit par les vantardises de Beaumarchais, Pâris-Duverney s'adressa à lui, fit appel à son crédit, — le crédit de Beaumarchais ! — pour obtenir que la famille royale vînt visiter l'École nouvellement élevée. A défaut du pouvoir imploré, Beaumarchais possédait indiscutablement une grande rouerie et un véritable savoir-faire. Il machina tant et si bien que Mesdames allèrent visiter l'établissement de l'ancien protégé de la Pompadour. Après Mesdames, qui manifestèrent devant lui un vif enthousiasme, le roi s'y rendit à son tour pour voir exercer la jeune noblesse. Le désir de Pâris-Duverney était enfin exaucé, et comme il n'était pas de ceux qui placent l'ingratitude avant tous les autres devoirs, il fut reconnaissant envers Beaumarchais auquel il devait une faveur recherchée si longtemps. C'est de la visite du roi à l'École militaire que date l'intimité qui s'établit entre le maître de Mesdames et le vieux financier, pour le bonheur et pour la fortune du premier. Pâris-Duverney lui donna un intérêt important dans ses entreprises, et ce qui valait peut-être mieux, il consentit à l'instruire dans le maniement et dans la science des affaires. Beaumarchais avait non-seulement des dispositions hors ligne pour sa situation nouvelle, mais encore il ne pouvait tomber sur un meilleur maître. Cependant le cœur est ainsi fait que cette fortune inespérée n'était déjà plus capable de satisfaire celui qui en était l'objet. A la nature dévorante et insatiable de Beaumarchais, la richesse, malgré ses avantages, ne suffisait plus : avec elle il rêvait à présent les titres et les honneurs qui l'accompagnent si bien. Il ambitionnait de toutes les forces de sa volonté un brevet de Secrétaire du roi, nécessaire, on le verra, pour aider à des projets plus élevés, et qui lui fut accordé à la date du 9 décembre 1761. Pour l'obtenir et pour aplanir les obstacles qui s'étaient dressés devant son ambition, il n'avait pas hésité à faire quitter à son père le métier d'horloger, trop modeste pour le jeune parvenu et qui pouvait peut-être nuire à une carrière qui s'annonçait si bien. Il avait endoctriné, comme il savait le faire, le vieux Caron, et celui-ci, esclave d'un fils trop chéri, avait laissé là l'antique établi et cette boutique qui avait été l'honneur et la gloire de tous les siens. Ce renoncement, cet abandon du passé semblèrent bien rude au cœur du vieux bourgeois ; mais tout devait céder devant Pierre-Augustin désormais lancé dans l'irrésistible courant de la fortune. A tout prendre, cette action imposée au vieil horloger par son fils est bizarre, quand on songe que plus tard ce personnage si difficile, si raffiné, lancera contre la noblesse, qui ne le prit jamais au sérieux, les injures les plus exagérées et plaidera à outrance en faveur d'une égalité qu'il fut assez spirituel pour ne jamais admettre un seul instant. Cet exemple, qui n'était pas déjà nouveau alors, ne s'est pas fait plus rare aujourd'hui. C'est l'éternel spectacle des lâchetés et des palinodies humaines. Les faiblesses comme les jours se succèdent, et l'on aspire le lendemain à ce qu'on flétrissait la veille. Les actions sont faites pour n'être jamais d'accord avec les principes.

Les honneurs dérisoires de la charge de Secrétaire du roi parurent bien vite trop modestes pour les appétits de Beaumarchais. Il voulut, ses affaires devenant peu à peu des plus prospères, acheter simplement une charge de grand maître des eaux et forêts. Son protecteur, qui prenait très au sérieux sa mission, s'était engagé à avancer au jeune secrétaire les 500,000 livres que coûtait cet emploi, très-cher en apparence, mais qui rapportait beaucoup au titulaire. C'était aller par trop vite en besogne, et il se heurta contre des préjugés légitimes et des susceptibilités qu'il essaya vainement de vaincre. Pour compenser une désillusion et un refus, lesquels, je m'imagine, lui avaient été fort cruels, Beaumarchais se contenta d'acheter (1762), — il était dans sa destinée d'acquérir quelque chose, — la charge de lieutenant général des chasses au bailliage et capitainerie de la varenne du Louvre, dont le duc de La Vallière était le capitaine. Si cela lui avait été possible, le fils de l'horloger Caron aurait acheté, pour les prérogatives qui y étaient attachées, toutes les charges de France; il ne disait pas alors que c'était un grand abus de les vendre, et en les payant il ne prétendait pas encore qu'on ferait mieux de les donner pour rien. Le nouvel emploi qui venait de lui échoir était une sorte d'office très-vexatoire, soit dit en passant, qui lui permettait de connaître de certains délits et contraventions. Il avait pour principale mission de veiller soigneusement à la conservation et à la garde des chasses du roi, auquel il devait maintenir intact ce divertissement, qui n'était alors que le privilége des puissants et des riches. Dans la comédie de *la Folle Journée,* on retrouve un souvenir des fonctions exercées par l'auteur, lorsque Figaro parle de la requête « de ce pauvre braconnier en prison » (Acte II, scène XXI). En achetant à grands frais le droit de condamner de pauvres diables qui tiraient de temps à autre un coup de fusil trop chèrement payé ensuite, Beaumarchais devenait possesseur d'une charge qui flattait peut-être son amour-propre, mais qui constituait aussi une des injustices les plus combattues dans les cahiers de 1789.

De 1764 à 1765, Beaumarchais passa un an en Espagne. C'était une mission de famille, mission non simulée cette fois, qui avait conduit au delà des Pyrénées le champion de l'honneur outragé de sa sœur Lisette. Le quatrième mémoire à consulter lancé contre Goëzman par le fougueux plaideur est plein de cette histoire, dans laquelle le vilain rôle n'est pas du côté de Beaumarchais. Poussé à bout, et traqué de trop près par ses ennemis, il jugea à propos, à cette époque tourmentée de son existence, de donner à ce « fragment de sa vie, une publicité qu'il ne devait jamais avoir. » Pendant ce voyage qu'il entreprit, ayant en poche 200,000 francs de billets au porteur que son protecteur Pâris-Duverney lui avait remis, Beaumarchais donna libre cours à son activité. Tout en harcelant l'infâme Clavijo, il s'adonnait aux affaires les plus diverses. Ce quatrième mémoire, qui est à lire tout entier, parce qu'il est admirablement mouvementé, nous apprend que Beaumarchais avait profité de son séjour en Espagne pour tenter d'établir « une Compagnie de la Louisiane. » La constitution de l'Amérique espagnole s'opposant à l'exécution de ce projet, il avorta comme bien d'autres de ceux qui ont été conçus par cet inépuisable entrepreneur d'affaires.

C'est à son retour en France qu'il résolut de s'adonner au théâtre, et de tourner vers ce genre d'occupation le meilleur de son esprit. Ces louables résolutions restèrent sans effet, pour ce qui concerne ses deux premières pièces; rien n'est plus terne, rien n'est moins amusant que les drames d'*Eugénie* et des *Deux Amis*. Il paraît même surprenant, au premier abord, qu'un homme d'une nature aussi vivante, aussi alerte, ait pu écrire deux œuvres tellement fastidieuses et d'une banalité à ce point choquante. Diderot et ses imitateurs étaient les précurseurs du genre dramatique qui avait séduit Beaumarchais. Ces novateurs ne semblaient s'efforcer que de faire petit. Sous le prétexte de drames bourgeois et d'œuvres destinées à tous, ils transportaient sur la scène les actions et les faits les plus ordinaires de la vie. Ils n'atteignaient ainsi qu'à la platitude. Beaumarchais, qui avait avant tout le souci de n'imiter personne et d'être lui-même, se laissa pourtant captiver par les séides de la nouvelle école, et cet homme si pétillant n'arriva dans ses deux premiers essais qu'à être profondément ennuyeux. Sa voie n'était pas là. Beaumarchais ennuyeux ! Pour la rareté du fait, il faut lui pardonner. Dans une de ses préfaces, il avoue qu'il aspirait à mettre dans la bouche de ses personnages « un langage vif et pressé. » Il échoua en cette circonstance, et dut se contenter, à son insu, d'être ampoulé et sentencieux.

C'est le jeudi 29 janvier 1767 que le drame d'*Eugénie* fut représenté pour la première fois, sur la scène française. Les trois premiers actes se soutinrent avec une apparence de succès ; mais le sort définitif de l'ouvrage fut totalement compromis par les deux derniers, dans lesquels une intrigue nouvelle, comme ajoutée après coup à celle qui s'était déjà déroulée, donnait à la pièce un cachet de longueur et de confusion. Entre la première et la seconde représentation, qui est du samedi 31, l'auteur apporta tous ses soins à remanier son œuvre, à en élaguer ce qui la faisait sembler interminable. C'était trop tard : l'effet était produit. Les mécontents et tous ceux qui étaient prévenus contre Beaumarchais étaient décidés à porter leur jugement sur la première audition et sans retourner voir une pièce mauvaise en principe, mais qui avait un peu gagné à être remaniée. Grimm, Collé, Bachaumont, ce dernier en dépassant la mesure, se sont acharnés sur Beaumarchais en cette occurrence. Fréron, qui avait été diplomatiquement amadoué par l'auteur, fut, contre des habitudes acquises, doux et indulgent. Malgré les sévérités de la critique, en dépit de sa médiocrité trop visible, le drame d'*Eugénie* a joui à l'origine d'une vogue relative. Il a été souvent depuis l'objet de reprises toujours tentées sans succès, et la dernière remonte au mois d'août 1863. Geoffroy a dit avec raison qu'*Eugénie* est une de ces œuvres « qui ont le privilége d'ennuyer le public de leurs jérémiades. » Avant de dire quelques mots du drame non moins faible qui suivit le premier ouvrage de Beaumarchais, il faut mentionner le fait de son second mariage. Sans doute que le veuvage lui pesait. Contrairement à une opinion sagement admise, qu'il est des folies qu'on ne doit jamais recommencer, il éprouva le besoin de se remarier, comme s'il pressentait qu'une compagne le soutiendrait et l'encouragerait dans les luttes brûlantes qui devaient bientôt commencer pour lui. Le 11 avril 1768, il épousa, à Saint-Eustache, « dame Geneviève-Madeleine Watebled, âgée de trente-six ans, veuve de sieur Antoine-Angélique Levesque[1], vivant garde-magasin général des Menus-Plaisirs du roi, demeurant rue Bergère, à l'hôtel des Menus. »

Beaumarchais, qui avait, on est porté à le croire, un goût prononcé pour les veuves, était âgé de trente-six ans lors de son second mariage, et sa nouvelle femme, contrairement aux termes de l'acte de mariage précité, avait quelques mois de plus que lui, puisqu'il est prouvé qu'elle naquit le 11 novembre 1731. En affirmant que ce mariage était une union purement d'inclination, les *Mémoires secrets* ajoutent que la veuve Levesque était fort riche. Cette fortune venait à propos corriger l'effet des mécomptes du premier mariage de Beaumarchais, et augmenter l'aisance qu'il avait su acquérir par ses multiples et heureuses spéculations. Dès le mois de décembre 1766, il avait été en effet à même d'acheter la presque totalité de la forêt de Chinon ; mais l'imprudence qu'il commit en en confiant l'exploitation à un certain sieur Grou, lui causa des ennuis énormes[2]. Il fut indignement volé, trompé et joué par cet homme, qui était un fripon d'une habileté extraordinaire. Beaumarchais avait trouvé son maître. Il y aura lieu un jour de raconter cette histoire, qui n'est pas un des côtés les moins intéressants de sa vie de spéculateur.

Un premier échec au théâtre n'avait pas découragé l'auteur d'*Eugénie*, difficile à abattre. Une persévérance farouche était la principale et peut-être la seule de ses vertus. Elle devait souvent lui être d'un heureux secours. Sans quitter ce genre bourgeois qui ne lui avait pourtant pas porté bonheur lors de sa première tentative, il essaya de nouveau d'obtenir les bravos du public, et, après *Eugénie*, il fit représenter, par les Comédiens français, le samedi 13 janvier 1770, un drame nouveau, terminé au mois d'avril 1769, et qui avait pour titre : *Les Deux Amis ou le Négociant de Lyon*. Le nouvel ouvrage avait été annoncé au public dans une lettre insérée au *Mercure de France*, et écrite en octobre 1769. Elle est des plus curieuses, et mérite d'être lue.

Beaumarchais s'était encore trompé. Le public accueillit le drame des *Deux Amis* avec une parfaite indifférence. Il ne fit que paraître, et d'autre part la critique n'épargna à son auteur ni le blâme, ni même les plus sanglantes épigrammes. Au début, les *Deux Amis* furent joués onze fois ; repris au mois de février 1783, ils ne purent aller au delà de deux représentations. Beaumarchais se consola vite de cet insuccès. Il oubliait sans peine les désillusions, quelles qu'elles fussent, et il avait le solide avantage de se croire bien plus intelligent que le public, qui refusait de le comprendre. Un malheur plus sérieux devait l'atteindre. Le 20 novembre de cette même année 1770, il perdit sa

---

1. Elle avait épousé le garde-magasin général le 16 juillet 1754. Ce premier mariage s'était fait à Saint-Laurent, et elle était devenue veuve le 21 décembre 1767. Philippe Watebled, son père, était de son vivant maître menuisier et « Dixainier de la Ville de Paris. » (A. Jal, *Dict. crit.*)

2. La correspondance inédite de Beaumarchais, relative à l'exploitation des biens forestiers de Chinon, fait partie de ma collection.

femme, qui fut inhumée le lendemain à Saint-Sulpice. Sans doute, par suite d'une erreur involontaire, — la mort ne doit pas avoir de ces coquetteries posthumes, — l'acte de décès porte que la défunte était âgée de vingt-neuf ans : elle en avait trente-neuf en réalité. Le 14 décembre 1768, elle avait donné à son mari un fils, né rue de Condé, et baptisé le lendemain à Saint-Sulpice. Cet enfant, qui n'était pas destiné à servir de soutien à la vieillesse tourmentée de son père, ne survécut pas longtemps à sa mère. Il mourut le 17 octobre 1772. Les malheurs domestiques s'acharnaient sur Beaumarchais, lui enlevaient successivement, avec une régularité terrifiante, les épouses qu'il arrachait au veuvage. Les longues joies de la paternité lui étaient refusées, et ce n'est que plus tard, à l'époque la plus militante de sa vie, qu'il lui fut donné de les connaître.

Beaumarchais, pendant cette année 1770, était parvenu à l'heure qui devait marquer pour lui l'ère des luttes et des procès acharnés. Pâris-Duverney, son bienfaiteur, mourut le 17 juillet 1770, à l'âge de quatre-vingt-sept ans. Au détriment d'un héritier direct, il laissait pour toute fortune au comte de la Blache, son petit-neveu par les femmes, environ 1,500,000 francs. Pour un homme qui avait, durant sa vie, remué des millions, qui avait été exposé à faire plusieurs fortunes et qui n'avait pas même fait banqueroute, c'était à tout prendre un mince héritage. L'état embrouillé dans lequel se trouvèrent, à sa mort, les affaires du financier devait donner naissance à l'un des plus longs et des plus scandaleux procès du XVIIIe siècle. Celui-ci pour la dignité et pour la solidité d'un pouvoir qui prenait comme à tâche de se laisser ébranler sans mot dire, en a compté pourtant un trop grand nombre. Un peu plus de trois mois avant la mort de son bienfaiteur, le prévoyant Beaumarchais, qui réfléchissait de temps à autre à son grand âge et aux embarras qui pourraient surgir pour lui son débiteur, quand il ne serait plus, avait obtenu, à la suite de demandes réitérées, un règlement des affaires qui existaient entre eux. Par un acte en date du 1er avril 1770, fait double et sous seing-privé, Duverney, en fin de compte, déclarait son protégé quitte de toutes dettes envers lui; de plus, il reconnaissait lui devoir une somme de 15,000 livres payable à sa volonté. Il prenait encore dans ce même acte l'engagement de lui prêter pour huit années un capital de 75,000 francs. Le décès de Pâris-Duverney rendait inutile ce dernier article, et l'on va voir ce qui advint des autres clauses. Après avoir donné à sa douleur un temps convenable, Beaumarchais fit présenter son arrêté de compte aux héritiers en en réclamant l'exécution, c'est-à-dire le remboursement de ces 15,000 livres qu'il avait le droit d'exiger quand bon lui semblerait. Il était convaincu que le plus tôt serait le mieux, mais il avait compté sans les idées très-arrêtées aussi du comte de la Blache. Ce dernier haïssait Beaumarchais. Il ne craignit pas de répondre que l'acte qu'on lui présentait était faux et qu'on avait contrefait la signature du banquier défunt. Pour faire suite à ce perfide mensonge, le comte de la Blache prit des lettres de rescision et poursuivit devant les Requêtes de l'Hôtel l'annulation du règlement argué par lui de faux. Bien que Beaumarchais ait sur la conscience des fourberies, des vilenies et même des escroqueries absolument prouvées, on le verra, et que M. de Loménie a aimé à ne pas connaître, je ne crois pas un instant aux calomnies du trop inventif de la Blache. En définitive, l'accusé est sorti vainqueur de ce long et scandaleux débat, puisque un arrêt du parlement d'Aix, en date du 21 juillet 1778, ordonna l'exécution de l'arrêté de compte du 1ᵉʳ avril 1770 en même temps qu'il déboutait le comte de la Blache de ses prétentions haineuses et le condamnait à payer les frais du procès avec 12,000 livres de dommages et intérêts. Bien avant cette décision souveraine, mais tardive, n'avait-on pas déjà le droit de se choquer de certaines contradictions qui marquent la conduite tenue en cette occurrence par l'héritier de Pâris-Duverney ? Pourquoi, si Beaumarchais était vraiment un faussaire, ne le poursuivait-il pas comme tel et pourquoi se contentait-il, sans rien préciser, de ne demander que l'annulation pure et simple de l'acte par lui mis en suspicion ? C'était trop ou pas assez. Cette incomplète vengeance, cette lutte engagée avec une si timide franchise prouve assez que le comte de la Blache ne croyait pas un mot de ce qu'il disait et qu'il n'obéissait qu'à de lâches idées de représailles. Pour en revenir à ce procès engagé à la fin de 1771, le commencement des hostilités avait été favorable à Beaumarchais. Une sentence du 22 février 1772 avait débouté de ses prétentions le terrible héritier de Pâris-Duverney, et une autre, en date du 14 mars suivant, ordonnait l'exécution pure et simple de l'arrêté de comptes. L'infatigable plaideur n'était pourtant pas au bout de ses peines. Ces deux avantages importants, mais non décisifs, joints aux atrocités abominables que l'avocat de son adversaire n'avait pas craint de déverser sur lui, avaient déchaîné les haines les plus féroces et les plus incroyables calomnies. C'est alors que prit naissance le bruit odieux qui tentait de faire croire que Beaumarchais avait tour à tour empoisonné ses deux premières femmes. Voltaire a fait bonne justice de cette accusation inouïe. Pour avoir une preuve de l'inébranlable philosophie de Beaumarchais, de sa force de caractère, il suffira de rappeler que c'est à cette époque agitée de son existence, qu'il donnait ses soins à la composition de sa comédie du *Barbier de Séville*. Les *Mémoires secrets* en parlent à la date du 5 février 1773, et le rédacteur ajoute que l'auteur voulait dédommager le public de toutes les larmes qu'il lui avait fait répandre dans ses deux premiers drames « lugubres et romanesques. » Ne fallait-il pas qu'il eût une âme fortement trempée pour se livrer à ces « délassements de l'esprit » pendant qu'il se trouvait en butte aux persécutions les plus odieuses et qu'il travaillait d'autre part à ces mémoires judiciaires qui ne sont pas le côté le moins brillant de sa renommée ? Un homme pareil n'était pas un adversaire facile à vaincre. Les premières décisions de la justice n'abattirent pas davantage le comte de la Blache. Il transporta le débat devant le parlement, tandis que Beaumarchais était renfermé dans la prison du Fort-l'Évêque, à la suite d'un pugilat homérique, mais peu sanglant, avec un certain duc de Chaulnes que les maisons de fous du royaume auraient bien dû réclamer avec instance. Les *Mémoires secrets* ont consacré quelques lignes à cette aventure bouffonne ; La Harpe en parle vaguement. Le récit le plus complet est dû à M. de Loménie. C'est un des meilleurs chapitres de son indulgente biographie. L'emprisonnement de Beaumarchais lui causait un tort considérable. Il l'empêchait fatalement de suivre son affaire pendante devant le parlement et de veiller, comme cela était indispensable, aux graves intérêts qui étaient pour lui en jeu. La Blache, au contraire, absolument libre de ses mouvements, débarrassé fort à souhait d'un ennemi qui lui était supérieur, faisait tous ses efforts pour arriver à annihiler l'effet des deux jugements naguère rendus contre lui. Un ordre signé : le duc de La Vrillière, et daté du 22 mars, vint bien à propos délivrer Beaumarchais de l'inégale situation dans laquelle il se trouvait depuis son incarcération. Cet ordre très-singulier lui donnait enfin ce qu'il avait réclamé avec instance, c'est-à-dire la possibilité d'instruire ses juges et l'autorisation de sortir du Fort-l'Évêque, mais uniquement pour cet objet. Il devait rentrer quotidiennement à la prison pour y prendre ses repas et y coucher. Le duc de La Vrillière avait prié M. de Sartines de donner à Beaumarchais quelqu'un de confiance pour l'accompagner dans ses courses. La parole du prisonnier n'était aux yeux du prudent ministre qu'une garantie relative et il estimait que de bonnes précautions valaient mieux que le plus formel des engagements. L'agent désigné pour être le compagnon de Beaumarchais dans ses allées et venues à travers Paris se nommait Santerre. La société de l'auteur du *Barbier de Séville* devait être charmante, et somme toute le sort de cet homme était assez enviable. Quand le temps était mauvais, quand la fatigue de l'un ou de l'autre était par trop grande, Beaumarchais, sans doute, prenait un carrosse : ce Santerre était très-heureux. C'est dans une de ses sorties que le prisonnier intermittent du Fort-l'Évêque devait, aux dépens de sa bourse et de sa propre tranquillité, faire connaissance avec le fameux Goëzman. Ce dernier, sur les conclusions de l'avocat général de Vaucresson, et l'affaire la Blache ayant été mise en délibéré, avait été chargé par la cour, qui avait vraiment bien placé sa confiance, de faire l'office de rapporteur. Goëzman était, en effet, un magistrat à la conscience facile, pour lequel l'intégrité et la gratuité étaient des mots vides de sens. A tout prendre, le déshonneur de sa conduite ne retomba plus tard que sur lui seul, et le parlement Maupeou, décrié et ignominieusement vilipendé à cette époque, avait eu simplement le malheur de compter dans son sein un personnage aussi équivoque, et qui voulait à toute force en revenir aux épices, c'est-à-dire aux droits agréables alloués aux juges avant les réformes du chancelier.

Après avoir obtenu l'autorisation de quitter chaque jour sa prison, Beaumarchais s'élance sans retard, dès qu'il connaît son nom, chez le magistrat chargé de rapporter son affaire. Visites inutiles ; le plaideur n'était pas au courant des habitudes spéciales de Goëzman. Dans la seule journée du 1er avril 1773, il y était allé trois fois sans être reçu ; trois fois aussi le lendemain et toujours inutilement. Ce magistrat n'accueillait jamais personne sans l'avis de sa femme, et celle-ci tenait sur les choses de la justice des propos dans le genre de celui-ci : « Quand mon mari sera rapporteur, je saurai bien plumer la poule sans la faire crier. » Ce n'était pas une banale jactance ; les actes de cette honnête dame étaient parfaitement d'accord avec ses principes. Un jour, après avoir encore inutilement frappé à la porte de Goëzman, Beaumarchais, lassé, mais non découragé, s'arrête chez l'une de ses sœurs. Il y trouve un sieur Dairolles, lequel, en entendant les justes récriminations du plaideur, pense fort à propos à un libraire nommé Le Jay, très-lié avec Mme Goëzman et chargé en outre de la vente des ouvrages de l'introuvable magistrat. Celui-ci avait publié, cinq années auparavant, un *Traité du droit commun des fiefs*. Mais qu'on ne s'imagine pas cependant qu'il défendait si bien sa porte pour travailler et écrire plus à son aise. Elle s'ouvrait chaque fois qu'il entendait derrière, le bruit agréable d'une bourse bien remplie, et Beaumarchais était appelé à en faire la fatale expérience. Moyennant 100 louis, — on en avait exigé 200, — une montre à répétition enrichie de diamants et 15 autres louis qui devaient aller au secrétaire du rapporteur, il put enfin voir Goëzman le 3 avril au soir. Il lui parla et le trouva non-seulement fort peu au courant de son affaire, mais encore enclin à un rire équivoque qui n'était pas fait pour le rassurer. Les doutes qui assaillirent son esprit à la suite de cette entrevue étaient fondés. Le 6 avril il perdit son procès et le jugement rendu par le Parlement, après avoir infirmé la sentence des Requêtes de l'Hôtel, annulait l'arrêté de compte en litige. Le soir même, selon un engagement pris du reste entre les parties, le sieur Dairolles restituait à la sœur de Beaumarchais les 100 louis et la montre. Les 15 louis destinés au secrétaire manquaient seuls à l'appel. Mme Goëzman s'était crue apparemment dispensée de les rendre à Le Jay, intermédiaire entre elle et le sieur Dairolles, agissant au nom de Beaumarchais. Blessé vivement par l'arrêt du parlement, celui-ci voulut tirer les choses au clair et savoir pourquoi les 15 louis n'avaient pas fait retour avec le reste de ses présents. Il apprit bien vite que le secrétaire de Goëzman n'avait jamais eu connaissance de la somme en question. Dans une lettre datée du 21 avril 1773, je le vois redemander son argent à Mme Goëzman, mais sa réclamation reste sans réponse, tandis que peu à peu l'aventure commence à être connue.

En présence des attaques qui recommencent de plus belle contre le parlement Maupeou, l'ancien rapporteur de l'affaire La Blache, « dont la conscience inquiète prévoyait peut-être le châtiment et l'expiation », prend subitement la résolution d'en finir par un coup d'éclat. Pour combattre les terribles accusations dont il est l'objet, il a l'audace de se dire gravement offensé et d'attaquer Beaumarchais coupable, à ce qu'il prétend, de corruption et de calomnie. C'était une action des plus osées, mais après tout habile, et quel brevet d'honnêteté pour lui, si son ennemi sortait confondu et battu de la lutte! Le résultat devait tromper son attente. C'est à l'occasion du trop célèbre procès qui s'ensuivit, que l'ex-prisonnier du Fort-l'Évêque lança à la tête de son nouvel adversaire, lequel en fut tout meurtri, ces mémoires admirables, pleins d'esprit, de logique, d'éloquence même, et qui doivent compter parmi les meilleures de ses productions. Dans une notice qui n'a que la prétention d'être un aperçu un peu large, il est impossible de citer tout ce qui mériterait de l'être dans ces mémoires admirés avec justice et dont le retentissement alors fut extrême. Tandis que Goëzman se déclarait outragé et criait bien haut qu'on avait indignement tenté de capter sa conscience, Beaumarchais, avec des raisonnements d'une invincible solidité, s'efforçait de prouver qu'il n'avait agi de la sorte que pour obtenir une audience qui lui était indispensable et que dans sa conduite il s'était conformé sans cesse aux usages les plus reçus au Palais. Ce procès, qui causa une agitation très-grande, qui eut le don de passionner à l'excès les esprits dans les deux sens, se termina par un jugement daté du 26 février 1774. Il condamnait la femme du magistrat prévaricateur au blâme et à la restitution des fameux 15 louis en faveur des pauvres. La même sentence infligeait la peine du blâme à l'adversaire de Goëzman, et mettait ce dernier hors de cour. Le trop intéressé rapporteur de l'affaire La Blache, après un tel échec, n'avait plus qu'à se démettre de sa charge. Toutefois, l'indignité d'un seul que l'on s'efforçait violemment de faire rejaillir sur le Parlement tout entier, avait tué, en principe, l'œuvre du chancelier Maupeou. Beaumarchais, bien que blâmé, triomphait parce qu'avec la plus noire des perfidies il avait, dans ses bruyants mémoires, flagellé la nouvelle magistrature et qu'il lui avait porté un coup qui devait, en fin de compte, lui être fatal. Sa cause avait eu des soutiens puissants, et l'on va jusqu'à prétendre qu'après le jugement du 26, M. de Sartines ne craignit pas de lui dire : « Ce n'est pas assez que d'être blâmé, il faut encore être modeste. » Si le mot est vrai et si telles ont été les paroles d'un lieutenant de police tenu à plus de réserve et surtout au respect de la loi, on peut dire que le roi avait de tristes serviteurs. Les ovations faites à Beaumarchais, en pareille aventure, font trop voir le point de décomposition inconsciente où l'entourage de Louis XV en était arrivé. Le prince de Conti, en invitant[1] le blâmé à souper avec quarante personnes très-qualifiées, encourageait trop naïvement les attaques et les révoltes contre le principe déjà chancelant de l'autorité royale. La monarchie était minée par ceux-là même auxquels incombaient sa défense et le soin de sa conservation. On riait, les lieutenants de police faisaient des mots, et plus tard tous ces imprudents allaient payer leurs folies de leur tête, ou verser des larmes de rage et de sang sur un effondrement irréparable. « Toute la France s'est fait inscrire chez moi depuis samedi ! » s'écrie pompeusement Beaumarchais dans une de ses lettres. Vraiment, la France et la noblesse employaient bien leur temps !

En dépit de ces ovations, de ces fâcheuses indulgences, le jugement du 26 février 1774 avait porté à Beaumarchais une rude atteinte. La peine du blâme enlevait au condamné tous ses droits de citoyen, lui interdisait les emplois publics, et le frappait en quelque sorte de mort civile, tandis que le jugement précédent rendu par le Parlement dans l'affaire La Blache l'avait déjà presque ruiné. Un autre serait resté pour toujours sous le coup : avec un jouteur de cette trempe, les choses devaient se passer différemment. Après un moment d'accablement excusable, il se redressa et envisagea sa situation avec calme. Il pensa avant tout à corriger l'effet des deux jugements sous le coup desquels il se trouvait. Lancer de nouveaux mémoires, il n'y fallait plus penser ; l'arrêt de février avait effectivement ordonné que les quatre écrits dirigés contre Goëzman seraient lacérés et brûlés au pied du grand escalier du Palais par l'exécuteur de la haute justice, comme contenant des expressions et des imputations téméraires, scandaleuses et injurieuses. Defense était faite à

---

1. Voyez les *Mém. sec.*, à la date du 9 mars 1774.

l'obstiné plaideur d'en écrire désormais de pareils[1]. Les minutes s'écoulaient, et chacune d'elles enlevait à Beaumarchais la faculté de faire reviser les jugements rendus contre lui. Il paraissait perdu ; mais, en lui-même, il comptait sur son habileté, sur la bonne chance qui n'avait jamais cessé de planer sur toutes les actions de sa vie. Une occasion se présenta subitement, et avec un à-propos extraordinaire. Quand on aura pris connaissance du fait, on verra clairement qu'elle ne dépendait pas du seul hasard ; qu'elle était positivement la conséquence prévue d'une combinaison machinée par Beaumarchais et préparée par lui avec une adresse indiscutable. Louis XV, monarque galant homme et qui avait grand souci de la réputation de ses maîtresses, apprit précisément à l'époque à laquelle nous sommes parvenu, qu'un ouvrage allait paraître en Angleterre, dans lequel la Du Barry, sa royale favorite, était mise à nu et traitée sans aucun ménagement. *Mémoires secrets d'une femme publique,* tel était le titre impertinent du menaçant libelle. Il était dû à la plume ordurière et bien faite pour un tel sujet, d'un gredin de lettres appelé Théveneau de Morande. Ce dernier, après avoir déjà donné une triste mais juste idée de sa personne en écrivant le *Gazetier cuirassé,* avait choisi comme un sujet propre à l'inspirer, les aventures scandaleuses de celle qui était alors la maîtresse en titre du roi de France. Auparavant toutefois, et selon un usage depuis longtemps adopté par ce maître fripon, de Morande avait pris ses mesures pour faire passer entre les mains de Louis XV le prospectus de sa prochaine publication. Le roi, que cette canaille osait menacer, était libre d'arrêter l'apparition du pamphlet, moyennant une rémunération convenable. C'était ce qu'on nomme d'ordinaire du *chantage.* Le vieux roi fut affecté. On le froissait dans une chose qui lui tenait au cœur : l'honneur de la Du Barry. Louis XV s'affectait pour des riens. Il ne put se faire à l'idée qu'une aussi aimable et surtout aussi complaisante personne allait être traînée dans la boue, et, avec l'assentiment tacite du gouvernement anglais, il essaya de faire enlever le sieur de Morande. Celui-ci put échapper au guet-apens tandis que les exempts et espions chargés de l'exécuter manquaient d'être jetés à l'eau par le peuple anglais, déjà jaloux de sauvegarder la vie et la liberté de cette espèce de gens. De Morande hors de danger s'empressa de hâter l'impression de son libelle. Trois mille exemplaires allaient entrer en France, lorsque sur les conseils d'un sieur de La Borde, son premier valet de chambre, Louis XV eut l'idée d'aboucher Beaumarchais avec le libelliste qui menaçait la considération de la Du Barry. Il pensait sans doute qu'un homme perdu, flétri et blâmé, était bien fait pour une entreprise de cette nature. D'autre part il avait promis au négociateur choisi par lui, que s'il réussissait à arrêter la publication du libelle, il lui donnerait, en dépit de la prescription, les moyens de faire reviser ses procès et de reconquérir ses droits civiques perdus. Persuadé que des relations, quelles qu'elles soient, avec un roi, sont toujours utiles à quelque chose, Beaumarchais accepta, partit sans retard et arriva à Londres au mois de mars 1774. S'imaginant en outre, avec une modestie admirable, qu'il devait être trop connu, il jugea à

---

1. A la date du 18 février 1774, rien que du seul quatrième mémoire, on en avait déjà débité six mille. (*Mém. sec.*). Les précautions prises dans l'arrêt en question étaient donc quelque peu tardives.

propos de prendre le nom de *Ronac*, anagramme du nom de Caron, assez ignoré, j'imagine, en Angleterre. Il n'eut pas de peine à faire entendre raison au pamphlétaire. Ils se connaissaient déjà, et dans de précédents voyages ils avaient eu l'occasion de s'apprécier, de se comprendre et de s'estimer. Je suis certain ou à peu près que cette comédie avait été arrangée entre eux, et que pour gagner la protection de Louis XV, habilement attaqué dans une des rares choses qui lui étaient chères, Beaumarchais, de compte à demi avec Morande, avait ourdi cette trame dans l'espérance qu'elle lui profiterait grandement. Le sieur de La Borde, gagné par lui, était en ce cas leur complice, et l'on ne doit pas oublier que c'est sur sa recommandation expresse que Louis XV avait consenti à prendre pour ambassadeur l'homme que le Parlement avait flétri.

L'agent de Ronac, après quelques jours passés à Londres, soi-disant à traiter, revint à Paris avec un exemplaire de l'ordure de de Morande. Il venait prendre les dernières instructions de son royal maître et il apportait les conditions débattues entre lui et le « moderne Arétin » fixé en Angleterre. Sur la prière du roi qui commençait peut-être à se méfier, le duc d'Aiguillon interrogea Beaumarchais, dans le but d'éclaircir les choses et d'avoir des détails positifs. Il ne put rien en tirer et finit, avec raison, par soupçonner fortement Beaumarchais. Ce dernier, quoi qu'il en soit, retourna en Angleterre, où il revit de Morande pour terminer le marché. Ils se rendirent ensemble aux environs de Londres, dans un endroit des plus déserts, pour brûler dans un four à plâtre le manuscrit et tous les exemplaires imprimés du libelle. C'est ici que l'invraisemblable commence. Est-ce que de Morande ne pouvait pas, après avoir posté aux alentours des coupe-jarrets ou des gredins de son espèce, tomber sur le négociateur absolument seul, et lui prendre les 20,000 francs dont il était porteur? Ensuite il aurait publié sans se gêner le libelle qui épouvantait si fort le roi et l'aurait même orné de nouvelles infamies, afin de se faire donner une seconde indemnité. Pour des gens de cette sorte, cette conduite était indiquée. Avec un compère toutefois, elle était injustifiable et sans raison d'être.

Lorsque le négociateur revint en France, au commencement de mai 1774, Louis XV venait de mourir, et en dépit du bon résultat de sa mission devenue inutile, Beaumarchais se retrouvait plongé dans sa première situation. Épris de ce rôle d'agent secret, et pour gagner l'appui du nouveau roi, il accepta encore diverses ambassades sur lesquelles il est impossible ici de s'étendre. Il a été prouvé d'une façon concluante qu'elles furent empreintes des marques les plus accablantes de sa mauvaise foi et de sa pernicieuse habileté. L'aventure des brigands du Leichtenholtz, racontée ailleurs, porte une rude atteinte à la considération déjà mince de Beaumarchais [1].

Resté sous le coup des jugements qui l'avaient atteint, il lui importait, après avoir annulé l'effet de la sentence du procès Goëzman, de continuer la lutte contre le comte de La Blache. Le parlement Maupeou qui l'avait flétri ainsi

---

1. A. d'Arneth, *Beaumarchais und sonnenfels*. — P. Huot, *Beaumarchais en Allemagne* (Paris, 1869). — *La Revue critique*, n°ˢ 19 et 27 de l'année 1870. — *Le Temps* du 13 avril 1869. — *La Bibliothèque universelle et Revue suisse*, n°ˢ de juillet et d'août 1873.

que Mme Goëzman n'existait plus; un édit de Louis XVI l'avait aboli. Beaumarchais qui s'en réjouissait, fut bien plus heureux encore lorsque des lettres patentes du nouveau roi le relevèrent, le 12 août 1776, du laps de temps écoulé depuis sa dernière condamnation. Un arrêt solennel, en date du 6 septembre 1776, lui rendit enfin ses titres, ses honneurs et tous ses droits.

C'est pourtant au milieu de ces procès, de ces voyages suspects, de ces débats sans trêve qu'avait été représentée pour la première fois la comédie du *Barbier de Séville*, jouée le 23 février 1775 sur le théâtre des Tuileries. La réussite de l'œuvre nouvelle allait racheter l'insuccès des deux drames précédents et faire connaître au public ce Figaro immortel, type inventé par Beaumarchais, chair de sa chair, et qui personnifie complétement quand on l'a bien étudié celui qui l'a créé à sa propre image.

Dans la pensée de Beaumarchais, la comédie du *Barbier de Séville* avait d'abord dû être une sorte d'opéra-comique avec une musique adaptée par lui et presque composée d'airs rapportés de son voyage d'Espagne. C'est sous cette forme *princeps* que l'œuvre fut lue aux Comédiens italiens et refusée par eux. La véritable cause de ce rejet est curieuse. Elle venait de la répugnance montrée par Clairval, le meilleur chanteur de la troupe, auquel serait échu le rôle de Figaro. Ce comédien avait été dans sa jeunesse voué contre son gré à l'état de barbier; le souvenir de cette profession lui faisait horreur et sous aucun prétexte il ne voulait tenir un emploi qui avait toutes ses antipathies. Sur les conseils d'amis bien avisés, Beaumarchais fit de son opéra-comique une comédie en quatre actes qu'il présenta aux Comédiens français et qui fut reçue avec transport, selon l'expression de Gudin, le 3 janvier 1773. Prête à être jouée le mois suivant, elle fut retardée par l'aventure qui mena l'auteur au Fort-l'Évêque, après sa lutte avec le fantasque duc de Chaulnes. Beaumarchais mis en liberté, la pièce allait enfin voir le jour, lorsque survinrent le procès Goëzman, l'interdiction de la comédie, les missions bizarres racontées plus haut; autant de retards qui reculèrent la première représentation et la retardèrent jusqu'au mois de février 1775. La célébrité de l'auteur, ses procès scandaleux et les luttes qu'il avait soutenues avec une énergie admirée de tous, attirèrent la foule dans la salle de la comédie. Mais tous ceux qui étaient présents n'avaient pas, il s'en faut de beaucoup, les mêmes intentions. Bien avant le lever du rideau, les sifflets et les huées se firent entendre : dans le cours de la soirée, aux passages les plus légitimement applaudis, les protestations s'élevèrent avec une malveillance et un parti pris évidents. Les cabaleurs, et peut-être les amis du comte de La Blache, étaient venus dans l'espoir d'infliger à Beaumarchais un nouvel et irréparable échec. Ils ne réussirent pas et en furent pour leurs vaines tentatives. Après avoir mis son *Barbier* en quatre actes et après l'avoir lu ainsi aux Comédiens français, l'auteur l'avait remanié et y avait même ajouté un acte nouveau. C'est sous la forme d'une comédie en cinq actes qu'il fut donné le 23 février 1775, et accueilli avec des marques diverses de satisfaction et d'improbation purement de parti pris. Après cette soirée houleuse, Beaumarchais eut le bon esprit de remanier son ouvrage en profitant des effets qu'il avait produits à la première représentation et de le réduire à ce qu'il était tout d'abord, c'est-à-dire à quatre actes. La seconde représentation eut, le dimanche 26 février 1775, un succès éclatant, non contesté et cette fois décisif. Ce jour de repos avait amené selon l'usage, au théâtre, un public essentiellement populaire, qui aimait Beaumarchais et qui était alors comme aujourd'hui trop disposé à prendre le parti de ceux qui luttent contre le pouvoir. Ce bon public, c'est le terme usité, sut à merveille saisir les meilleures parties de l'ouvrage, les applaudir, et il se laissa charmer par cette comédie si pleine d'entrain et d'esprit. Préville, que l'on a vu lié avec l'horloger Caron, jouait Figaro; il a pour ainsi dire établi ce rôle. Bellecourt créa celui d'Almaviva et Desessarts celui de Bartholo. Auger faisait Basile, tandis que la charmante et toute gracieuse Doligny jouait Rosine.

Les contemporains n'accueillirent pas la pièce avec indulgence; seul le *Mercure de France* daignait convenir dans son numéro de mars et d'avril 1775 que les retranchements faits par l'auteur assuraient le succès. Bonnes ou malveillantes, les critiques n'ont pas empêché la comédie de Beaumarchais de survivre au temps et d'être un des plus précieux joyaux du magnifique répertoire de notre scène française. La pièce a été jouée à toutes les époques, traduite dans beaucoup de langues et elle se jouera toujours[1].

Tout en jouissant de son succès, tout en défendant ses droits et ceux de ses confrères dramatiques contre les Comédiens français devenus ses ennemis, et en se mêlant avec activité aux affaires des États-Unis, Beaumarchais aspirait à un dénoûment favorable de l'affaire La Blache. Le jugement qui avait annulé l'arrêté de compte signé de Pâris-Duverney le laissait toujours dans une situation des plus fausses. Jusqu'au jour où la validité et l'authenticité de l'acte seraient reconnus il était, en dépit de sa philosophie, dans un état des moins corrects.

A la suite d'un arrêt du grand conseil, l'affaire avait été renvoyée devant le parlement de Provence. Au mois de juillet 1778, accompagné de son inséparable Gudin, Beaumarchais partit pour Aix, où allait avoir lieu l'épilogue de son procès. Les dernières phases de la lutte devaient offrir à l'obstiné plaideur moins de difficultés et de résistance que l'affaire Goëzman. L'adversaire heureux du parlement Maupeou, l'homme extraordinaire dont personne n'ignorait les aventures, les combats et les succès allait recevoir en province le plus sympathique accueil.

Dans le but de répondre à une « Consultation injurieuse » que le comte de La Blache avait répandue dans Aix, et qui était l'œuvre des plumes vénales qu'il traînait à sa suite, Beaumarchais à peine débarqué lance sans tarder sur la Provence une « Réponse ingénue » dans laquelle son adversaire est rudement atteint. Après avoir balayé ses calomnies « comme le vent du Nord balaye la poussière et les feuilles desséchées », il a la joie inestimable d'entendre sonner l'heure si

---

1. Tout le monde connaît ses ouvrages, le public a retenu une foule de ses bons mots qui sont devenus proverbes. Ses pièces subsisteront tant qu'il y aura en France un théâtre, du goût, de l'esprit, des passions et des abus.
(*Discours de Gudin*, lu sur la tombe de Beaumarchais par Colin d'Harleville. Voir le n° 242 de *la Gazette nationale*, paru le 2 Prairial An VII de la République une et indivisible.)

longtemps attendue d'une réhabilitation pour laquelle il avait combattu avec une énergie féroce. Le 24 juillet 1778, le parlement d'Aix rendit son arrêt : à l'unanimité il déboutait le comte de La Blache de ses prétentions, le condamnait à payer les frais du procès et 12,000 livres de dommages-intérêts, supprimait ses mémoires de même que ceux de Beaumarchais et ordonnait l'exécution de l'arrêté de compte du 1ᵉʳ avril 1770 que l'héritier de Pâris-Duverney avait déclaré faux avec une haineuse mauvaise foi. Il y a dans la *Correspondance secrète* (Tome VI, page 373), de curieux détails sur le séjour de Beaumarchais et sur son procès jugé en Provence. Les deux adversaires résumèrent eux-mêmes leur cause en présence de leurs juges. « Ils parlent bien tous deux, dit le rédacteur, mais la manière simple et forte d'exposer les faits, et l'évidence des démonstrations que M. de Beaumarchais a déployée, ont entraîné tous les esprits que les subtilités de son adversaire n'ont pu ramener. » Les têtes chaudes du Midi firent au vainqueur du comte de La Blache un indescriptible accueil. Sa maison fut comme envahie ; il dut subir les embrassements et les étreintes des habitants, des amis connus et inconnus. La soirée fut employée en concerts, en feux de joie, en aubades. Que de bruit et quel éclat pour un plaideur qui n'était pas même du pays ! Mais les gens du Midi, exagérés et prompts à tous les sentiments, se sont toujours fait remarquer par la familière exubérance de leur tempérament.

Bien qu'absorbé par les affaires des États-Unis, auxquelles il fut personnellement et très-activement mêlé, il entreprit en 1779 une spéculation qui devait lui rapporter plus d'honneur que de profit. Il s'agit de la publication des œuvres complètes de Voltaire faite avec les caractères d'imprimerie de Baskerville achetés en Angleterre 150,000 livres pour le compte de Beaumarchais. Ce dernier, seul soutien de cette lourde entreprise, fonda une « Société philosophique, littéraire et typographique », qui était purement fictive, et derrière laquelle il n'y avait que lui, soutenu par M. de Maurepas, lequel avait donné un consentement tacite à l'affaire. C'est grâce à lui d'ailleurs, que les volumes imprimés à l'étranger purent pénétrer en France, régulièrement et au fur et à mesure de leur apparition. Sans ce puissant appui, Beaumarchais n'aurait jamais osé se mettre à ses risques et périls à la tête d'une publication qui avait contre elle en principe le clergé et le Parlement. Après de longs pourparlers avec le margrave de Bade, il fit construire sur l'emplacement d'un vieux fort devenu inutile, l'établissement duquel allait sortir cette édition dont l'idée aussi bien que l'exécution sont tout à fait à sa gloire. Avant lui, l'impératrice Catherine de Russie avait eu, paraît-il, un projet semblable. Il est heureux de penser que cet honneur d'éditer le plus français des génies n'a pas été le partage d'une nation étrangère. Je possède un registre précieux qui renferme toutes les lettres, tous les comptes relatifs à la publication en question. Il y aura lieu plus tard de le mettre au jour et de raconter dans tous leurs détails les phases diverses et encore inédites par lesquelles elle a eu à passer. Au moment même où paraissait le prospectus, Beaumarchais achevait sa comédie de la *Folle Journée,* tant il est vrai que cette intelligence puissante et universelle avait besoin de se répandre dans les choses les plus multiples et les plus opposées. Commerce, industrie, art, finance et littérature, il a tout embrassé, tout essayé, tout fait, et pour ainsi dire à la fois. L'historique forcément succinct de sa comédie nouvelle, le récit des difficultés qu'il a eues à vaincre, montreront vives et flagrantes les qualités essentielles de son auteur : une aptitude véritablement unique pour toutes choses, une ambition complexe et sans limites, servie par une audace excessive, une persévérance à toute épreuve qui devait faire s'écrouler devant elle les obstacles quels qu'ils fussent.

Terminée en 1778, la comédie de la *Folle Journée* fut lue aux Comédiens français le samedi 29 septembre 1781 et reçue à l'unanimité. Le registre des Assemblées de cette année, qui est aux archives du Théâtre-Français, nous donne le nom des comédiens et des comédiennes devant lesquels Beaumarchais fit la lecture de son ouvrage. C'étaient les « sieurs Préville, Brizard, Molé, Augé, Bouret, Dugazon, Delarive, Fleury, Bellemont, Vanhove, Florence, Courville, Dorival, et les demoiselles Bellecour, Préville, Doligny, Dugazon, Vestris, La Chassaigne, Raucourt et Thénard ». Les sieurs Molé et Augé, les demoiselles Vestris et Raucourt étaient ce jour-là venus après l'heure. Chacun des présents eut un jeton de trois livres. Beaumarchais, accompagné de Mlle Doligny et du sieur Fleury, qu'il avait priés d'être ses « deux patrons », arriva à dix heures précises, parce que « la pièce était longue ». La comédie nouvelle, ce qui n'étonnera personne, fut acceptée avec acclamation.

Aussitôt après, Beaumarchais pria M. Lenoir, le lieutenant de police, de lui nommer un censeur, mais en lui recommandant comme une grâce particulière de ne laisser lire la pièce par aucune autre personne. Lenoir donna sa parole à l'auteur. Coqueley de Chaussepière, chargé de censurer la comédie nouvelle, en prit connaissance, fit quelques retranchements et proposa l'approbation dans les termes les plus flatteurs. Malgré sa promesse et en présence des bruits malveillants répandus sur l'ouvrage qui lui avait été présenté, le lieutenant de police, en dépit du jugement du censeur, crut de son devoir d'en déférer au roi. Louis XVI et la reine, sous le sceau du secret, se firent lire un matin par Mme Campan qui a raconté cette lecture dans ses Mémoires, le manuscrit qui n'avait pas le don de rassurer le lieutenant de police et qu'un censeur avait inutilement approuvé. Dès que Mme Campan eut achevé, le roi, sans perdre un instant, écrivit au garde des sceaux, Hue de Miromesnil, le billet suivant encore tout rempli de l'impression fâcheuse laissée dans son esprit par le langage osé de *Figaro* : « Je vous renvoie, monsieur, la comédie de Beaumarchais. Je l'ai lue et fait lire. Le censeur ne doit en permettre ni la représentation ni l'impression. « Louis. » Le jour où Beaumarchais fut atteint par ce qu'il nommait gaiement « la proscription de la cour » inaugura tout à coup pour lui une ère très-longue de succès privés. Tout le monde voulait à son tour avoir le privilége que s'était arrogé le roi et connaître cette comédie subversive dont la représentation, selon l'expression de Louis XVI, « équivalait à la destruction de la Bastille ». Condamné à des lectures sans nombre, Beaumarchais composa pour la circonstance un avant-propos assez spirituel dont il faisait précéder l'audition de sa pièce. Lue de toutes parts, chez la princesse de

Lamballe, par l'entremise du duc de Fronsac, ou, plus tard, chez la maréchale de Richelieu, devant une assemblée de prélats « qui n'y voyaient pas un mot dont les bonnes mœurs pussent être blessées », la comédie de *la Folle Journée*, comme toute chose rendue publique, avait ses détracteurs et ses enthousiastes. Après une lecture faite avec un succès énorme en présence du comte et de la comtesse du Nord[1], l'auteur tenta de tirer parti d'une aussi haute approbation. S'étant adressé inutilement à M. de Miromesnil, le garde des sceaux, il se retourna vers Lenoir, le lieutenant de police. Ce dernier obtint, mais non sans peine, que la pièce serait examinée de nouveau et la censure du *Mariage de Figaro* fut cette fois confiée à Suard, qui s'était prononcé contre dans les termes les plus nets. Beaumarchais remit tristement son ouvrage en portefeuille « avec l'approbation d'un censeur en arrière, le blâme de la cour devant et le vœu du public impatienté de voir son attente abusée ». Un an après, en juin 1783, irrité sans doute de ces refus, mais non découragé, absorbé par vingt affaires différentes, il consentit, sur les sollicitations de hauts personnages, à laisser jouer sa comédie dans une fête donnée à l'un des frères du roi. Il n'y avait mis qu'une seule condition : elle serait interprétée par les Comédiens français auxquels, en dépit de la défense du roi, les rôles avaient été distribués. Les répétitions se firent dans le plus grand secret; tout était prêt pour la représentation qui avait été fixée au vendredi 13 juin et qui devait avoir lieu sur la scène des Menus-Plaisirs, lorsqu'au nom de Louis XVI, le duc de Villequier envoya aux Menus ainsi qu'à la police un ordre formel qui signifiait à tous les acteurs de la pièce qu'ils eussent à s'abstenir de jouer sous peine d'encourir l'indignation de Sa Majesté. Il paraît, c'est le rédacteur de la *Correspondance secrète* qui l'affirme[2], que Beaumarchais dépensa en cette occurrence 10 à 12,000 livres pour payer les frais exigés par les répétitions. Après le refus du roi, il n'avait plus qu'à faire preuve de patience, tout en gardant cependant l'intime conviction qu'il verrait représenter une pièce qui lui causait tant de déboires. Moins de trois mois après la représentation avortée des Menus-Plaisirs, et comme pour donner raison à ses espérances il se voit demander de nouveau son *Figaro* par le duc de Fronsac, jadis son introducteur auprès de la princesse de Lamballe. Cette fois encore il s'agit d'une fête à donner au comte d'Artois. Beaumarchais, alors en Angleterre, revient tout exprès à Paris et accorde, on le pense bien, son consentement, réclamant toutefois la faveur d'une nouvelle censure. Le magistrat de la police, faisant droit à ce désir, nomma pour examiner la comédie incriminée, « le sévère historien M. Gaillard, de l'Académie française ». Celui-ci ayant approuvé l'ouvrage qui lui avait été soumis, Beaumarchais, avant de consentir à la représentation, demanda encore que M. Lenoir voulût bien reconnaître que les Comédiens français pouvaient la regarder comme appartenant à leur théâtre. Le lieutenant de police qui croyait tout bien fini, engagea sa parole, et le *Mariage de Figaro* fut, avec autorisation spéciale, représenté le 27 sep-

---

1. C'est sous ce nom que voyageaient le Grand-Duc de Russie, qui devait régner sous le nom de Paul Ier, et sa femme, la Grande-Duchesse.
2. T. XIV, p. 397.

tembre sur le théâtre du château de Gennevilliers. Cette terre appartenait au comte de Vaudreuil. Mmes Lebrun et Campan ont rendu compte de la fête : le succès de *la Folle Journée* fut des plus vifs. Dans son triomphe, l'auteur pouvait croire assurée la représentation publique de sa comédie ; déjà il entendait les applaudissements de cette foule pour laquelle elle avait été écrite. De nouvelles difficultés l'attendaient et il n'allait pas avoir trop de toute sa ténacité et de toute son énergie. Sur l'ordre du roi, *le Mariage de Figaro* dut subir d'autres censures demandées tour à tour aux sieurs Guidi, Desfontaines, Bret, et c'est seulement au mois de mars 1784 que Beaumarchais vit enfin sa persévérance, qui n'avait pas failli un seul instant, couronnée par la victoire la plus éclatante, mais aussi la plus disputée. Dans la joie de son triomphe, il écrivit à Préville une lettre où déborde la satisfaction que lui causait le résultat favorable de tant de pénibles efforts. La première représentation fut donnée le mardi 27 avril 1784, avec une recette de 5,698 livres 19 sols. Le succès de la pièce fut considérable, et j'ai fait ailleurs, d'après les mémoires et les journaux du temps, le tableau curieux de cette journée unique dans les fastes du théâtre. Après son éclatante réussite, Beaumarchais devait être plus que jamais désigné aux traits de la cabale et de l'envie. Le jour où *le Mariage* fut donné pour la seconde fois, les spectateurs virent tout à coup voltiger au-dessus de leur tête une nuée serrée de petits papiers inoffensifs pour eux, mais sur lesquels il leur fut donné de lire les vers les plus outrageants contre l'auteur de la pièce. Une épigramme attribuée à M. de Langeac fut très-remarquée, et Beaumarchais, après l'avoir remaniée et retournée contre le chevalier, inonda à son tour de petits papiers les spectateurs de la Comédie. Le jour de la quatrième représentation, on en lança par son ordre à foison, et la vengeance obtint les applaudissements de tous.

Au chœur des mécontents, au cortège des insulteurs qui de tout temps s'est fatigué à la suite des triomphateurs, il manquait une voix, celle de l'homme qui n'avait cessé de s'opposer à la représentation de la comédie, celle de Suard, « le plus venimeux des censeurs ». Elle s'éleva bientôt, mordante et acerbe. En pleine Académie, et dans son discours de réponse le jour de la réception du marquis de Montesquiou, Suard prit à partie l'œuvre nouvelle de Beaumarchais avec une scandaleuse violence.

Toutefois, malgré l'envie, malgré la calomnie et l'injustice, les représentations de *la Folle Journée* se poursuivaient avec un succès tel que Beaumarchais, d'accord avec les Comédiens français, résolut de donner la cinquantième au bénéfice des « mères nourrices ». Elle eut lieu le samedi 2 octobre 1784, produisit une recette de 6,397 liv. 2 sols, et procura à celui qui en avait été l'instigateur une avalanche d'attaques et d'insultes de toute nature. Elles ne l'étonnèrent pas : dès longtemps il y était fait, et il n'ignorait pas que l'ingratitude est la plus humaine de toutes les faiblesses.

Au milieu des continuelles polémiques qu'il était obligé de soutenir, et il le faisait avec une fermeté qui ne se démentit jamais, Beaumarchais, violemment attaqué par Suard dans le *Journal de Paris,* eut l'imprudence de riposter par une réponse qui allait lui coûter la liberté. A bout de patience, il écrivit, le

2 mars 1785, aux auteurs du journal en question, une lettre pleine de dignité et
d'esprit, mais dans laquelle malheureusement se glissa cette phrase imprudente
et qui fut avec perfidie retournée contre lui : « Quand j'ai dû vaincre lions et
« tigres pour faire jouer ma comédie, pensez-vous, après son succès, me réduire
« ainsi qu'une servante hollandaise à battre l'osier tous les matins sur l'insecte
« vil de la nuit? » Une voix s'éleva aussitôt, celle de Suard, qui déclara, ne
voulant pas se reconnaître dans ces lignes, que par lions et tigres Beaumarchais
avait désigné le roi et la reine de France, calomnie qui était destinée à paraître
vraisemblable à un prince des plus débonnaires. La lettre de Beaumarchais devait
lui coûter cher. Dans la soirée du mardi 8 mars, le commissaire Chenu se transporta à son domicile et lui notifia un ordre de Louis XVI en vertu duquel il
devait être conduit à Saint-Lazare[1]. C'est dans une prison destinée aux fils de
famille libertins, aux prêtres scandaleux, qu'un monarque d'une bonté proverbiale
laissait, à force de faiblesse et d'une coupable condescendance, enfermer un commerçant notable, âgé de cinquante-trois ans, qui avait été mêlé aux affaires les
plus graves du pays, et qui n'avait fait que répondre, dans les termes les plus
modérés, à des attaques anonymes et remplies de lâcheté. Sa captivité, pendant laquelle les outrages et les pamphlets redoublèrent contre lui, ne fut pas de
longue durée : il sortit de prison dans la nuit du dimanche au lundi qui suivit.
Rentré dans sa demeure, il déclara qu'il n'en bougerait point avant d'avoir obtenu
justice, et tout en accueillant la foule qui se pressait chez lui pour le complimenter, il rédigea un long mémoire au roi dont le projet se trouve aux archives
de la Comédie française, parmi les manuscrits de Londres. Bientôt, il reçut de
M. de Calonne, qui agissait d'après des ordres venus de haut, une lettre des
plus flatteuses, dans laquelle on lui adressait force louanges pour la justice et
la modération avec lesquelles il avait écrit son mémoire justificatif. Une somme
importante, complément de réclamations légitimes faites depuis longtemps, lui
fut en outre accordée par Louis XVI. Interrompues depuis six mois, les représentations du *Mariage de Figaro* reprirent leur cours, et la soixante-quatorzième, donnée le mercredi 17 août 1785, fut pour l'auteur une sorte de

---

1. Voici au sujet de l'arrestation de Beaumarchais, un document inédit et du plus haut intérêt :

« L'an 1785, le mardi 8 mars sur les dix heures du soir, nous, Gilles Pierre Chenu, etc., ayant été requis par le sieur Dutronchet, inspecteur de police, sommes transporté *Vieille rue du Temple* en une maison où demeure M. Caron de Beaumarchais, ancien secrétaire du roi, où étant monté au premier étage et entré dans une salle à manger, y avons trouvé ledit sieur Caron de Beaumarchais, auquel ayant fait entendre le sujet de notre transport avec ledit Dutronchet, il nous a dit qu'il ne connoissoit rien de plus respectable que les ordres du roi auxquels il étoit prêt d'obéir. Et à l'instant ledit sieur Dutronchet l'a arrêté en exécution de celui dont il est porteur et s'en est chargé pour le conduire au lieu de sa destination. Et ledit sieur de Beaumarchais nous a à l'instant observé qu'il est dans un courant d'affaires immenses et quantité de payemens à faire dans le cours de ce mois, pourquoi il étoit indispensable qu'il donne ses ordres au sieur Gudin, son caissier et qu'il lui donne les papiers relatifs à sesdits payemens et affaires. Requérant et priant même, en conséquence, qu'il ne soit apposé aucun scellé chez lui où il a tous gens sûrs auxquels il entend confier tout le contenu de sa maison. Au moyen de quoi il n'a été apposé aucun scellé chez lui. Dont et de quoi nous avons fait et dressé le présent procès-verbal.

« *Signé :* Chenu, Caron de Beaumarchais » (Liasse 882. *Commissaire,* Chenu).

triomphe. Presque tous les ministres y assistèrent, donnant ainsi à l'injuste captivité subie par Beaumarchais une publique réparation. Certains passages, certains traits, donnèrent lieu aux applications les plus flatteuses, et cette phrase du monologue de Figaro : « Ne pouvant avilir l'esprit, on se venge en le maltraitant », devenant presque forcément de circonstance, fut applaudie avec une affectation des plus flatteuses. A propos de la longue scène de Figaro qui ouvre le cinquième acte, rien qu'à raconter les suppressions et les changements qu'elle a eus à subir non-seulement alors, mais encore depuis, on ferait un interminable et curieux historique. Que de traits, de ceux qu'il comptait à l'origine et qui sortaient du meilleur de l'esprit de l'écrivain, supprimés ou adoucis ensuite par le crayon timide des censeurs trop nombreux qui furent tour à tour chargés de mutiler l'ouvrage ! Quelques-uns sont curieux à connaître :

« J'étudie gratis à Salamanque. On vante mon esprit, mes talents, mon « savoir, et je ne puis être percepteur au quart d'appointements d'un mauvais « cuisinier... Mon habit plissait de partout, mes bas devenaient trop larges et « mon terme était échu... Combien de fois, alors, je me suis promené le cure-dent « à la bouche et les deux joues gonflées comme un gourmand qui souffle la sura- « bondance, avec mon estomac brûlant et mon pauvre ventre exténué. Les gens « qui dînent tous les jours ne savent pas ce que coûte au triste affamé l'honneur « de paraître, en se promenant, avoir dîné tout comme un autre. Lassé d'écrire « et de ne point dîner, je recueille mes forces et j'invente une loterie plus rui- « neuse que toutes les autres. On l'examine, on l'accueille, on l'aurait reçue ; « mon malheur veut qu'on vînt d'en adopter une autre plus damnable que la « mienne......... Vais-je enfin être un homme? Un homme!... Il descend comme « il est monté, se traînant où il a couru.... Puis les dégoûts, les maladies.... « Une vieille et débile poupée... une froide momie... un squelette... une vile « poussière, et puis... rien ! »

Ces variantes, que j'ai signalées dans une autre édition[1] et que l'on peut lire encore très-facilement à travers les ratures du manuscrit original conservé à la Comédie française, furent impitoyablement biffées par les examinateurs. Ce qui restait de cette blâmable mutilation ne trouva cependant pas toujours grâce devant les régimes qui suivirent. Dans une brochure rarissime publiée sans nom d'auteur en 1820[2], on peut voir que, sous les règnes de Napoléon Ier et de Louis XVIII, la comédie de Beaumarchais a eu à subir des retranchements plus horribles même que ceux qui présidèrent à sa naissance agitée, et que ces deux monarques jugèrent subversifs des passages tolérés par l'ancien régime.

Ainsi au troisième acte, à la fin de la cinquième scène, on passait la tirade dans laquelle Figaro prétend expliquer la politique. Dans le monologue, les

---

1. *Théâtre complet de Beaumarchais*, réimpression des éditions princeps avec les variantes des manuscrits originaux publiées pour la première fois par G. d'Heylli et F. de Marescot. Paris. Librairie des Bibliophiles. 4 volumes in-8°.

2. De la dernière représentation du *Mariage de Figaro* au Théâtre-Français, le jeudi 2 novembre 1820, ou histoire de ses mutilations depuis sa naissance jusqu'à nos jours. A Paris, chez les marchands de nouveautés; 1820, in-8° de 20 pages.

censeurs avaient interdit le passage qui commence par ces mots : « Que je voudrais bien tenir un de ces puissants de quatre jours », de même que le couplet du vaudeville de la fin : « Par le sort de la naissance, etc. » — Je ne cite ici que les suppressions les plus importantes ; la brochure dont j'extrais ces nouveaux et curieux détails en mentionne encore d'autres moins importantes, mais tout aussi... naïves, pour ne pas dire plus. Du reste, chaque régime, avancé ou rétrograde, libéral ou despotique, a jugé à sa façon et à son point de vue personnel la comédie de Beaumarchais. En voici une preuve qui a trait à l'histoire du théâtre dans les provinces, pendant la première révolution.

Le grand Théâtre de Marseille, qui avait pris en 1793 le nom de « Théâtre de Brutus », plus pompeux et plus en rapport avec les tristes goûts du jour, se vit interdire les représentations de *la Folle Journée* par une délibération de la municipalité, prise le 9 décembre 1793. Elle mérite d'ailleurs d'être entièrement citée : « Considérant que les théâtres doivent être désormais les écoles des
« mœurs et du républicanisme, que le caractère des personnages de cette pièce
« ne rappelle que d'orgueilleux préjugés, des maximes de despotisme et des dis-
« tinctions anti-sociales, que l'éloge y est prodigué au vice des grands et le
« ridicule aux tribunaux de justice et aux magistrats ; considérant enfin que *le*
« *Mariage de Figaro* ne peut être représenté que sous des costumes justement
« proscrits et que ces motifs suffisent sans doute pour faire sentir le danger
« de cette représentation à ceux qui l'ont demandée, sans trop considérer l'im-
« moralité de la pièce et l'inopportunité du temps, le conseil a délibéré : d'auto-
« riser le régisseur du théâtre Brutus à retirer de son répertoire *le Mariage*
« *de Figaro,* et suspend la représentation de cette pièce jusqu'à nouvel ordre,
« sauf l'adhésion du citoyen commandant de la place. » La ville était alors en état de siége.

Le libellé de cette interdiction, les considérants et les objections qu'elle renferme ont le don d'étonner fortement. En la lisant, en pensant aux luttes et aux combats livrés par l'auteur pour faire représenter, en dépit de tous, sa comédie, on se demande à quoi la révolution avait servi, et l'on se prend à trouver Louis XVI bien plus libéral que les autorités de 1793. Il avait, somme toute, autorisé une pièce qu'un conseil extra-révolutionnaire interdisait au nom de la liberté. Depuis, et souvent, le fait s'est renouvelé. Il y a des traditions qui ne sauraient périr [1].

Pour en revenir à Beaumarchais, au récit des faits de son existence, un moment laissé de côté, c'est encore de luttes, de pamphlets, de mémoires judiciaires qu'il va falloir parler. Le triomphe qu'il avait remporté jadis sur le comte de La Blache n'avait pas clos l'ère des procès et des polémiques. C'est une compagnie, dite des Eaux de Paris, qui causa tout le tapage. Les frères Périer, deux mécaniciens des plus habiles, avaient entrepris, moyennant l'établissement de la pompe à feu sur les hauteurs de Chaillot, de fournir à bas prix les Parisiens d'eaux abondantes et salubres. Conformément à un usage adopté depuis long-

---

[1]. Une représentation de *la Folle Journée*, donnée en 1793 sur un théâtre de société, rencontra des obstacles venus de la censure. L'intrigue seule agissait du reste en cette circonstance. (*L'Amateur d'autographes,* 1re année, no 19.)

temps par la pratique Angleterre, chaque maison qui s'abonnait devait recevoir par des conduits l'eau nécessaire à la consommation des habitants. Les actions de la compagnie avaient monté assez vite très-haut et Beaumarchais en possédait une bonne partie. Poussé par un de ses amis, le banquier Clavière, Mirabeau, moyennant une rémunération convenable, dont il avait fort besoin à cette époque, combattit l'entreprise nouvelle afin de faire baisser les actions. A sa brochure « Sur les actions de la compagnie des Eaux de Paris[1] », Beaumarchais riposta par une « Réponse » attribuée, d'une manière factice, aux administrateurs de la compagnie[2], car lui seul en était l'auteur. Dans cette réplique lucide et serrée au point qu'il faut reconnaître que la raison et le bon droit sont du côté de Beaumarchais, celui-ci, qui ne se doutait pas de la puissance du rude jouteur auquel il s'attaquait, eut l'imprudence de ne pas s'en tenir uniquement aux chiffres ou aux seuls raisonnements nécessaires à sa cause. L'homme d'esprit, le joyeux auteur de *Figaro* reparaît sous l'administrateur et décoche à Mirabeau quelques pointes inutilement suivies de précautions et d'atténuations sans effet. « Au commencement de ce siècle, on crut qu'il serait agréable de se picorer le nez avec une poudre ammoniacale... moins nécessaire que de l'eau. D'abord on rit de la poussière : son premier affermage exclusif ne rendit que cinq cent mille livres; il rapporte vingt-huit millions. De nous il en sera de même, et dans trente ans chacun rira des critiques de ce temps-ci, comme on rit aujourd'hui des critiques de ce temps-là. Quand elles étaient bien amères, on les nommait des *Philippiques*. Peut-être un jour quelque mauvais plaisant coëffera-t-il celles-ci du joli nom de *Mirabelles*, venant du comte de Mirabeau, qui *Mirabilia fecit*. » Et plus loin : « Mais quel qu'ait été son motif, on doit profondément gémir de voir un homme d'un aussi grand talent, soumettre sa plume énergique à des intérêts de parti, qui ne sont pas même les siens. Indifférens au choix de leurs sujets, c'est aux avocats décriés à tout plaider en désespoir de cause : l'homme éloquent a trop à perdre en cessant de se respecter; et cet écrivain l'est beaucoup. » Cet adoucissement, ce dernier trait du Parthe doucereux et louangeur toutefois ne suffisait pas à Mirabeau pour ne pas prendre garde aux autres pointes de la réponse faite à sa brochure. Sensible et chatouilleux à l'excès il frissonna sous le mot de *Mirabelles* et mit la main à la plume pour lancer à l'imprudent une réplique pleine de rage et de mépris. L'épigraphe empruntée à Tacite était sanglante : « Né dans l'obscurité, sans ressource que l'intrigue, le voilà cet homme que ses libelles avoient rendu si redoutable, chargé aujourd'hui de la haine publique. Qu'il serve à jamais d'exemple à ceux qui de pauvres devenus riches, qui, du sein du mépris, parvenus à se faire craindre, veulent perdre les autres et finissent par se perdre eux-mêmes. » (Tacite, *Annal.*, L. I, ch. 74.) La péroraison de la brochure de Mirabeau était des plus acerbes; elle dut faire à Beaumarchais l'effet d'un outrage appliqué en pleine face : « Pour vous, monsieur, qui en calomniant mes intentions et mes motifs, m'avez forcé de vous traiter avec une dureté que la nature

1. *Londres*, 1785. In-8° de 43 pages avec un *errata*.
2. A Paris, de l'imprimerie de Ph.-D. Pierres, etc.; 1785, avec approbation et permission. In-8° de 58 pages avec un *errata*.

n'a mise ni dans mon esprit, ni dans mon cœur; vous que je ne provoquai jamais, avec qui la guerre ne pouvoit être ni utile, ni honorable; vous que je plains sincèrement d'avoir pu descendre jusqu'à prostituer votre plume, déjà trop avilie, à servir la cupidité de ceux-là mêmes, peut-être, dont les lâches manœuvres vous eussent imprimé la double flétrissure du ridicule et de l'infâmie, si l'opinion publique pouvoit jamais obéir à un coup d'autorité dirigé par l'intrigue... Croyez-moi, profitez de l'amère leçon que vous m'avez contraint de vous donner. Souvenez-vous qu'il ne suffit pas de l'imprudence et des suggestions de Cour, pour terrasser celui qui a ses forces en lui-même, et dans un amour pur de la vérité. Souvenez-vous que, s'il est des hommes dont il est aisé d'endormir les ressentimens à l'aide de leur amour-propre, et qui, au prix de quelques éloges laissent patiemment insulter leur morale, je ne suis pas un de ces hommes. La critique la plus mordante de mes Ouvrages et de mes talens, m'eût laissé calme et sans humeur. Vingt lignes de plates exagérations sur mon style et mon éloquence, en me dévoilant mieux votre bassesse, ne m'ont rendu que plus sévère pour vos perfides insinuations. Retirez vos éloges bien gratuits; car, sous aucun rapport, je ne saurois vous les rendre; retirez le pitoyable pardon que vous m'avez demandé; reprenez jusqu'à l'insolente estime que vous osez me témoigner; allez porter vos hommages à vos semblables, à ceux qui, pour tout sens moral, ont de la vanité. Pour moi, qui ne me connois d'autre mérite qu'un zèle ardent à servir la raison et la justice, qui ne trouvai jamais de talent que dans une forte persuasion, de noblesse que dans la bonne foi, de vertu que dans le courage utile; moi qui, pour tout vœu, n'aspire qu'à m'honorer, jusqu'au tombeau, de mes amis et de mes ennemis, je laisse à jamais, vous, vos injures, vos outrages; et je finis ce fatiguant polémique, qui vous laissera de longs souvenirs, en vous donnant à vous-même un conseil vraiment utile : *Ne songez désormais qu'à mériter d'être oublié.* »

Mirabeau frappait ici avec toute la force dont était doué ce colosse, et son adversaire, pour la première fois de sa vie, recula sans oser répondre. Il avait vu de suite, avec la lucidité des gens accoutumés au combat, qu'il tombait mal et qu'en définitive les choses menaçaient de tourner contre lui. Il ne répliqua pas et songea à profiter du dernier conseil du robuste lutteur devant lequel l'ancien vainqueur du Parlement avait prudemment baissé pavillon. Cette retraite, cette reculade qui ressemblait beaucoup à de la peur, excita le courage de gens qu'une lutte avec le Beaumarchais brillant et étincelant des temps passés aurait effrayés, et le repos de l'auteur du *Mariage de Figaro* fut de nouveau troublé. Accusé par un sieur Kornman d'avoir aidé à la séduction de sa femme, il fut obligé de répondre par des mémoires qu'il s'efforça en vain de rendre aussi piquants que les premiers. Il avait, cette fois, affaire à des adversaires solides et capables de lui tenir tête et le sieur Kornman en confiant sa cause à l'avocat Bergasse opposait à Beaumarchais un combattant de première force qui l'accabla de ses sarcasmes. Beaumarchais, grâce à un arrêt du 2 avril 1789, gagna sa cause, mais, ce qui est en France une mauvaise chose, les rieurs n'étaient plus de son côté.

Entre temps il avait fait représenter son opéra de *Tarare*, à l'Académie royale de musique, le vendredi 8 juin 1787. Le vendredi était alors et fut longtemps le jour à la mode. La gloire littéraire de Beaumarchais n'a pas besoin qu'on s'arrête longtemps sur cette œuvre, qui n'est pas des meilleures. Repris à diverses époques, cet opéra, dont la musique était due à Salieri, n'a jamais eu un succès marqué. Je rappellerai aussi que le mercredi 8 mars 1786, Beaumarchais s'était remarié pour la troisième fois et avait épousé une femme avec laquelle, le fait est positif, il vivait depuis longtemps maritalement. Je possède les livres de dépenses et de recettes de Beaumarchais à partir de 1780 jusqu'à sa mort, et je vois que chaque mois il lui remettait l'argent nécessaire à la dépense de la maison. Aussi bien ce n'était pas un mystère, et la lettre qu'il écrivit à la suite de ce mariage, qui légitimait la naissance de sa fille Amélie-Eugénie, se trouve dans tous les recueils de l'époque. La femme à laquelle il s'unissait se nommait « Demoiselle Marie-Thérèse-Émilie Willer-Mawlas ». Elle était née à Lille en 1753, et avait, par conséquent, comme le dit son acte de mariage, plus de trente-deux ans : trente-trois pour être exact. C'était une femme supérieure, intelligente et forte. J'ai sous les yeux une grande partie de ses lettres et dans les lignes écrites par elle se révèle une nature supérieure, instruite et distinguée.

Après sa lutte avec Mirabeau, dans laquelle il avait succombé sans avoir osé combattre, après le procès Kornman, dont il était sorti atteint et discrédité quant à sa réputation de plaideur, Beaumarchais songeait enfin à se reposer, à calmer sa fougue et à vivre de la vie de famille, entre sa femme et sa fille qu'il adorait. Dans son troisième mémoire contre Kornman, il laissait déjà percer ces sages et paisibles résolutions. Lorsque eut lieu la prise de la Bastille, première violence de tant d'autres plus sanglantes encore qui allaient suivre, il était en train de faire édifier l'habitation charmante dans laquelle il devait s'installer peu après, et il était très-occupé à se défendre contre les libelles et les pamphlets qui fondaient sur lui à cette même époque avec une âpreté et une fécondité incroyables. Pour un homme auquel on a, bien à tort selon moi, attribué les desseins les plus subversifs et les pensées les plus révolutionnaires, le nouvel état de choses ne fut pas sans lui inspirer des craintes très-vives. Comme s'il avait pressenti que l'avenir ne tarderait pas à appartenir aux violents et aux exagérés, il commença par flatter les idées nouvelles en les encourageant par des dons patriotiques en apparence, mais qui n'étaient que les générosités d'un homme qui s'efforçait de se ranger du bon côté. En dépit des hardiesses de son *Figaro*, il était alors très-impopulaire. Les documents ne font pas défaut pour le prouver, et j'ai eu jadis la bonne fortune de trouver aux archives de la préfecture de police, des procès-verbaux remplis de ses doléances et du souvenir des avanies qu'il eut à supporter de la part de ce peuple qu'il ne chérissait que tout juste. Ces documents verront le jour dans une étude définitive. Donc, pour en revenir à ses largesses un peu forcées, on le voit le 24 juillet 1789 donner 12,000 livres au district de Sainte-Marguerite pour être distribuées aux pauvres du faubourg Saint-Antoine ; c'est du moins ce que mentionne son livre de recettes et dépenses. A propos de ce don j'ai relevé aux archives de la police des renseignements curieux extraits du : « Journal du comité du district des Enfants-Trouvés. » On y lit en date du 7 août 1789 : « MM. du district de Sainte-Marguerite nous ont fait « annoncer par leurs députés, que messieurs et les dames de charité ne pou- « vaient se charger de la distribution des 12,000 livres données par M. de « Beaumarchais, qu'en conséquence M. le curé consulté avoit donné l'expédient « des frères des écoles de charité, qui pouvaient la distribuer en pain aux « enfants des écoles dont les pères et mères profiteraient. Il a été observé que « les écoles des filles pourraient en être chargées pour leur part, parce que tel « a des filles, qui n'a pas de garçons.

« Mesure à proposer demain au comité général. »

On lit encore à la date du 16 août 1789, les résolutions définitives qui furent prises sur le don de celui que j'appellerais volontiers le philanthrope malgré lui.

« Les députés à Sainte-Marguerite ont annoncé que la distribution des « 12,000 livres serait faite par les frères des écoles chrétiennes, qu'il serait « fait un service en commun par les trois districts à Sainte-Marguerite. »

Je vois le 21 août 1789, Beaumarchais payer 10 livres pour la quête du faubourg Saint-Antoine et 12 livres pour un drapeau et un simulacre de Bastille. Une autre fois, le 17 septembre suivant, il donne 12 livres aux poissardes « sur le gain de l'affaire avec la ville » ; 48 livres aux mêmes poissardes, au sujet de l'arrivée du roi (octobre), etc.

En dépit des événements, la littérature ne perdait pas ses droits chez Beaumarchais, et, au milieu des agitations du jour, il mettait la dernière main à son drame de *la Mère coupable*. Ce n'est pas sur la scène de la Comédie française que la pièce nouvelle devait voir le jour. L'auteur, quand elle fut achevée, était au plus mal avec les Comédiens, et le décret des 13-19 janvier 1791 lui permettait enfin de mettre à exécution un projet depuis longtemps caressé par cet homme auquel souriaient toutes les entreprises. Ainsi que je l'ai prouvé naguère[1], c'est sur un théâtre construit à ses frais et dont il était réellement le directeur, que *la Mère coupable* fut jouée pour la première fois, le mardi 26 juin 1792. Le spectacle en question, qui subsiste encore en partie aujourd'hui, se nommait le théâtre du Marais ; il était situé « rue de la Couture-Sainte-Catherine ». Avec la comédie nouvelle, bien faible si on la compare au *Barbier* ou à *la Folle Journée*, l'auteur était fort loin de ses succès passés. La réussite de l'œuvre ne fut pas des plus franches ; le second et surtout le troisième acte excitèrent des murmures, et le tout fut joué au milieu des rires et de l'inattention générale. Geoffroy, qui n'est pas cependant l'équité même, a porté sur *la Mère coupable* un jugement des plus sains, à mon sens du moins : « C'est, dit-il, une suite de *la Folle Journée*, et l'on sait que la suite des folies est presque toujours triste. Avec les mêmes personnages dont il s'était servi avec tant de succès pour les plus extravagantes bouffonneries, l'auteur a trouvé le moyen de faire le drame le plus ennuyeux peut-être et le plus lugubre qu'il y ait sur nos théâtres. »

---

1. *Le Théâtre*, revue bi-mensuelle, n° 1.

Les reprises souvent tentées de nos jours n'ont jamais eu un succès de bon aloi et n'ont pas fait davantage sur le public la « vive impression » dont parle M. de Loménie. Prétendre que ce drame est une bonne pièce, c'est pousser le culte de Beaumarchais jusqu'à l'idolâtrie.

Quelques mois avant la représentation, Beaumarchais, qui n'était pas né décidément pour le repos et pour le calme, avait jugé indispensable de se lancer dans une affaire assez embrouillée encore à cette heure et qui devait empoisonner le reste de sa vie. Il se chargea, sans qu'il soit bien possible de se rendre compte de son véritable motif, de faire venir en France soixante mille fusils déposés en Hollande et qui provenaient du désarmement des Pays-Bas. Tandis qu'il court après ces armes, et que dans cette douteuse entreprise il a engagé des fonds considérables, il est dénoncé à la tribune de l'Assemblée législative par l'ex-capucin Chabot, lequel l'accuse de cacher des armes. Il n'en fallait pas plus, et à cette heure une dénonciation de cette sorte appelait les plus terribles représailles.

Le samedi 11 août 1792, le lendemain de la funeste journée du 10, vers huit heures du matin, un homme vient avertir Beaumarchais que les femmes du port Saint-Paul se disposent à « amener tout le peuple, animé par un faux avis qu'il y avait des armes » cachées chez lui dans de prétendus souterrains, dont trois ou quatre visites précédentes n'avaient pu détruire les soupçons. Il en avait reçu déjà quelques-unes, de ces visites, que les Parisiens, par excès de politesse, ont l'habitude de faire aux époques de révolution, et qui ressemblent d'une manière frappante à des invasions et à des pillages. A cet avis il ouvre tout, mais des amis le forcent à se réfugier d'abord aux étages supérieurs de son habitation, et ensuite à s'échapper par le haut bout du jardin. Cependant le malheureux est reconnu : découvert, il prend la fuite; on lui donne la chasse et le voilà courant à perdre haleine, suivi par une troupe de bêtes fauves en jupon qui s'écrient en le poursuivant avec des hurlements de chiennes : « Le voilà qui se sauve!. » Il leur échappe enfin après une course désordonnée, vraie chasse à l'homme, dans laquelle, s'il avait été pris, il aurait été déchiré par ces mégères qui représentaient apparemment à cette époque de trouble et de folie les droits sacrés de la femme. Pendant que Beaumarchais est enfin en sûreté, la foule se rue dans sa maison, mettant tout à l'envers, mais ne trouvant pas de fusils parce qu'il n'y en avait pas. Le soir les *visiteurs* se retirent, et, quand ils sont partis, les gens du saccagé ouvrent les fenêtres, nettoient tout et enlèvent près d'un pouce et demi de poussière. Toutefois, en rentrant chez lui, Beaumarchais constata qu'on ne lui avait rien pris. Dans la lettre adressée à sa fille, alors au Havre, il s'étend avec une affectation prudente sur ce désintéressement, sur cette honnêteté de la canaille qui avait été lui faire cette gracieuse visite. Les éloges vont même jusqu'à l'attendrissement. Néanmoins, après avoir soupé, l'ami du peuple juge prudent de ne pas rester chez lui pendant la nuit, et d'aller coucher rue des Trois-Pavillons, chez le sieur Gomel, alors absent de Paris. Funeste idée. Par une fatalité étrange, la maison de Gomel était aussi désignée pour cette nuit-là aux sollicitudes de la populace, ainsi que le prouve la lettre suivante, encore inédite, et qui fait partie de la collection que j'ai réunie. Elle est écrite par Beaumarchais à Gomel, et porte la date du dimanche 12 août :

O mon ami ! Recevéz ces deux mots, les plus vrais de tous ceux que vous recevréz, j'y étais. Cette nuit, votre maison, par ordre de la section, a été fouillée de la cave au grenier ; c'était des armes qu'on cherchait. Et vous aussi, mon cher, vous avez de lâches ennemis. Tout a été ouvert avec des serruriers. La visite a duré 4 heures. Et quand j'ai vu les commissaires et la garde, je les ai invités à rendre leur visite si sévère qu'on les en crut sur leur procès-verbal.

Votre maison a été, au reste, respectée. Aucun dégât. Votre fidèle, plus mort que vif, leur tenait des chandelles. La rue pleine de femmes, et la maison enveloppée, j'aurais voulu vous porter les détails moi-même : mais on ne sort point de la ville.

« Je vous embrasse. »

Après les perquisitions stériles de la journée du 11, le premier soin de Beaumarchais fut de faire poser dans les rues « deux mille affiches » payées 488 livres 9 sols, plus 15 livres pour l'affichage. Elles apprenaient aux citoyens trop empressés qu'on n'avait rien trouvé chez lui, qu'il n'y avait rien, et qu'il les dispensait désormais de revenir. Le résultat de cette précaution ne se fit pas attendre. Le jeudi 23, il fut arrêté et conduit à l'Abbaye. Voici la teneur de son ordre d'arrestation [1].

DÉPARTEMENT DE POLICE ET DE SURVEILLANCE.
Municipalité de Paris.

« Le S^r La Vacquerie concierge des prisons de l'Abbaye y recevra le Sr Caron de Beaumarchais et sera tenu de nous le représenter, quand il en sera requis par nous, et donnera décharge de la personne dudit Sr Beaumarchais, au citoyen Tillet, chargé de sa conduite à la mairie. Ce 23 août 1792. L'an IVe de la liberté, le 1er de l'égalité.

« Les administrateurs au Département de police et Membres du comité de surveillance et de salut public.

« LENFANT, DUFFORT, PANIS.

« P. S. — Nous recommandons particulièrement M. de Beaumarchais à M. Delavacquerie ; il peut lui donner plume, encre, papier et le reste. »

La bonne chance, avec laquelle il avait vraisemblablement fait un pacte éternel, voulut que Beaumarchais, sur l'ordre de Manuel, un ancien adversaire cependant, sortit de prison dès le 30. Le 2 septembre, les massacres commençaient. Il était par miracle libre, sain et sauf. Toutefois, comme il n'aimait pas les choses à moitié faites, il n'allait pas cesser de s'occuper de cette affaire des fusils, commencée depuis peu et qui semblait ne devoir jamais finir. Il part dans ce but, et tandis qu'il est en Hollande, le député Lecointre le dénonce à la tribune le 28 novembre 1792. Le traité qu'il a passé avec la Convention est déchiré, lui-même est décrété d'accusation, ses biens sont mis sous séquestre, et son nom est inscrit sur la liste des émigrés. A cette nouvelle, et guidé par une

---

[1]. Ce document inédit fait partie de ma collection. Dans l'original le *Post-Scriptum* est d'une autre écriture.

rare imprudence, il revient en hâte se disculper ou livrer sa tête à ses accusateurs. C'est alors qu'il lance contre Lecointre, son dénonciateur, ces mémoires qui se ressentent de sa vieillesse, dans lesquels sa verve a laissé la place à la froideur et même à l'ennui, comme l'a si justement remarqué Sainte-Beuve. La hardiesse de son retour n'eut pas les fâcheux accidents qu'elle était en droit de faire craindre, et il put de nouveau quitter la France, toujours pour rechercher les introuvables fusils. En dépit de sa mission, il est de nouveau, durant cette absence, la dernière toutefois, porté sur la liste des émigrés en même temps que ruiné par la confiscation générale de ses biens. Proscrit, dans une situation des plus précaires et qui était trop voisine de la pauvreté, il passa à Hambourg trois années de privations et de douleurs, jusqu'au moment où les portes de la France lui furent rouvertes, par suite de sa radiation de la liste des émigrés. C'est à cette douce nouvelle qu'il écrivit le 10 juin 1796, au « bon citoyen » Perregaux, avec lequel il n'avait cessé de correspondre, une lettre des plus curieuses et pleine de cette emphase qui lui plaisait tant. Elle est, comme les précédentes, inédite. La voici :

« O mon ami Perregaux, plus d'écriture ; ce sont mes embrassemens que je vais vous porter. Je n'ai que deux mots de Gelot sur ma radiation du 2. Mais, par le courrier de demain de Paris, *tutti quanti* me l'écriront sans doute et puis fouete, postillon ! Trois jours de joie bien pure, pour trois ans de longue souffrance, et puis je consens de mourir. Envoyés-moi vite un savoyard de mes amis porter cette incluse à *Thérèse ;* elle en renferme une autre pour *Mathieu.* Je suis si troublé, mon ami, que j'écris comme un chat, presque aussi mal que vous !

« O mes amis ! ô mon pays ! Je vous reverrai donc encore ! Je sens trop qu'à ce prix je puis oublier le malheur, pardonner l'injustice, ouvrir mon cœur si flétri à l'espoir de quelque bonheur !

« Caron Beaumarchais.

« J'oserai donc signer mon nom. Je ne suis plus proscrit de ma patrie. »

L'exil de Beaumarchais n'ayant plus de raison d'être, il se dirigea vers ce pays qui avait une manière à lui de sauvegarder les intérêts et les biens des gens qu'il envoyait en mission. Après avoir quitté Hambourg le mercredi 22 juin, accompagné jusqu'à Rotterdam par M. Barthélemi, le frère de notre ministre à Bâle, il était le vendredi 1er juillet 1796 (13 messidor de l'an IV) à Anvers, et de là il donnait rendez-vous, sur la route, à sa femme et à sa fille, comme le constate un billet inédit adressé à l'ami Perregaux[1]. « Jusqu'à ce que je me montre au public, je ne verrai, disait-il, dans mon petit coin, que ma plus intime famille. » Il était à Paris le 5 juillet 1796, et trouvait à son retour ses affaires dans un état tel, que lui qui avait été jadis la générosité et l'insouciance en personne, il se trouvait désormais réduit à battre monnaie de toutes parts et à réclamer à ses débiteurs l'argent qu'il leur avait toujours libéralement prêté dans des temps meilleurs. J'ai sous les yeux la correspondance à laquelle donnaient lieu ces recouvrements pénibles : elle est navrante et pleine de douloureuses surprises. Le 18 brumaire an VII (jeudi 8 novembre 1798),

1. Tous ces détails sont entièrement nouveaux.

voici la lettre qu'il fait adresser par Gudin à Théveneau de Morande, alors fixé dans le département de la Côte-d'Or.

« Citoyen,

« Les scellés, les sequestres, l'accusation d'émigration, une foule de circonstances trop longues à vous raconter, ont détruit la fortune de votre ami Beaumarchais. Poursuivi à outrance par des créanciers sans pitié, il réclame auprès de ceux qu'il a été assez heureux d'obliger le remboursement des sommes que dans des tems de prospérité il leur avançait avec plaisir, puisqu'elles pouvaient leur procurer l'adoucissement de leurs peines. En examinant le tableau de sa situation, je vous trouve son débiteur de la somme de *huit mille trois cents livres*. Êtes-vous assez heureux pour dans ce moment de détresse, *vous acquitter de tout ou partie de cette somme?* Je n'ajouterai rien de plus, ce mot suffit sans doute pour que vous vous empressiez à me répondre d'une manière positive.

« Je vous salue et suis avec une parfaite considération votre concitoyen,

« GUDIN. »

A cette lettre de son secrétaire, Beaumarchais avait ajouté de sa main un *post-scriptum* ainsi conçu :

« Tout malade que je suis; sans vouloir augmenter le malaise, s'il en existe, chez les amis que j'ai obligés noblement, je vous prie, mon cher Théveneau, de prendre des mesures qui vous mettent à l'abry des poursuites de mes ayant-cause, si la mort venait me frapper, et de venir à mon secours dans ce moment le plus *désolant de ma vie.* »

Chez Beaumarchais, qui a l'habitude d'exagérer et de ne pas toujours dire vrai, ces derniers mots sont exacts et sa détresse alors était des plus réelles. Jadis il prenait plaisir à consacrer à des « Instituts de bienfaisance » le produit de la représentation de ses comédies; à cette heure il prétendait en vivre. Le 21 novembre 1798, je le vois adresser au citoyen Sageret une lettre pour réclamer des droits d'auteur qui lui sont dus depuis trois mois. « Les frivoles amusements de ma jeunesse, écrit-il, deviennent enfin nécessaires au soutien de mon dernier âge. » Ces réclamations, faites sous la pression de nécessités véritables, demeuraient la plupart du temps infructueuses. De Morande ne paya jamais ses 8,300 livres, et quand Beaumarchais mourut, le 18 mai 1799, il laissa à son gendre, M. Toussaint-Delarue, qui avait épousé sa charmante fille, une situation des plus embarrassées.

Ce mariage qui tourna bien, une reprise heureuse de *la Mère coupable*, jetèrent un éclair de joie sur les dernières années de cet homme extraordinaire et si puissant dans sa résistance contre le malheur, qu'il semblait que la mort même ne devait pas réussir à l'entamer et qu'elle s'acharnerait en vain contre lui. Parti de rien, il est arrivé, à force de souplesse, de persévérance, à travers des succès de scandale toutefois, à une gloire véritable qui grandit encore lorsque l'on étudie son talent dramatique dans lequel se reflète le meilleur de lui-même. Il y a bien dans son existence des souvenirs et des heures fâcheuses, qui jettent sur sa réputation une ombre regrettable. Mais à tout prendre, le rival illustre de Goëzman, le père de l'immortel Figaro, l'ennemi sincère de tout ce qui touchait de trop près à l'injustice ou à l'arbitraire, l'auteur dramatique si plein de verve et d'esprit, peut se passer un peu d'une considération trop souvent accordée à des hommes qui valent moins que lui et qui laisse intact et debout son indiscutable génie.

F. DE MARESCOT.

(Avril 1875).

FAC-SIMILE D'UNE LETTRE DE BEAUMARCHAIS.

Paris, ce 1er avril, 1791

Monseigneur

Quoi que je ne sois bientôt qu'un radoteur, j'ai une joie d'enfant, du noble et grand parti que votre Ex Éminence a pris. Vous prouvez à vos ennemis, qu'ici la teste vaut mieux que le chapeau. Si l'on nous nomme un patriarche, et que notre choix doit porter sur un des Princes de l'Église ; j'en vous donnant une voix, je l'appuyerai de cet argument là qu'entre nos cardinaux actuels, nous devons préférer à des chapeaux sans teste, une bonne teste sans chapeau. Recevez les assurances du respect bien senti, d'un bon citoyen.

Beaumarchais,

www.ingramcontent.com/pod-product-compliance
Lightning Source LLC
Chambersburg PA
CBHW070433170426
43201CB00010B/1079